27.6.96

Alles liebe zu
deinem Geburtstag,
liebes Vati!

Christina

Katharina Zimmer · Wer sind wir nachts?

Katharina Zimmer

Wer sind wir nachts?

Von unseren Träumen, Ängsten
und Phantasien

Mit einem Vorwort von Jürgen Zulley

C. Bertelsmann

Umwelthinweis:
Dieses Buch und sein Schutzumschlag wurden auf
chlorfrei gebleichtem Papier gedruckt.
Die Einschrumpffolie (zum Schutz vor Verschmutzung) ist aus
umweltschonender und recyclingfähiger PE-Folie.

1. Auflage
© 1996 by C. Bertelsmann Verlag GmbH, München
Umschlaggestaltung: Design Team München
unter Verwendung eines Fotos von AKG, Berlin
(Caspar David Friedrich: »Zwei Männer in Betrachtung
des Mondes«, Gemäldegalerie Dresden)
Zeichnungen: Dieter Krahl
Satz: Uhl + Massopust, Aalen
Reproduktion: Lorenz + Zeller, Inning a. A.
Druck und Bindung: Wiener Verlag
Printed in Austria
ISBN 3-570-02364-8

Inhalt

Vorwort

Nachts schlafen wir! Diese Feststellung löst höchstens ein Schulter-
zucken aus, vielleicht noch gefolgt von einem verwunderten »Na
und?«. Wenig aufregend, und kaum jemand wird den Gang seiner
Gedanken länger unterbrechen. Gegenfrage: »Was tun wir eigentlich, wenn es draußen dunkel und kalt ist?« Abtauchen aus der
Realität in eine Traumwelt oder in ein Nichts? Oder erholen wir
uns einfach nur, um unsere Leistungsfähigkeit wiederherzustellen?
Die eine Antwort ist so vage, wie die andere mechanistisch ist.
Letztere berührt aber auch die weitergehende Frage: »Warum
schlafen wir?« Was sich schnell abtun ließe, stellt sich bei genauerer
Betrachtung als ausgesprochen schwierig dar. Schlafen wir, um
wach sein zu können, oder sind wir wach, um schlafen zu können?

Die naheliegende Frage: »Warum sind wir wach?« – oder müßte
es heißen: »Warum wachen wir?« – soll hier zurückgestellt werden. Immerhin wurde dem Wachzustand schon immer eine deutliche Priorität zugemessen. Dies gilt auch für die Zeiträume Tag und
Nacht. Der lichte Tag ist unsere Zeit, die dunkle Nacht hat etwas
Geheimnisvolles, Mystisches, ja sogar Verrufenes an sich. Liegt das
nur an der Dunkelheit, die uns umgibt, oder gehen auch in uns
Änderungen vor, wenn es draußen finster wird? Da begeben wir
uns auf ein unsicheres Gebiet, sagt sicher so mancher, wendet sich
wieder seinem »Tagesgeschehen« zu, und das »vergessene Drittel«
unseres Lebens versinkt wieder im Dunkel der Nacht.

Wenn es da nicht die Neugier gäbe oder, akademischer ausgedrückt, das Streben nach mehr Wissen. Aber vor allem sind es wohl
gerade die Störungen im Ablauf des Schlafes, die auf eine Antwort
drängen. Ungefähr dreißig Prozent der Bevölkerung leiden unter
Schlafstörungen, rund zehn Prozent sind dringend behandlungsbe-

dürftig. Neben dem subjektiven Leiden der Betroffenen entstehen jährlich indirekt Kosten in Milliardenhöhe, die durch eine angemessene Behandlung vermeidbar wären. Hinzu kommen Fehler und Ausfälle in der Industrie bis hin zu Verkehrsunfällen infolge Übermüdung. Und wie in vielen anderen Bereichen gilt: Es ist billiger, Schlafstörungen zu behandeln, sie nicht zu behandeln und die Folgen zu bezahlen. Um dieses aber tun zu können, ist es erforderlich, Schlafforschung zu betreiben und Schlafmedizin zu ermöglichen. Somit sind wir wieder bei unserer ersten Frage angelangt, denn den Schlaf zu erforschen heißt zuallererst, eine Antwort auf die Frage zu suchen, warum wir schlafen.

Glücklicherweise gibt es Wissenschaftszweige, die sich der Frage nach der Nacht und dem Schlaf angenommen haben. Eigentlich schon sehr alt, als Wissenschaft jedoch eher jung ist die Chronobiologie, die sich mit der biologischen Rhythmik der Pflanzen, der Tiere, des Menschen im Ablauf von Tag und Nacht befaßt. Ihre Startbedingung als anerkannte Wissenschaft wurde durch den Umstand erschwert, daß eine scheinbar ähnliche Ausrichtung, auch noch unter ähnlichem Namen, aber mit einem völlig unwissenschaftlichen Ansatz, praktisch Rufschädigung betrieb: die Biorhythmik des Herrn Fliess.

Die Chronobiologie untersucht die periodischen Schwankungen sämtlicher Organismen und fast aller ihrer Funktionen. Beim Menschen gehören dazu die Körpertemperatur, die Schmerzempfindung, die Leistungsfähigkeit oder auch die Stimmung, um nur einige zu nennen. Da der Schlaf ein integraler Bestandteil eines solchen endogen gesteuerten periodischen Prozesses ist, ergibt sich eine enge Verknüpfung der Chronobiologie zur Untersuchung des Schlafes. Wir schlafen nicht einfach, weil wir müde sind, sondern weil eine innere Uhr uns den Befehl hierzu gibt.

Die Wissenschaft hat sich erst seit kurzem auf den Schlaf konzentriert. Es wurden sogar schon Vereine gegründet, die so klingende Namen tragen wie: »Deutsche Gesellschaft für Schlafforschung und Schlafmedizin« oder »European Sleep Research Society«, ja sogar eine »World Federation of Sleep Research Societies« bereichert den Markt der Wissenschaften. Neben anderen untersuchen besonders Biologen, Informatiker, Internisten, Neurologen, Physiologen, Psychiater und Psychologen die »dunkle« Seite unseres

Lebens in eigens hierfür eingerichteten Schlaflabors. Einige gehen grundlegenden Fragen nach: Wie sieht der Schlaf aus? Wie wird er erzeugt, reguliert und in den Rhythmus der inneren Uhr eingepaßt? Andere befassen sich mit den Störungen des Schlafes und des Wachens, eine weitere Gruppe befaßt sich mit den Möglichkeiten, Schlafgestörten zu helfen.

Sie gewannen früh eine Erkenntnis, die im Grunde aber niemanden überraschte: Auch das Geschehen rund um den Schlaf ist sehr komplex. Es fand sich nicht etwa ein bestimmtes Schlafhormon, welches den Schlaf erzeugt, und es gibt auch kein lokalisierbares Schlafzentrum, welches den Schlaf reguliert. Stets wirkt eine Vielzahl von inneren Systemen mit äußeren Faktoren zusammen, die zudem in sich noch komplex verschaltet sind. Es ist gar nicht so einfach, dabei den Überblick über das Gesamtgeschehen »Schlaf« zu behalten, und die einzelnen Spezialisten verlieren sich immer mehr in den Tiefen und Randgebieten ihres Arbeitsfelds.

Da Wissenschaft dazu häufig immer noch im Glashaus der akademischen Institute stattfindet, wird eine Übertragung der Erkenntnisse auf den Alltag nicht selten als allzu profan abgetan. Aber gerade auf einem Gebiet, welches jeden hautnah angeht, ist es erforderlich, das gewonnene Wissen in die Öffentlichkeit zu tragen. Zum einen, um Betroffenen zu helfen und Irrwege zu vermeiden, zum anderen aber auch, um selber Realitätsnähe zu wahren.

Die Wissenschaft ist in diesem Fall auf Hilfe von außen angewiesen. Gefragt ist ein Laie auf dem Gebiet des Schlafes und der Chronobiologie, aber jemand, der es versteht, komplizierte Vorgänge klar und für jeden verständlich zu beschreiben, um die entscheidenden Fragen aus der Sicht des Nichtfachmanns zu stellen und mit dem Wissen der Forscher zu beantworten. Katharina Zimmer hat sich dieser Herausforderung gestellt und ein Buch geschrieben, welches die Sichtweise der Chronobiologie und der Schlafforschung erstmals zusammenführt. Eingeleitet werden diese wissenschaftlichen Betrachtungen durch einen Exkurs in die Welt der alten Kulturen, der Märchen und Mythen, um die Bedeutung der Nacht für den Menschen zu erhellen. Am Ende des Buches wird ein übergreifender Aspekt angesprochen, der die Nacht als eine zeitliche Nische sieht, die von der Natur genutzt wird und deren zunehmende Störung durch unsere Zivilisation nicht ohne negative Konsequenzen für den Menschen und seine Umwelt ist. Das Buch beläßt es erfreulicherweise nicht bei theoretischen Abhandlungen, sondern gibt auch ganz praktische Hinweise zum Umgang mit Schlafstörungen, von der Schlafhygiene bis zur Lichttherapie.

Eine solche Zusammenstellung ist neu, und in dem vorliegenden Buch werden die komplexen Vorgänge übersichtlich dargestellt, und die konkreten Ratschläge erlauben auch eine Nutzung für den Alltag. Diese Kombination ermöglicht ein umfassendes Verständnis der Phänomene der Nacht und des Schlafes.

Die Frage, warum wir schlafen, kann natürlich auch dieses Buch nicht endgültig beantworten, denn nicht einmal Schlafforschung und Chronobiologie können uns heute diese Antwort liefern.

Aber indem es ihre bereits gewonnenen, vielfach erstaunlichen Einsichten anschaulich vermittelt, lüftet das vorliegende Buch doch manchen Schleier, der das Geheimnis der Nacht bisher umhüllt hat.

Jürgen Zulley

Ein Spaziergang durch die Nacht

Schlafen Sie immer gut? Sind Ihre Tage eitel Sonnenschein? Schlagen Sie sich nie, Ihren Lüsten und Gelüsten gehorchend, ganze Nächte um die Ohren? Quälen Sie nachts weder Alpträume noch Sorgen? Träumen Sie etwa überhaupt nicht? Schnarchen Sie nie? Wälzen Sie sich nie unstet hin und her – und zählen die verbleibenden Schlafstunden statt der friedlichen Schäfchen? Haben Sie nachts nicht die besten Ideen und Vorsätze – die morgens allerdings genauso schnell vergessen sind, wie sie gekommen sind? Wachen Sie nicht manchmal zwischen zwei und vier Uhr morgens mit Herzklopfen und Schweißausbrüchen auf? Haben Sie in den darauffolgenden Stunden nie die absolute Gewißheit, hellwach zu sein, ja sogar die Uhr alle Viertelstunde zu beobachten? Und weckt Ihr Bettgenosse Sie des öfteren morgens mit den Worten: »Mein Gott, kannst *du* schlafen, beneidenswert!«?

Wenn Sie zu diesen wenigen Auserwählten zählen, können Sie dieses Buch gleich wieder zuklappen. Sie sind eine perfekte Schlafmütze. Nichts liegt uns so fern, als Ihnen den kostbaren Schlaf zu rauben.

Doch vielleicht haben Sie sich in einigem wiedererkannt und gleichzeitig gewundert: Wieso eigentlich erlebe ich nachts oft so merkwürdige Zustände? Was geht da mit mir oder in mir vor? Bin ich nachts ein anderer als am Tag?

Wir sind es wirklich. Dichter und neuerdings auch Wissenschaftler mit der unpoetischen Bezeichnung Chronobiologen lassen daran gar keinen Zweifel. Unser Körper und unsere Psyche machen allnächtlich zahllose Wandlungen durch. Und die sind ebenso präzise strukturiert wie »unordentlich«, verwirrend und überraschend, beruhigend und beunruhigend wie – eben die Nacht.

Ein kleiner Spaziergang durch eine Nacht mag einen Vorgeschmack geben von dem, was und wie alles wirklich anders ist, wenn die Dunkelheit hereinbricht. Schauen wir erst einmal ganz beiläufig bei Leuten herein, wie wir sie alle kennen. Ihre Erlebnisse werden hier nicht nur spaßeshalber präsentiert. Sie veranschaulichen Probleme und Phänomene, mit denen sich Schlafforscher seit Jahren und seit neuestem beschäftigen, die ihnen teils buchstäblich schlaflose Nächte – im Schlaflabor zum Beispiel – machen und teils Themen internationaler Kongresse sind. Wir kommen im Verlauf des Buchs auf alle zurück. Nennen wir die netten Nachbarn Carolin, Daniel, Hanna, Toby, Kater Willy, Herbert...

Herbert freut sich während des ganzen betriebsamen Tags zwischen Kunden und Kollegen auf den Abend zu Hause. Er will ihn ganz in Ruhe verbringen. Kaum hat er sich jedoch beim traulichen Fernsehlicht gemütlich auf dem Sofa eingerichtet, macht es »klick« in seinem Kopf. »Nein«, protestiert eine Stimme in ihm, »heute hock' ich nicht wieder allein vor der Glotze. Kein Wunder, wenn ich melancholisch werde. Von jetzt an ist Schluß damit.« Er blättert in seinem Telefonbüchlein. Die Winklers sind verreist. Sein Kollege Mark hat einen Berg Akten aufzuarbeiten. Cousine Gisela hütet bei den Nachbarskindern ein. Ins Kino?

Jeden Abend, wenn die Dämmerung hereinbricht, überkommt den Hamburger Bankfilialleiter Unruhe, manchmal sogar Übelkeit. Er ist kaputt, aber der Gedanke, sich hinzulegen, versetzt ihn in Panik. »Das ist doch zu blöd«, spricht er sein müdes Gesicht im Badezimmerspiegel an, »ich habe einfach Angst vor der Nacht. Wie ein kleines Kind.«

Der Banker hat ein Problem und steht damit nicht allein da. Schwierigkeiten mit der Nacht, der Dunkelheit, dem Einschlafen, Durchschlafen, mit Ängsten, Sorgen, Selbstanklagen, Depressionen und vor allem der nächtlichen Einsamkeit – annähernd jeder Dritte ist davon betroffen, und fast alle leiden immerhin gelegentlich unter solchen Unannehmlichkeiten.

Die Nacht, für die einen tiefste Erholung, Abenteuer der Selbstbegegnung in Träumen und Phantasien, ist für die anderen ein Absturz in die Ohnmacht: des Schlafs, des quälenden, ungewollten Wachseins oder, um dem allen zu entgehen, ein Absturz in Alkohol, Drogenbetäubung oder Diskodröhnung.

Wie auch immer – Paradies oder Hölle oder alles mögliche dazwischen: Nachts scheinen Uhren nach anderen Gesetzen zu ticken als am Tag. Unsere inneren Uhren jedenfalls. Nachts gelten die Vorsätze des Tags nicht und umgekehrt. Nachts nehmen wir uns selber anders wahr. Im Dunkeln verschwinden die Konturen und Strukturen unserer Umgebung. Ähnliches spielt sich in uns ab. Da geht unleugbar etwas an Kontrolle verloren. Keine genauen Zeitpläne zwingen uns mehr wie am Tag in dieses Korsett, das uns gleichzeitig einengt und »in Form«, aufrecht, hält. Viele empfinden das als Freiheit. Und sei es nur Gedankenfreiheit. Endlich allein mit sich. Endlich darf ich eine Tagesordnung verlassen, die ich mir ja meistens nicht selber geschaffen habe. Andere jedoch werden dadurch verunsichert, sie brauchen schnell eine andere Aktivität, sonst verlieren sie den Halt. Es geht ihnen wie einigen Urlaubern, die statt Erholung ihre schlimmsten Krisen erleben. Nachts macht sich unsere Psyche selbständig, sie ufert ein bißchen nach allen Seiten aus; nach der Tagesanstrengung lassen wir uns gehen. Die körperliche Erschöpfung droht uns allzuschnell in die Ohnmacht der Nacht zu saugen. »Abends fühle ich die Fangarme eines Tintenfischs in meinem Kopf«, so beschreibt es ein Rechtsanwalt.

Dem können wir noch einmal entgehen, kurzfristig jedenfalls: durch einen kräftigen Energieschub abends zwischen sechs und neun Uhr. Er hindert uns sogar meistens am vorzeitigen Einnicken. Das »Tor des Schlafs« (sleep gate nennen es die Wissenschaftler) ist um diese Zeit meist verschlossen.

Sieben Uhr abends: Die Münchner Sekretärin Hanna trifft ziemlich müde von ihrem Arbeitstag zu Hause ein. In der Nacht zuvor hat sie nicht schlafen können. Kraftlos fällt sie auf ihr Bett. »Jetzt ein Nickerchen, nur eine halbe Stunde lang«, denkt sie. Aber es geht nicht. Wie bei den meisten Menschen, egal wie müde sie sind, beginnt ausgerechnet jetzt eine ihrer aktivsten Tagesphasen.

In unserem circadianen Rhythmus (von: circa ein Tag), also dem eines gesamten Tagesablaufs, gibt es nach den Beobachtungen der noch jungen Wissenschaften Chronobiologie und Chronomedizin innerhalb von vierundzwanzig Stunden mehrere solcher Hochs und auch Tiefs.

Viertel nach acht: Hanna hat ihre Kraftlosigkeit überwunden, sie hat gegessen, die Tagesschau gesehen, bei der sie dann doch ein bißchen ins Dösen kam. (Monotonie des Umfelds oder der von uns aufgenommenen Signale schläfert ein, sagen die Schlafexperten.) Beim Wetterbericht wurde sie munter genug, um jetzt noch einen Spaziergang mit dem Dackel Schluffi zu unternehmen.

Herbert in Hamburg ist derweil gerettet. Fürs erste jedenfalls. Sein alter Schulfreund Karlheinz, leidenschaftlicher Zocker, will sich mit ihm und zwei anderen Bekannten auf ein Bier in der Eckkneipe treffen. Im Treppenhaus hört er den dreijährigen Nachbarssohn Toby lautstark betteln: »Bitte Mama, noch nicht schlafen!« Energisch greift Tobys Vater durch: »Schluß mit dem Theater, und ab in die Falle.« Herbert kann den Kleinen gut verstehen, der jetzt noch einmal durchdringend fleht: »Tür auflassen, Mama!«

Kater Willy, braun-grau getigert, der wahre Herr im Haus, denn er hat alles unter Kontrolle, schlägt sich den Bauch mit der Abendportion seines süchtig machenden Dosenfutters voll, Spielgefährtin Susi, um einiges zierlicher und schlanker, elegant nachtschwarz, hat sich dem Napf einige Male widerwillig genähert, um sich mit mäklerischer Pfote ein paar Brocken herauszuangeln. Die beiden sind sich im Anschluß daran bei der Putzzeremonie behilflich, falten dann zufrieden die Vorderpfoten unter die Brust und schauen Frauchen beim Fernsehgucken zu. Lange halten sie nicht durch. Sie kuscheln sich auf einem Sessel zusammen, um sich vor den Aufregungen der Nacht noch einmal zu erholen. Die Spatzen draußen, von denen sie zuckend träumen, haben längst den Kopf unters Gefieder gesteckt und rühren sich nicht mehr.

Ein paar hundert Kilometer entfernt bereitet sich die Königin der Nacht, Paris, auf einige Sternstunden vor. Goldene Feenlichter vom Eiffelturm bis nach Bercy, von Montmartre bis Montparnasse, vor allem aber entlang der Seine entzünden wie auf ein geheimes Kommando jene prickelnde Lebenslust, die die Bewohner dieser Stadt nächtens umtreibt: in die Cafés, Kinos, Theater, Varietés, zu verliebten Spaziergängen über Brücken und in die Buchhandlungen Saint Germains. Der Spuk verschwindet allerdings so unvermittelt, wie er hereinbricht – an Werktagen bald nach Mitternacht. Die Pariser leben entgegen ihrem Ruf maßvoll und ordentlich.

Dann aber ist es wie überall in der westlichen Welt für viele vorbei mit der Ordnung. Die Nacht gewinnt nun endgültig ihre

Macht. Und mit einigen spielt sie ganz schön verrückt. Für die Wissenschaftler, die sich mit den Phänomenen dieser Stunden beschäftigen, gar nicht so unverständlich. Sie kennen die Regeln, nach denen da einige Geister am Werk sind, die wir – weiß Gott – nicht gerufen haben. Ärzte, die nachts unterwegs sind, kennen die wiederkehrenden Muster.

Elf Uhr nachts: Nadin Nassar, einer unter etwa dreißig Notärzten, die nachts kreuz und quer in Paris unterwegs sind, steigt in seinen kleinen Peugeot. Nadin weiß ziemlich genau, was ihn wann erwartet. »Bis Mitternacht ist es meistens harmlos: Fieber, Bauchschmerzen, Kinder mit Infektionskrankheiten. Die Leute haben plötzlich stärkere Schmerzen. Sie würden sonst schon am Tag den Arzt rufen. Aber nachts fühlen sie sich plötzlich viel schlechter. Alles wird für sie bedrohlicher. Ihre Wahrnehmung hat sich verändert.«

Jürgen Zulley, Leiter des Schlafmedizinischen Zentrums der Universität Regensburg, bestätigt das. Chronobiologie und Schlafforschung sind sein spezielles Arbeitsgebiet. Nachts, so erklärt er, ändere sich einiges im Organismus. Es ist wie ein Umkippen: Die Körpertemperatur sinkt, andere Hormone als am Tag werden ausgeschüttet. Die Neuronen des Gehirns werden in einem anderen Rhythmus von Neurotransmittern, Botenstoffen, aktiviert. Sie »feuern« in ziemlich regelmäßigen Abständen nach ihren eigenen Gesetzen – vorausgesetzt, wir hindern sie nicht mit Kaffee oder Alkohol daran. Der Organismus schaltet vom sympathischen Nervensystem (zuständig für Tagesaktivität) auf das parasympathische (zuständig für Entspannung) um. Normalerweise »fallen« wir dabei in den Schlaf. Zwischen zwei und vier Uhr morgens kippt der Schalter dann zurück. Die Körpertemperatur steigt wieder an. Das vegetative Nervensystem schaltet auf »sympathisch« zurück. Das ist unsere labilste Phase, die Zeit, in der es die meisten Todesfälle gibt, besonders viele Kinder geboren werden, Schlaganfälle auftreten. Die Schmerzempfindlichkeit steigt steil an. »Gott sei Dank sitzt in dieser Zeit niemand beim Zahnarzt«, meint Jürgen Zulley.

Viele wachen gegen vier auf und schlafen erst nach anderthalb oder zwei Stunden wieder ein – oder gar nicht. Die Stimmung ist auf dem Tiefpunkt. Jetzt stehen nicht – wie im Wiegenlied – vierzehn Engel um unser Bett, sondern ebenso viele Dämonen. Wen eine Sorge quält, der wird im Handumdrehen von allen möglichen und unmöglichen Problemen seines vergangenen und zukünftigen Lebens heimgesucht. Selbstvorwürfe sind an der Nachtordnung: »Ich hätte nicht soviel Geld ausgeben, vorige Woche nicht in den Urlaub fahren und schon lange meinen alten Vater anrufen sollen. Wahrscheinlich ist er jetzt todkrank, und ich weiß nichts davon.«

Herbert in Hamburg erkennt ganz klar: Morgen wird er wieder verkatert sein, wird er sich übermüdet einen langen Tag hindurch mit all den entsetzlich ausgeschlafenen Kollegen messen müssen. Er wird sich nichts anmerken lassen dürfen und sich wieder vornehmen, sein Leben zu ändern... Was stimmt nicht mit ihm? Warum kriegen die anderen alles in den Griff, nur er nicht?

Daniel, Buchhändler, analysiert nicht weniger scharf: dem freundlichen Hausmeister hat er weder Neujahr noch Ostern ein kleines Geschenk gemacht, seiner Tochter hat er den versprochenen Ausflug abgesagt, den Burmeisters nach dem hinreißenden Fest am nächsten Tag keinen Blumenstrauß geschickt. Und die blöde Bemerkung über die Langsamkeit seines Kollegen quält ihn wie das Fegefeuer. Schließlich weiß er doch, daß Rudi nach seinem Unfall leichte motorische Schwierigkeiten hat. Furchtbar. Er ist eine menschliche Enttäuschung für alle, einer, dem alles wichtig ist, nur das Wichtigste nicht.

Carolin, Schriftstellerin, denkt mit gar nicht romantischen Gefühlen an den »Romantiker« Eduard Mörike: »Kein Schlaf noch kühlt das Auge mir, dort gehet schon der Tag herfür... Es wühlet mein verstörter Sinn... und schaffet Nachtgespenster.« Den kalten Schweiß auf der Stirn und eine Tasse lauwarmen, überhaupt nicht einschläfernden Kamillentee neben dem Bett, zerrt sie ihre Gespenster, Kontoauszüge, aus einem von Rechnungen überquellenden Ordner: Fieberhaft beginnt sie im Geist, ihr Budget für die nächsten sechs Monate aufzustellen. Grauenhaft. Und dann noch die Steuernachzahlung für das vorletzte Jahr. So geht es nicht weiter. »Ängste, quäle dich nicht länger, meine Seele!« (Der Dichter hat schließlich auch aufmunternde Worte.) Morgen wird sie um halb sieben aufstehen und Ordnung in ihr Leben bringen. Morgens um halb sieben – »Schon sind da und dorten Morgenglocken wach geworden... Freu dich!« – schläft sie endlich tief und entspannt. Was kümmern mich meine Sorgen von nachts halb drei?

Nachts halb drei, drei, vier Uhr, für jeden zu seiner Zeit – das ist die wahre Geisterstunde, die Stunde des Wolfs. Mitternacht jedenfalls nicht.

Trotzdem, auch Mitternacht ist nicht gerade die Stunde der Unschuld. Notruf für Dr. Nassar. Der Patient, ein gutaussehender, schlanker Mann, dreiundvierzig Jahre alt, öffnet die Tür, leicht gebeugt, die Hand auf die linke Brustseite gepreßt. Er ist ein erfolgreicher Anwalt, wie ich später erfahre. Seine Wohnung ein Juwel, Gemälde und Zeichnungen an den Wänden, wie man sie sonst nur in Museen sieht: Modigliani, Chirico... Eine freundliche junge Frau gibt es und Kinder in einem fernen Zimmer, die beruhigt werden müssen. Der Mann entschuldigt sich für seinen Anruf. Er leidet unter starken Schmerzen in der Brust und im linken Arm. Offensichtlich hat er Angst. Fahrig greift er nach seinen Zigaretten. Zwei Päckchen rauche er täglich seit zwanzig Jahren. Die Arbeit? Sechzehn Stunden am Tag sind keineswegs die Ausnahme. Das EKG, das der Arzt sofort aufzeichnet, gibt Anlaß zu Sorge. Anruf im nächsten Krankenhaus. Der Patient muß sofort eingeliefert und sorgfältig überwacht werden. Vorläufige Diagnose: Angina pectoris. Sie bestätigt sich am nächsten Tag. Der Anwalt kommt diesmal noch mit einem Schrecken davon – und guten Vorsätzen, die er natürlich nicht einhalten wird. »In seinem Alter ist es bei solchen Anfällen oft gleich aus.« Dr. Nassar spricht aus nächtlicher Erfahrung.

Halb ein Uhr. »Jetzt ist die Zeit der Leber- und Nierenkoliken«, erklärt er. »Später kommen dann die Asthmatiker mit Erstickungsanfällen – die meisten zwischen zwei und vier Uhr. Bei den alten Leuten sind es die Lungenödeme. Und dann all die Depressiven. Selbstmordversuche gibt es jede Nacht, häufig sind es junge Leute.«

Monika, Berliner Hausfrau und Mutter von zwei jugendlichen Söhnen, wollte sich schon als junges Mädchen zweimal das Leben nehmen. Der Gedanke an Selbstmord begleitet sie auch heute noch, vor allem in schlaflosen Nächten, aber sie hat gelernt, damit umzugehen. Nicht zuletzt, weil sie sich immer wieder an die Worte des Psychiaters erinnert, der ihr damals, als sie fünfzehn war, gesagt hat: »Wenn du dich umbringen willst, ist das deine Entscheidung. Versprich mir nur eins: Tu es auf keinen Fall in der Nacht. Egal wie sehr du es willst, warte damit bis zum nächsten Morgen.« Dieser Satz sei ihre Rettung gewesen. Damals – und heute.

Schlafen. Einmal darüber schlafen.

Herbert ist schließlich gegen zwei Uhr, schwer von etlichen mit Rudi geleerten Maß Bier, ein bißchen weggedämmert. Sein Wand an Wand in der Wohnung neben ihm schlafender Nachbar hingegen schreckt aus seinem Schlummer, geweckt von Herberts lautem, konvulsivischem Schnarchen, das von merkwürdigen Pausen der Stille unterbrochen wird. Mit rasendem Herzklopfen wacht Herbert schließlich selber aus seinem unruhigen Schlaf auf. Dann ist es damit vorbei. In kurzen flachen Schlafphasen döst er jetzt dem Morgen entgegen, geplagt von chaotischen Träumen.

Anders Hanna. Nach ihrem Spaziergang hatte bleierne Müdigkeit sie gegen elf ins Bett getrieben. Ohne sich an irgendein Aufwachen zu erinnern, schläft sie fest – in fünf Zyklen aus Tief- und darauffolgendem REM-Schlaf (REM = Rapid Eye Movement: Traumschlaf, in dem sich die Augen schnell hin und her bewegen) – bis morgens um sieben. Für die Forscher in den Schlaflabors ebensowenig überraschend wie Herberts Kurzschlaf: Wer früh ins Bett geht, so fanden sie heraus, wird durch einen längeren Schlaf belohnt.

Dieser wohltuende Tief- und Langschlaf ist eine Zeit besonderer hormoneller Aktivität. Durch »An- und Ausknipsen« bestimmter Neuronen, durch Freisetzung oder Hemmung bestimmter von diesen Nervenzellen produzierter Eiweißstoffe – Neuropeptide – oszilliert unser schlafendes Gehirn zwischen ruhigem Tiefschlaf und lebhaftem, aktivem REM-Schlaf. Daß unser Denkorgan auch nachts nicht einfach total abschaltet, wissen wir alle, weil wir träumen, und zwar sowohl im Tiefschlaf (vergleichsweise wenig und unzusammenhängend) als auch und vor allem im REM-Schlaf. Erinnern können wir uns lediglich an die oft langen Szenerien der REM-Schlaf-Träume, allerdings nur, wenn wir unmittelbar danach aufwachen. Träume aus der Mitte der Nacht, nach denen wir nicht erwachen oder schnell wieder einschlafen, versinken im Vergessen, ebenso wie übrigens alles, was wir kurz vor dem Einschlafen denken. Wer etwas über den Schlaf hinaus behalten will, tut gut daran, sich nicht aufs Lehrbuch unterm Kopfkissen zu verlassen, sondern seinen Geist spätestens mit einer halben Stunde Abstand vorm Einschlafen zu aktivieren. Die letzten Minuten fallen unwiederbringlich der schönen Ohnmacht in Morpheus' Armen zum Opfer.

Glücklich, wer sich diesen gnädigen Armen anvertrauen kann. Seine Gesundheit und sein seelisches Wohlbefinden profitieren davon. Denn während des Einschlafens beginnt der im unteren Hirnteil sitzende Hypothalamus, ein ganz bestimmtes Neuropeptid zur Hirnanhangsdrüse zu schicken. Dieses Neuropeptid befiehlt der Hypophyse: »Wachstumshormon freisetzen!« Damit wird nicht nur die Ausschüttung des Wachstumshormons stimuliert, sondern auch der Tiefschlaf. Das Wachstumshormon selber wiederum fördert nicht nur die körperliche Entwicklung bei Kindern und jungen Menschen, wir brauchen es auch als Erwachsene zur Erhaltung unserer Muskeln, Haut und Organe. Wenn der Tiefschlaf reduziert ist, beispielsweise durch Depressionen, ist auch die nächtliche Freisetzung des Wachstumshormons vermindert. Ähnlich sind die Verhältnisse im hohen Alter. Vermutlich verstärken sich Depression und Alterungsprozesse gegenseitig. Wer niemals tief schläft, ist oft depressiv; wer depressiv ist, kann meist nicht richtig schlafen. Teufelskreise.

Die Hormonaktivität setzt sich fort mit dem Melatonin, das nur im Dunkeln in größeren Mengen ausgeschüttet wird. Gegen Morgen steigt – vom Schlaf unabhängig – die Cortisolsekretion steil an, jenes Hormons, das unserem Organismus hilft, sich an bewußte und unbewußte Streßsituationen anzupassen.

Trotz all dieser Gesetzmäßigkeiten, die von der Forschung erst in den letzten Jahren aufgedeckt wurden, hat jeder im Rahmen dieser Regeln einen Spielraum. Eins ist allerdings nach den Beobachtungen der Wissenschaftler unumstößlich: Der Mensch ist in seiner Aktivität mehr als jedes Tier auf starkes Licht (2 000 bis 2 500 Lux) angewiesen und muß darum die Dunkelphase der Nacht zur Erholung nutzen. Aber auf welche Weise er das macht, bleibt weitgehend seiner individuellen Eigenart und nicht zuletzt auch seinem Alter überlassen. Wie er den Verlauf der Nacht *subjektiv wahrnimmt,* scheint für den einzelnen weit wichtiger zu sein, als wie er sie tatsächlich verbringt.

Für einen österreichischen Schriftsteller, mit dem ich über sein Erleben der Nacht sprach, ist sie so bedrohlich, daß er sie niemals herbeisehnt. In der Dunkelheit überkommen ihn Einsamkeitsgefühle. »Die ganze Geschäftigkeit draußen versickert. Allein in der Nacht – da weiß man, wie das ist, wenn man alt ist und im Eck allein sitzt.« Nacht sei für ihn verbunden mit Gedanken an Sterben und Tod. »Sie ist wirklich nicht mein Verbündeter«, versichert er. Erträglich nur, wenn er sofort in traumlosen Schlaf fällt. »Ich habe nur Alpträume. Ich weiß nicht mehr, wann ich einmal einen guten Traum hatte.« Am Morgen ist er erlöst. »Ich liebe Anfänge.« Die Nacht aber ist für ihn kein Anfang, sondern ein Ende. Schön sei sie nur mit einem geliebten Menschen oder mit Freunden »draußen auf dem Land, zusammen am Tisch, wenn die Sterne erscheinen und man Wein trinkt. Dann fühlt man: Dies ist die Zeit für etwas Wichtiges.« Aber das ist für ihn die Ausnahme. »Ich hätte gern, daß es nicht dunkel würde.« Ein Wunsch, der weit in unsere Menschheitsvergangenheit zurückgeht. Nicht immer hatten unsere Vorfahren das Wissen und die Gewißheit, daß nach der Nacht die Sonne und der Tag zurückkehren würden. Jede Nacht konnte das Ende der Welt sein. Die Dunkelheit konnte alles für immer verschlingen.

Solche Besorgnisse sind einer Hamburger Malerin, die in Paris lebt, unbekannt. Für sie ist die Nacht »das Schönste überhaupt«. (Vielleicht sollten wir daran erinnern, daß es in einer Großstadt niemals dunkel wird – schon gar nicht in Paris.) Wenn sie vor etwas Angst hat, dann vor dem Tag: »Da muß ich immer funktionieren, da fühle ich mich bedroht. Die Nacht macht mich frei davon. Ich kann in meinen Gedanken spazierengehen, mich in Ruhe meinen Phantasien und Sehnsüchten hingeben.« Die Malerin ist nachts gern wach. Hochgefühl verspürt sie erst, wenn sie von einem Treffen mit Freunden nach Hause kommt. Endlich allein. »Dieses Alleinsein ist für mich der Höhepunkt. Da kann ich mich besser fühlen und entfalten.« Ihre Tages- und Nachtwahrnehmungen sind nicht so sehr an Uhrzeiten gebunden. »Manchmal fängt mein Nachtgefühl schon am Nachmittag an, wenn ich für mich mit der Außenwelt abgeschlossen habe. Richtig gut ist es, wenn es draußen still ist.« Schlafen kann sie nur, wenn sie sich vollkommen erschöpft fühlt. Sie versinkt dann sofort in Tiefschlaf. Oft macht sie die Nacht durch in ihrer Arbeitswut, die sie gelegentlich überkommt. Danach ist die Ankündigung des grauen Morgenlichts für sie geradezu euphorisierend. Aber auch diese Nachtverliebte kennt ihre Schwächen: »Ich habe Angst, mich in den Schlaf fallen zu lassen«, gesteht sie. Ähnlich wie der Schriftsteller empfindet sie, »daß da etwas wie Tod drin ist«, meint jedoch, sich damit abgefunden zu haben.

Vier Uhr morgens. Die Stunde des Wolfs. Dr. Nadin Nassar wird in ein vornehmes Haus gerufen. Eine junge Frau, fünfundzwanzig Jahre alt, liegt bewußtlos auf dem Boden. Ihr dunkelblondes Haar ist blutverklebt. Offene Wunden klaffen am Kopf. Die Arme sind wie bei einer kaputten Gliederpuppe merkwürdig verrenkt, und der Hals ist mit blauen Flecken übersät. Ein Freund hat die Frau so vorgefunden und den Arzt gerufen. Der Ehemann hatte sie in dieser Weise zugerichtet und einfach liegen lassen – in der Nacht davor. Vierundzwanzig Stunden blieb sie ohne Hilfe. Nadin läßt sie sofort von einer Ambulanz ins nächste Krankenhaus bringen.

Wo in dem allen finden wir dann jenes sehnsüchtige Nachtgefühl, das deutsche Dichter vornehmlich in der Romantik so nachhaltig beflügelte – beunruhigend beklommen manchmal: »Es ist schon spät, es wird schon kalt ... kommst nimmermehr aus diesem Wald.« Erregend oft: »Es schlug mein Herz geschwind zu Pferde, es war getan fast eh gedacht, der Abend küßte schon die Erde, und in den Bergen hing die Nacht ...« Oder besänftigend: »Der Wald steht schwarz und schweiget, und aus den Wiesen steiget der weiße Nebel wunderbar ...« Für wen ist die Nacht heute ein so zauberhaftes Versprechen amouröser Hoffnung und balsamischen Friedens?

Ein Pariser Regisseur und Schriftsteller kennt sie – diese fast freudige Erwartung der Nacht, die Schlaf und vor allem Träume verspricht. Die Nacht habe für ihn etwas Mütterliches, erklärt er. Sie erlaube eine gewisse Rückkehr – im positiven Sinn – in die Kindheit. Für ihn besonders wichtig: Er könne sich sozusagen »darauf verlassen, dann im Traum etwas vorzufinden, was ganz unerwartet sein wird. Träume sind wie ein Geschenk. Wenn ich schlecht schlafe, bleiben sie aus.« Nach dem Aufwachen nehme er sie in Gedanken gern erneut auf, um sie in das Tagesleben zu verweben. Zwar könne er ihnen ihr Geheimnis nie vollkommen entreißen, aber sie würden ihre Spuren in den Tagesgedanken hinterlassen. »Träume in Worte umzusetzen heißt auch, ihre Bilder festzuhalten.«

Nicht immer hatte die Nacht für ihn diese Bedeutung. »Als ich dreißig war, dachte ich dabei mehr an Geselligkeit und vor allem an Sex«, erklärt er. Es amüsiert ihn, daß die Deutschen es fertigbringen, »Liebe zu machen, indem sie zusammen *schlafen*«.

Einer, der den Schlaf geradezu zelebrierte und liebevoll beobachtete, war Marcel Proust: »Lange Zeit bin ich früh schlafen gegangen«, beginnt er seinen Romanzyklus *Auf der Suche nach der verlorenen Zeit* – einer der berühmtesten und banalsten Sätze der Weltliteratur. »Manchmal fielen mir die Augen, wenn die Kerze gelöscht war, so schnell zu, daß ich keine Zeit mehr hatte zu denken: ›Jetzt schlafe ich ein.‹ Und eine halbe Stunde später wachte ich über dem Gedanken auf, daß es nun Zeit sei, den Schlaf zu suchen.«

Wer weiterliest, dem kann leicht, wie der Malerin in Paris, die Nacht zum Tag werden. Um halb sieben macht sie sich auf zu einem langen Morgenspaziergang nach Montmartre. Die Anstrengung, die vielen Treppen hinaufzusteigen, tut ihr gut. Während sie glücklich auf ein erneut von der aufgehenden Sonne vergoldetes Paris hinabblickt, quält sich in Hamburg Herbert aus dem Bett, spielt sein kleiner Nachbar Toby nun wieder ganz fröhlich mit den Katzen, setzt Hanna in München ihre Kaffeemaschine in Gang. Daniel erwacht als neuer Mensch und hat die Dankesschuld gegenüber dem Hausmeister vergessen, ebenso die guten Vorsätze, vor allem die, besonders nett zu sein. Carolin braucht noch mindestens eine Stunde Schlaf, bevor sie im hellen Morgenlicht alle Absichten, sofort an die Arbeit zu gehen, skrupellos über den Haufen wirft. Der österreichische Schriftsteller öffnet erlöst das Fenster. Der Tag ist wiedergekehrt. Der Pariser Träumer genießt gerade seinen kreativsten Traum, der nach dem Aufwachen noch ganz lebendig sein wird, und Dr. Nadin Nassar kann sich – endlich – schlafen legen.

Unser kurzer Spaziergang durch die Nacht hat uns bereits eine Vorstellung davon vermittelt, wie uneben und unübersichtlich ihr Gelände allenthalben ist – trotz der atomkraftbetriebenen Helligkeit, die wir in ihr zu verbreiten suchen. Wir werden also dieses manchmal wohlvertraute, manchmal mysteriöse und manchmal geradezu chaotisch erscheinende Terrain, in dem wir uns allabendlich verlieren, genauer erkunden. Quasi mit der Taschenlampe in der Hand wollen wir hier und da haltmachen:
- bei der jungen Wissenschaft Chronobiologie, die schon für sich genommen beträchtliche Hilfe beim Wege finden leistet,
- bei der Macht von Dunkelheit und Licht über unseren Körper und unsere Psyche,
- bei dem merkwürdigen Timing aller wichtigen Lebensvor-

gänge, das heißt der Ausschüttung bestimmter Hormone und Neurotransmitter nach genauen Rhythmen, dem Auftreten von Krankheiten und ihren Symptomen zu gewissen Uhrzeiten, der Wirkungsweise von Medikamenten je nach Tages- oder Nachtzeit,

- bei den Phänomenen – den neuerforschten vor allem – des Schlafs und der Träume,
- bei unseren Alpträumen, Ängsten, Depressionen und Einsamkeiten,
- bei der Verwandlung, die sich nachts mit uns vollzieht.

Vielleicht beginnen wir dann zu verstehen, daß unser Tageswesen nur die Spitze des Eisbergs ist, daß es sich lohnt, die untere, verborgene Seite besser kennenzulernen, die manchmal vielleicht die klügere ist. Zumindest scheint sie oft die ehrlichere zu sein. Sie verdient einen gewissen Respekt – aus tausend Gründen, wie sich zeigen wird, aber auch aus dem Grund, den der Dichter (Goethe) uns gibt. Denn, so erklärt er, »was von Menschen nicht gewußt oder nicht gedacht (hätte er nicht auch dichten können: Was am Tage nicht gewußt...?), durch das Labyrinth der Brust wandelt in der Nacht«.

Dämonen der Nacht

Wenn die Nacht kommt, möchte das Kind, daß seine Mutter noch ein kleines Lämpchen anläßt oder die Tür zum Wohnzimmer einen Spalt offenbleibt. Es umgibt sich mit seinen Stofftieren. Es besteht auf einer Gutenachtgeschichte. Die Mutter soll noch eine Weile am Bett sitzen und seine Hand halten. Rituale der Sicherheit begleiten den Weg ins Dunkel und in den Schlaf.

Nicht nur Kinder brauchen sie. Das sanfte Licht einer Tischlampe, Berge von Kissen, Drapierungen flauschiger Decken und plüschiger Teppiche sollen mehr als das Bedürfnis nach Wärme erfüllen. Auch wenn Menschen unseres Kulturkreises bevorzugen, in erstaunlicher Vereinzelung zu schlafen, und dies – noch erstaunlicher – sogar von ihren zartesten Sprößlingen verlangen, so verzichten sie doch nicht auf ihr Nest. Selbst das verlottertste Matratzenlager eines gegen alles protestierenden Jugendlichen zeugt mit dem darauf und darum herum nur scheinbar zufällig verstreuten Sammelsurium von dem Bedürfnis nach Sicherheit und Geborgenheit. Die Lieblingsrequisiten des Tags müssen greif- und hörbar nah sein.

Wir teilen dieses Bedürfnis nach einem nächtlichen Nest oder auch einfach dem geschützten Ruheplatz mit unseren großen Brüdern, den Menschenaffen, die sich nachts aus Blättern und Zweigen ihr Lager bauen. Wir teilen es mit all unseren Vorfahren, die sich je auf Bäumen, in Höhlen, Pfahlbauten und Alkoven schlafen legten. Das Phänomen ist zwar nicht so alt wie die Erde. Aber seit es tag- und nachtaktive Tiere gibt, muß, wer ruhen und nicht sein Leben aufs Spiel setzen will, zunächst für Sicherheit sorgen. Denn der Jäger, Dieb oder Feind lauert.

Der Mensch, so merkwürdig das klingt, ist ein »tagaktives Tier«.

Er ist sogar mehr als alle anderen Lebewesen, die sich auf unserem Planeten bewegen, auf Ruhe und Schlaf während der Nacht angewiesen. Mehr als sie alle ist er ein Wesen »unter Einfluß«, vom Wechsel zwischen Licht und Dunkel geprägt.

Der Schlaf im Dunkel der Nacht macht den einzelnen wehrlos. Zu Beginn unserer Geschichte waren Menschen dabei unzähligen Gefahren ausgesetzt – durch Raubtiere, mörderische Feinde, Unwetter. Das Feuer gab ihnen außer der Behausung auch größte Sicherheit. Wer sich aus dem Kreis der lichtspendenden und wärmenden Flamme herausbegab, war nicht nur in Gefahr, sich zu verirren, er riskierte auch sein Leben.

Das Feuer: Es war der Platz, wo man nachts zusammenrückte, die Jagdbeute verzehrte. Unsere urmenschlichen Vorfahren haben sich an ihm vor Hunderttausenden von Jahren versammelt. Bisher war man sich über eine genauere Datierung der ersten Feuerplätze nicht einig – zwischen 500 000 und 700 000 Jahren vor unserer Zeit, schätzte man. Neue Entdeckungen von Feuerstellen in der französischen Bretagne erlaubten kürzlich Forschern mit Hilfe der neuen naturwissenschaftlichen Techniken zur Analyse des Bodens und der vorgefundenen Knochenreste, diese ersten Feuer genauer zu datieren: zwischen 400 000 und 500 000 Jahre vor der Zeitwende. Das heißt also noch lange vor der Zeit des Neandertalers.

Sicher ist es nicht abwegig anzunehmen, daß um diese Feuer herum unsere Sprache sich in besonderer Weise entfalten konnte, daß hier der Ort für Sozialisation und die Entwicklung des Geistes war. Diese abendlichen Stunden waren nicht mehr wie der Tag der Suche und dem Kampf um Nahrung und einen sicheren Schlaf- oder Wohnplatz gewidmet. Den Menschen, die hier zusammenhockten, ging es nicht mehr nur darum, sich einfache Signale, Befehle oder Zurufe wie bei der gemeinsamen Jagd zu übermitteln – »Urgebrauch« der Sprache. Hier, an diesen ersten Versammlungsorten, wurde nun Kommunikation verfeinert; sie nahm erzählerische, manchmal vielleicht dichterische Form an. Sicher wurden Jagdereignisse, Begegnungen mit Tieren oder anderen Menschengruppen und auch Naturereignisse berichtet. Sicher begannen Erwachsene wie Kinder im Zuge der Sprachentwicklung ihren Worten und Berichten eine besondere Färbung zu geben, die sie selber oder die Situation in einem einzigartigen Licht erscheinen ließ. Sicher entstanden so auch die ersten Mythen und Märchen. Geschichtenerzähler schlugen die Leute in ihren Bann. Der menschliche Geist konnte sich aus der Realität heraus ins Imaginäre aufschwingen. Da wurden die ersten Vermutungen ausgetauscht über den dunklen, von Sternen erleuchteten Raum des Himmels, von dem Jahrtausende später Blaise Pascal, Mathematiker und Philosoph, im berühmtesten Fragment seiner *Pensées* (Gedanken) sagte: »Die ewige Stille dieser unendlichen Räume erschreckt mich – *Le silence eternel de ces espaces infinis m'effraye.*«

Der Nachthimmel blieb jedoch nicht immer beunruhigend für die Menschen, die zu ihm aufschauten. Die Entdeckung, daß in den Tiefen des Himmels eine bestimmte Ordnung herrscht, und die Beobachtung der regelmäßig wiederkehrenden Bahnen der Planeten durch die ersten Astronomen ermöglichten später eine weniger beunruhigende Betrachtung des Sternenhimmels und ein ganz anderes Erlebnis der Nacht, zum Beispiel als der besänftigenden Mutter, die uns liebevoll umhüllt. Mörike hat dieses Bild der Mutter Nacht, die »gelassen« ans Land steigt und »träumend an der Berge Wand« lehnt, in einem seiner Gedichte benutzt. Da wird die Nacht zum Symbol für Gleichgewicht: »Ihr Auge sieht die goldne Waage nun der Zeit in gleichen Schalen stille ruhn...« Matthias Claudius spricht von der »Dämmrung Hülle« und der »Stille der Welt in der Nacht«. Und das Kinderlied »Weißt du, wieviel Sternlein stehen?« besänftigt die Angst, die in der Nacht aufkommen könnte: Denn da ist kein Chaos, da herrscht freundliche, liebevolle Ordnung – »Gott der Herr hat sie gezählet«, und keins fehlt.

Die Zahl der Sterne brachte die niemals schweigenden Frager jedoch auf ein ganz anderes Problem mit der Nacht. Warum ist die Nacht dunkel? In einem unendlich großen Universum mit unendlich vielen Sonnen, ebenso hell oder heller noch als unsere Sonne, müßte da nicht der Nachthimmel die Erde (und andere Planeten) wie eine gleißend helle Schale umspannen? Ein Stern neben dem anderen. Jeder Quadratzentimeter Nachthimmel ein Lichtpunkt. Die Streuung des Lichts durch die Erdatmosphäre kann dabei außer Betracht bleiben. Sie fällt nicht ins Gewicht.

Die Frage ist gar nicht so leicht zu beantworten. Ich habe sie des öfteren zusammen mit allen möglichen Spekulationen zu hören bekommen. Schon Johannes Kepler hatte sie 1610 in seiner Schrift

Auseinandersetzung mit dem Sternenboten gestellt: »... wenn jene Sonnen von gleicher Beschaffenheit sind wie die unsrige – weshalb übertreffen dann alle jene Sonnen insgesamt an Glanz nicht unsere Sonne?« Die Feststellung, daß dies zunächst unerklärlicherweise nicht so ist, wird seit dem deutschen Astronomen Wilhelm Olbers, der 1823 ein Werk *Über die Durchsichtigkeit des Weltalls* schrieb und sich über das Phänomen Gedanken machte, das Olberssche Paradoxon genannt. Es mußte zu dem – richtigen – Schluß führen, daß es keineswegs unendlich viele Sterne gibt.

Erst nach Einsteins Relativitätstheorie und der Theorie vom Urknall, dem Standardmodell, konnte die Frage wirklich beantwortet werden. Da es nach diesem modernen Verständnis des Universums einen zeitlichen Anfang im Urknall gibt, finden sich in einer sehr weiten Vergangenheit, das heißt Entfernung, noch keine Sterne. Das bedeutet, daß die Menge des kosmischen Lichts durchaus begrenzt ist. Außerdem wird das Licht ferner Sterne und Galaxien durch die Ausdehnung des Weltraums »verschoben«, rotverschoben, und damit unsichtbar für das menschliche Auge.

Ein zweiter Grund: Sterne und Galaxien werden »geboren« und »verlöschen«, sie haben also nur eine begrenzte Lebensdauer. Auch wenn es im Lied heißt: »Gott, der Herr, hat sie gezählt«, so glänzen sie doch nicht für immer und ewig am Firmament. Ihr Licht erlischt eines Tages. Dies ist neben der Ausdehnung des Universums der Hauptgrund für die Dunkelheit der Nacht.

Angesichts einer für sie höchst unverständlichen Welt, mußten sich die ersten Erdenbewohner fragen, wo Licht herkam, was es war und ebenso was es mit der Dunkelheit auf sich hatte. Nicht nur damals, sondern noch heute sind unzählige Aspekte unseres Daseins eine Auseinandersetzung mit Licht und Dunkel. Die Suche nach Erklärungen hat im Lauf der Menschheitsgeschichte Religionen und Mythen hervorgebracht. Sie näherten sich den Phänomenen auf der symbolischen Ebene. Philosophen gingen von Beobachtungen aus, von dem, was unsere Sinne erfassen können, und leiteten Theorien daraus ab. Sie waren die ersten Wissenschaftler. Vergessen wir nicht die Malerei, die sich dem Problem von Licht und Dunkel in immer neuen Seh- und Darstellungsweisen widmete. Im modernen wissenschaftlichen Sinn sind es die Physiker, die den

Dingen auf den Grund gehen – mit weniger Erfolg, als wir annehmen könnten. Einer unter ihnen, Arthur Zajonc, Spezialist für Quantenoptik, Professor am Amherst College in Massachusetts, sagt uns schlichtweg, bisher habe »das Licht von seinem Geheimnis noch nichts preisgegeben«.[1] Müssen wir uns nicht fragen: Was wissen wir dann über die Abwesenheit des Lichts – über die Dunkelheit?

Francis Bacon bemängelte schon zu Beginn des siebzehnten Jahrhunderts, daß Form und Ursprung des Lichts so wenig erforscht seien. Und was bitte war vorher, bevor das Licht »erschien«? Hat das die Menschheit nicht zu allen Zeiten wissen wollen? Im Zweifelsfall können wir die Bibel befragen. Jedoch auch sie gibt darüber keine präzise Auskunft. Am Anfang der Genesis erfahren wir, daß Chaos (Tohuwabohu), Finsternis und Leere herrschten, nachdem Gott Himmel und Erde geschaffen hatte. »Und der Geist – der Atem – Gottes schwebte über den Wassern.« Dann sagte Gott: »Es werde Licht.« Und das Licht war da. Wenn man die Schöpfungsgeschichte als eine Geschichte der Strukturierung des anfänglichen Chaos versteht, dann war das Licht die erste »Tat«, die Ordnung in Unordnung brachte. Noch heute empfinden wir Lichtlosigkeit, das Dunkel der Nacht, als unstrukturiert im Vergleich zum Tag. Gewisse Orientierungen gehen verloren, das Zeitgefühl ändert sich, und unsere Eigenwahrnehmungen gewinnen leicht die Überhand über die äußeren, denen sozusagen die Nahrung fehlt. Licht ist also für den Menschen so etwas wie Hoffnung, Klarheit, Ordnung. Es hilft, die »Dinge« zu kontrollieren, ja sogar zu beherrschen.

Egal wie emanzipiert von vorgeschichtlichen oder mittelalterlichen Ängsten wir auch sein mögen, ohne elektrisches Licht sind wir einfach aufgeschmissen. Sogar im Traum: Ich träume, ich will das Licht neben meinem Bett anmachen. Es geht jedoch nicht. Ich stehe auf und suche nach einem anderen Schalter. Keine Lampe funktioniert richtig. Eine verbreitet einen schattenhaften Schimmer, der das Ganze noch beklemmender macht. Wo bleibt das Licht? Es ist wie in einem Psychothriller. Ich bekomme Angst, Panik, wache glücklicherweise auf. Es gab in meinem Traum keine andere Bedrohung als die Dunkelheit. Vielleicht möchten wir es nicht gern zugeben, aber auch der moderne Mensch kann mit der Nacht schlecht umgehen, wenn ihm nicht Elektrizität zu Diensten ist.

Als Beispiel ein Bericht aus der Zeitung *Le Monde* vom 15. Juli 1977: »Ein Stromausfall tauchte am Mittwoch, dem 13. Juli, New York in Dunkelheit... Züge und U-Bahnen blieben stehen, die Fahrgäste wurden zu Gefangenen... Der Bürgermeister von New York appellierte an die Bevölkerung, Ruhe zu bewahren, während Feuerwehr und Polizei alarmiert wurden... Der Gouverneur... erklärte, daß er die Nationalgarde mobilisieren werde, um die städtische Polizei zu unterstützen. Diese gab bekannt, 1400 Plünderer festgenommen zu haben, die sich die Dunkelheit zunutze gemacht hatten...«

Leicht vorzustellen, wie sehr die Menschen in jener Nacht auf Licht warteten.

Dies ist nur einer der möglichen Aspekte. Ein anderer wird von all denen vertreten, die täglich in den Praxen der Psychiater und Neurologen um Schlaf- oder Beruhigungstabletten betteln. Sie treibt wohl selten nur die Sorge, sie könnten nach einer schlaflosen oder schlafgestörten Nacht am nächsten Morgen nicht richtig ausgeschlafen sein. So etwas läßt sich relativ leicht überwinden. Und Beruhigungs- oder Schlafpillen versprechen nicht gerade ein besonders munteres Aufwachen. Was diese Geplagten fürchten, sind vielmehr jene langen konturlosen Wach- oder Halbwachphasen der Nacht, in denen ihnen kein von außen auferlegter Zeitplan hilft, die Psyche zu strukturieren. Das Korsett fehlt. Eine schlaflose Nacht, egal ob im Licht des Nachttischlämpchens oder hartnäckig im Dunkeln verbracht, fördert Regression. Das Innere kehrt sich ein bißchen nach außen. Auf einmal nehmen wir unsere feinsten Regungen wahr: den Körper, der nicht zur Ruhe kommt, die Gedanken, die sich einfach nicht in eine vernünftige Ordnung bringen lassen. Sie haben die fatale Tendenz, sich im Kreis zu drehen. Fast zwanghaft mischen sich dann alle möglichen Sorgen, Befürchtungen und realen Bedrohungen zu einer Art Geistertanz. Das Erlebnis des Ausgeliefertseins spricht unserem tagsüber so gut funktionierenden Verstand hohn. Wir glauben, manches völlig klarzusehen. Viele meinen plötzlich zu erkennen, daß ihr gesamtes vor ihnen liegendes Leben nach einem unausweichlichen Plan ablaufen wird, der notwendigerweise in die Katastrophe, wenn nicht in mehrere Katastrophen führen muß.

Die Ängste, die da auftauchen, haben indes, wie wir oft schon beim ersten Sonnenstrahl bemerken, wenig mit der Realität zu tun. Sie kommen von weit her. Nicht nur aus unserer Kindheit, aus unserer individuellen frühen Erfahrung der Unverständlichkeit vieler Erlebnisse. Sie kommen noch tiefer aus der Menschheitsgeschichte. Jahrmillionenlang hatte es einen Sinn, in der Nacht, in der Dunkelheit Angst zu haben, hatte es einen Sinn, daß der Nachtschlaf fraktioniert war, daß wir gelegentlich so weit aus dem Schlaf auftauchten, um in Alarmbereitschaft zu sein, um sofort reagieren zu können. Wir wissen heute kaum noch, was wir mit dieser Fähigkeit anfangen sollen; wir betrachten sie als lästig – um so mehr, als sie auch von den Ängsten begleitet wird, die sicher vor vielen Millionen Jahren einmal sinnvoll waren. Sie gruppieren sich in unserem nächtlich arbeitenden Gehirn um unsere realen Erlebnisse, die aber oft solche Dauerzustände der Beunruhigung überhaupt nicht rechtfertigen – bei Licht besehen. Wenn wir heute noch Angst vor der Nacht und in der Nacht haben, dann muß sie in unserer Vorgeschichte sehr hartnäckig verwurzelt sein.

Wenn wir von Dunkelheit sprechen, sprechen wir auch von Licht, von der Bedeutung, die es für alles, was lebt, besitzt. Die Nacht, das ist die andere Seite der Medaille. Die Abwesenheit des Lichts erscheint uns bedrohlich und war einst für die Menschen, die über nur wenige und uns eher merkwürdig anmutende Kenntnisse und Ideen vom Universum verfügten, auch unerklärlich.

Zu allen Zeiten hatten Menschen darum einen Alptraum: Das Licht könnte am Morgen nicht wiederkehren, die Erde in ewige Dunkelheit getaucht sein. Unsere Kinder fragen uns noch manchmal: »Mama, geht morgen die Sonne auch wirklich wieder auf?«, und wir finden es selbstverständlich, daß wir ihnen dies zusichern. In der Kindheit unserer Geschichte bis ins Mittelalter hinein wußte schließlich niemand genau, wo die Sonne am Abend blieb.

Um unsere eigene, scheinbar so rationale Vorstellung von Nacht und Dunkel als Höhepunkt einer Entwicklung verstehen zu können, ist es nützlich, ja vielleicht unabdingbar, einmal weit zurückzugehen. Aus den frühen Mythen und Ritualen um Dunkel und Licht begreifen wir vielleicht besser, warum wir heute nachts immer noch andere sind als am Tag. Ein Phänomen, das wir später auf mehr wissenschaftlicher Ebene anhand der neuen Forschungen über Schlaf und Chronobiologie erhellen wollen.

Die Nacht in den alten Kulturen

Verschiedene Kulturen haben für das Universum – das von Licht überflutete oder in Dunkel getauchte – unterschiedliche, mehr oder weniger elaborierte Erklärungen gefunden. Für die meisten verschwand die Sonne am Abend in einem Reich der Finsternis. Und nichts garantierte, daß sie am Morgen wiederkam. Das Reich der Finsternis stellten sie sich unter der Erde gelegen vor, die für sie so etwas wie eine Scheibe war. Über ihr wölbte sich das Reich des Lichts. Die Zuordnung von hell zu oben und dunkel zu unten wird bis in unsere christliche Überlieferung hinein auch stets im übertragenen Sinn gebraucht: als Himmel und Hölle, als Lebenswelt und Totenreich oder Unterwelt. Noch heute sprechen wir von Kriminellen als der Unterwelt zugehörig.

Nicht in allen alten Kulturen ist jedoch diese Unterwelt so stark mit der Vorstellung vom Bösen, von Sünde und Hölle assoziiert. Dagegen ist die Nachtseite der Welt immer der Ort, an dem die Toten hausen – und zwar für ewig. So wird es uns aus Mesopotamien, dem Land zwischen Euphrat und Tigris, überliefert – im ältesten Gedicht der Menschheit, dem ersten schriftlichen Zeugnis überhaupt, dem Gilgamesch-Epos. In den Abenteuern der beiden Freunde Gilgamesch und Enkidu zeichnet sich ein erstaunliches Universum ab, voller Widersprüche für unsere moderne Logik. Es hatte, wie uns Jean Bottero, Spezialist für die Sprachen und die Kultur Mesopotamiens, in einem Kommentar zu seiner Übersetzung des Epos anhand einer schematischen Darstellung erklärt, die Form einer hohlen, nach beiden Seiten ausgewölbten Linse. Ihre äußere Ellipsenform war gleichzeitig die Sonnenbahn. Oben in der lichten, hellen Hälfte war der Himmel, unten auf der dunklen Seite die Unterwelt. Hier hausten die Toten entsprechend ihrer früheren Lebensweise. In der Mitte schwamm, wie eine Insel auf einem Meer der Unterwelt, die Erde. An den beiden äußersten Rändern dieses Weltalls dachte man sich hohe Berge, die die Himmelskuppel hielten. Zwischen ihnen waren schlundförmige Öffnungen, die sowohl den Einstieg ins Reich der Toten ermöglichten, als auch den Sonnenauf- und -untergang plausibel erscheinen ließen. Die Sonne mußte nach ihrer nächtlichen Reise durch die Unterwelt einen tiefen, finsteren Tunnel durchqueren, bevor sie aufgehen durfte.

Um zum westlichen Eingang zu gelangen, hatte man einen Höllen-fluß zu überqueren, der östliche Eingang dagegen war mit »tödli-chen Wassern« oder einem »Meer der Toten« ganz und gar ver-sperrt. (Siehe Abb. 2 im Bildteil.)

Von den Azteken wissen wir aus den Chroniken der spanischen Mönche, daß die Furcht vor dem Ausbleiben der Sonne und damit ewiger Dunkelheit einen wichtigen Platz in ihrem Weltbild, beson-ders in ihrer Raum- und Zeitvorstellung, einnahm. Es lohnt sich, das ein wenig näher zu betrachten, da sich in diesen indianischen Mythen, ähnlich wie in anderen alten Kulturen, die vielfältigen mit Dunkelheit, ja möglicherweise endloser Nacht verbundenen Ängste besonders plastisch widerspiegeln.

Die Sonne repräsentierte für die Azteken gewissermaßen die Zeit. Diese lief zyklisch ab, eine Vorstellung, die die Azteken mit anderen mittelamerikanischen Völkern teilten. Jedes Zeitalter wurde Sonne genannt und dauerte 52 Jahre. Das Jahr umfaßte nach einem der gebräuchlichen Kalender 260 Tage, also etwa so lange, wie ein Baby braucht, um im Mutterleib heranzuwachsen. Nach dem Glau-ben der Nahuas (des Bevölkerungsteils, der die am meisten verbrei-tete Sprache, Nahuatl, sprach), hatte es vor ihrer Epoche bereits vier Sonnen gegeben. Sie lebten im Zeitalter der fünften. Jeder 52-Jahre-Zyklus endete, so glaubten sie, in einer Art Weltuntergang. Einer wurde von Jaguaren, die alle Menschen auffraßen, ein ande-rer durch die Verwüstungen ungeheurer Stürme, ein dritter von einem Feuerregen und der vierte von einer riesigen Flut ausgelöst. Darum sahen sie dem Ende mit Beklommenheit, ja Furcht entgegen. Die Tage vor der erwarteten Katastrophe versetzten alle in höchste Erregung. Die letzte Nacht wurde mit der Vorstellung einer allge-meinen Zerstörung gleichgesetzt. Wie in untröstlicher Verzweif-lung zerschlug man Töpfe und Schüsseln; andere Hausgeräte wur-den verbrannt, dann alle Feuer gelöscht. Schwangere Frauen und kleine Kinder mußten in den Häusern Schutz suchen und ihre Gesichter hinter Masken aus Agavenblättern verbergen. Falls sich das »neue Feuer« nicht entzünden würde, könnten sich sonst die Kinder womöglich in Mäuse und die Frauen in wilde, menschen-fressende Tiere verwandeln.[2] »... und wenn dann am letzten Nach-mittag des Zyklus die Sonne unterging (um vielleicht nie wieder aufzugehen), strich ein Stöhnen des Schreckens über das Tal von Mexico«, schreibt der Altamerikanist Fernando Horcasitas in einem Buch über die Azteken.[3]

Die fünfte Sonne wurde auf besondere Weise erschaffen. Nicht irgendwo, sondern an einem heiligen Ort: in Teotihuacán – einer Pyramidenstadt nahe dem heutigen Mexico City. Es bedurfte beträchtlicher Bemühungen, bevor es klappte. Kein anderer als ein Gott, der bescheidene und demütige Nanahuatzin, warf sich selber als Opfer in das heilige Feuer. In den Flammen verwandelte er sich in die neue Sonne. Aber damit war es nicht getan. Die Sonne wollte nun nicht aufgehen. Um sie dazu zu bewegen, verneigten sich die anderen Götter jeweils in die von ihnen bevorzugte Richtung. Der Erfolg war bescheiden, aber tröstlich: Die Sonne erschien im Osten. Jetzt weigerte sie sich jedoch, ihre Bahn anzutreten. Die Götter wußten keinen anderen Rat, als sich wie bereits Nanahuatzin selber zu opfern, um ihr Nahrung und Energie zu geben – mit anderen Worten: Blut. So entstanden nach der Überlieferung die rituellen Sonnenopfer.[4]

Das letzte Opferritual wurde unter der Herrschaft Montezumas II. zelebriert. Priester erklommen in einer Prozession den »Sternenberg« und wachten dort die ganze Nacht. Wenn der entscheidende Moment nahte, wurde einem Opfergefangenen das Herz aus der Brust gerissen, auf der man ein Feuer entzündete. Das zuckende Herz wurde in die Flammen geworfen. Nach dem Bericht des Chronisten Sahaguns, starrten dann alle »mit gerecktem Hals auf den Gipfel... Jedermann war in Angst..., bis die Flamme des ›neuen Feuers‹ zu sehen war«.[5]

Die Sorge, die Sonne könnte sich nach einer Nacht überhaupt nicht wieder blicken lassen, hatte im Weltbild der Azteken gute Gründe. Nach dem Nahua-Glauben lag die Erde, eine weibliche Gottheit, hingestreckt über neun Schichten der Unterwelt und unter dreizehn Himmeln. Der unterste Himmel, der Erde am nächsten, »tauchte« unmittelbar aus dem Meer auf. Vom höchsten Himmel ging durch den Mittelpunkt der Erde eine gedachte Achse hinunter in die Unterwelt. Dort, wo man nicht wußte, was mit der Sonne geschah, lag die Welt der Toten. Da das die nächtliche, chaotische Seite war, stellten die Indianer sie sich nicht gerade als angenehm vor. Jedoch verbanden die Azteken mit dem Hinabsteigen in die

Unterwelt nach dem Tod keinen Gedanken an Strafe. Die männlich-weibliche Doppelgottheit des Todes, die dort regierte, hatte nichts Feindliches. Ebenso war die Unterwelt, vielleicht gleichzusetzen mit ewiger Nacht, kein Ort des Bösen. Sie war einfach das Gegenstück zur oberen Seite des Kosmos, der Welt, in der Leben entstand.

Trotzdem hatten die Toten je nach ihrer Lebensweise und ihren Verdiensten bestimmte Regeln zu respektieren, das heißt, sie mußten die ihnen zugedachten Eingänge in die Unterwelt benutzen. Die Ostseite, wo die Sonne aufging, war die privilegierte. Dort durften die hinein, die als Opfer in religiösen Ritualen oder im Kampf ihr Leben hingegeben hatten. Im Westen war der Einstieg für die Seelen der Frauen, die »mit ihrem Kind im Leib« bei der Geburt gestorben waren. Frauen dagegen, die ihr Kind lebend geboren hatten, stiegen in den Rang von Kriegern auf und durften den östlichen Einstieg benutzen.

Auch dies hatte weniger mit einer Glorifizierung der einen Gruppe und einer Demütigung und Bestrafung der anderen zu tun: Der Verteilung der Wege zur Unterwelt entsprach die Vorstellung, daß die Sonne im Osten, solange sie aufstieg, stark war. Hatte sie einmal den Zenit erreicht, verlor sie immer mehr von ihrer Kraft. Sie fiel »in Krankheit und Sünde« und mußte sterben. Das Licht, das dahinschwand, um der Nacht das Feld zu räumen, wurde also mit Schwäche und Zerfall assoziiert.

Die Nacht zwischen Sonnenuntergang und Sonnenaufgang war auch Symbol für die Nacht am Ende eines Zeitalters: ein dualistisches Bild des Kosmos, in dem die Sonne, also das Licht, Schöpferkraft symbolisiert, die Abwesenheit der Sonne, die Nacht, hingegen Zerstörung. In der Dunkelheit trieb sich alles an zwielichtigen Gestalten herum, was die Phantasie hergab, dazu auch Diebe, Räuber und Zauberer. Sogar der Mond galt als befleckt.

Die spanischen Mönche, die uns die Lebensweise und Mythenwelt der Azteken überlieferten, hatten Schwierigkeiten, dieses Konzept zu verstehen. Es war dem christlichen nicht ganz unähnlich, wich jedoch in wesentlichen Vorstellungen davon ab. Für die Chronisten waren Dunkel und Unterwelt mit Sünde und Strafe verbunden. Sicher sind darum auch ihre Darstellungen der aztekischen Glaubensrituale mit Vorsicht zu genießen. Die christlichen Mönche

gaben sich jedoch bei ihrer Missionsarbeit alle Mühe, das azteki-
sche in das christliche Weltbild zu integrieren. In der nichtindiani-
schen Welt konnte man sich eine »Hölle« ohne die Qualen der
Sünder einfach nicht vorstellen.[6]

Zwischen finsterem Mittelalter und lichter Neuzeit

Im europäischen Mittelalter machten sich die Menschen weniger
Sorgen um die morgendliche Rückkehr der Sonne. Sie hatten einfach nur Angst vor dem, was im Dunkeln passieren könnte.

Wir haben eine gewisse Mühe, uns diese Angst im Dunkeln und
vor der Dunkelheit vorzustellen, weil wir nicht einmal mehr wissen,
wie stockfinster eine mond- und sternenlose Nacht sein kann, wie
dunkel sogar noch die Städte des Mittelalters waren. Da konnte es
leicht passieren, daß einer in einen Hinterhalt geriet und überfallen,
ausgeraubt oder dahingemordet wurde.

Von nächtlichen Verbrechen wird in den mittelalterlichen Chroniken vielfach berichtet. Häufig geschahen gewalttätige Auseinan-
dersetzungen zwischen Paaren vor dem Schlafengehen, wenn der
Ehemann abends angetrunken nach Hause kam. Oft wurden
Frauen von herumstreunenden Banden junger Leute überfallen.
Zahlreich waren die Messerstechereien nach einem feuchtfröhli-
chen Abend im Wirtshaus, wenn es darum ging, wer die Zeche be-
zahlte. Raubüberfälle und Plünderungen vervollständigen das Bild.

Genauer besehen, scheinen jedoch die nächtlichen Gewalttaten
nicht häufiger vorgekommen zu sein als die, die das Tageslicht nicht
scheuen. Zu diesem Schluß jedenfalls gelangt die Historikerin
Claude Gauvard in einer Untersuchung über Kriminalität im mit-
telalterlichen Frankreich.[7] Die meisten Verbrechen mit tödlichem
Ausgang wurden offenbar in der Abenddämmerung verübt. Der
Grund für die relative Kriminalitätsarmut der Nacht: Nach dem
Zapfenstreich schloß man sich zu Hause ein. Zudem fanden sich die
Übeltäter oftmals im Dunkeln nicht zurecht. Es kam allerdings
auch vor, daß eifersüchtige Wüteriche ihre Opfer verwechselten.
Von Vorteil für die nächtlichen Totschläger und Mörder war dage-
gen, daß sie unerkannt blieben und ihre Opfer ungesehen beiseite
schaffen konnten.

Apropos Verwechselung: Eine ganze Literaturgattung lebt von diesen ungewollten oder gewollten Irrtümern, wobei vornehmlich Eheleute und Geliebte die Rollen und Gestalten tauschen. Noch heute mißtrauen eifersüchtige Liebende ihrem Partner am meisten nachts, der klassischen Zeit des Ehebruchs.

Wie sehr die Dunkelheit die Sache förderte, illustriert ergötzlich eine kleine Begebenheit aus dem Italien des vierzehnten Jahrhunderts. Sie ist im *Decameron* von Boccaccio nachzulesen.[8] Da ist von einem braven Mann die Rede, der mit seiner Frau eine Herberge betreibt. Sie haben eine sechzehnjährige Tochter und ein Baby. Ein junger Mann, Pinuccio, der in das Mädchen verliebt ist, bittet gemeinsam mit einem Freund um Unterkunft für die Nacht – in der unehrenhaften Absicht, mit seiner Angebeteten zusammenzukommen.

Das Haus hat nur ein sehr enges Zimmer mit drei Betten – zwei längs der Wand, das andere gegenüber. Der Wirt teilt den beiden Freunden das beste davon zu. Seine Tochter legt sich ins zweite und er mit seiner Frau ins dritte, daneben das Baby in der Wiege.

Nachdem die Wirtsleute eingeschlafen sind, schlüpft Pinuccio ins Bett seiner Angebeteten, um ihre langersehnte Gunst zu genießen. Während sie sich lieben, wirft die Katze im Nebenzimmer etwas um. Die Wirtin wacht auf und geht hinüber. Inzwischen möchte Adriano, Pinuccios Freund, nach draußen, um sich zu erleichtern. Da ihm die Wiege im Weg steht, schiebt er sie weg – neben sein Bett. Als er sich wieder schlafen legt, vergißt er, sie zurückzustellen. Inzwischen stolpert die junge Wirtin zurück zum Bett ihres Mannes. Da sie dort die Wiege nicht findet, denkt sie, sie habe sich geirrt und sucht. Als sie sie endlich tastend gefunden hat, legt sie sich ins Bett daneben, zu Adriano. Der entführte sie ohne ein Wort auf eine Reise, die sie zu dieser Nachtstunde nicht erhofft hatte...

Pinuccio seinerseits möchte nicht mit seiner Geliebten überrascht werden, er will nun in sein Bett zurück, neben dem er jedoch die Wiege findet. Er landet also bei dem Wirt, den er für seinen Freund hält, und flüstert ihm ins Ohr, welches Vergnügen er gerade in den Armen Niccolosas genossen habe. Die wütenden Schreie des Vaters wecken seine Gattin, die ihres Irrtums mit Adriano gewahr wird. Klug und umsichtig, wie sie ist, steht sie leise auf, stellt die Wiege neben das Bett ihrer Tochter und legt sich neben diese. Heuchlerisch verschlafen fragt sie dann ihren Mann, was los sei.

»›Hörst du nicht‹, antwortete der Mann, ›was er sagt, das er diese Nacht mit unserer Niccolosa gemacht?‹«

Die Frau beruhigt ihn, niemand habe die Tochter angerührt. Schließlich habe sie, die Mutter, die ganze Nacht über bei ihr geschlafen. »Ihr Männer trinkt immer des Abends so viel, daß ihr nachts träumt und hier und dort umhergeht, ohne etwas von euch zu wissen, und dann glaubt ihr wunder was. ... Aber was macht denn Pinuccio dort, und warum liegt er nicht in seinem Bett?«

Geistesgegenwärtig springt ihr Adriano bei. Vorwurfsvoll weist er den Freund zurecht: »Pinuccio, wach doch auf und geh in dein Bett zurück.«

Zufrieden und vergnügt machen sich die beiden Freunde am nächsten Morgen auf den Weg nach Florenz.

Weniger harmlos sind andere Gefahren, die mit Dunkelheit und Nacht assoziiert werden. Zunächst war es, wie erwähnt, der Lichtkreis des Feuers, in dem die Menschen sich halbwegs geschützt fühlten. Später war es der Kreis der Stadtmauern. Nachts schien es weder ratsam, ihn zu verlassen, noch jemandem von draußen Zugang zu gewähren. Dafür konnten die Vorkehrungen – ob nun real abwehrend oder nur symbolisch einschüchternd gemeint, meistens sicher beides – gar nicht beeindruckend genug sein. In einem Buch, das zum ersten Mal die Angst in der Geschichte der westlichen Welt untersucht, schildert der französische Historiker Jean Delumeau am Beispiel von Augsburg im sechzehnten Jahrhundert, wie wir uns das vorstellen dürfen.[9]

Die Vorkehrungen, die diese Stadt getroffen hatte, um sich vor allem nachts abzuschotten, zeugten von einem Klima der Unsicherheit: »Vier große, aufeinanderfolgende Tore, eine Brücke über einen Graben, eine Zugbrücke und eine eiserne Schranke scheinen nicht zuviel, um eine Stadt von 60 000 Einwohnern, die zu jener Zeit die einwohnerreichste und wohlhabendste Stadt Deutschlands ist, gegen jede Überraschung abzusichern.« Jeder Fremde war damals suspekt, vor allem jeder, der nachts in die Stadt wollte. Der Feind nutzte die Nacht für seine üblen Taten, denn durch das Verschwinden des Lichts war der Mensch verletzbar geworden. Licht bedeutete also Schutz, Dunkelheit hingegen Gefahr. »Deswegen konnte früher in den Städten nicht auf den Nachtwächter verzichtet werden, der mit seiner Laterne, seiner Glocke und seinem Hund seine Rundgänge machte.«

Hier noch ein interessantes Detail: Die Zeiteinteilung folgte damals der jeweiligen Ausdehnung von Licht- und Dunkelphasen. Das heißt: Die Uhren gingen anders. Der Tag war zwar wie heute vierundzwanzig Stunden lang. Die Stunden waren ebenfalls in Minuten und Sekunden aufgeteilt, und es gab Viertel- und halbe Stunden. Aber die Stunden hatten je nach Jahreszeit eine unterschiedliche Dauer, denn die Zeit zwischen Sonnenaufgang und -untergang wurde in zwölf Stunden aufgeteilt, ebenso von Sonnenuntergang bis -aufgang. So waren in Sommernächten die Stunden kurz und in Winternächten lang. Sie konnten also zwischen etwa dreißig und achtzig Minuten variieren. Am Regensburger Dom ist noch heute eine Sonnenuhr, eine sogenannte Vertikaluhr, aus dem Jahr 1487 zu besichtigen, die, untereinander angeordnet, für jede Jahreszeit eine 12-Stunden-Skala zeigt. Ihre Inschrift lautet: »*Longitudo dierum hore inequales* – Jeder Tag ist voller ungleicher Stunden.« Eine Spur dieser »natürlichen« Tageslänge, die auch unseren biologischen Rhythmen entspricht, findet sich noch heute im jüdischen Sabbat: Er beginnt am Freitagabend bei Sonnenuntergang, das heißt, wenn man Kerzen anzünden muß, und endet am Sonnabend ebenfalls bei Sonnenuntergang und nicht zu einer festen Uhrzeit. Die Tageszeit erfuhr der Stadtbewohner auch durch Kirchenglocken; sie kündigten zudem bestimmte Morgen- oder Abendgebete an. Erst 1370 gab es in der Großstadt Paris eine – einzige – mechanische Uhr, auf der die Zeit stets variationslos ablief. Die Kirchenglocken läuteten jedoch nach dem bisherigen Rhythmus weiter, auch die Glocke der Kapelle der Sorbonne, Marie genannt, die abends den Zapfenstreich für die Universität ankündigte.

Wenn die Nachtzeit eingeläutet wurde, verwandelten sich sowohl das private Heim als auch die ganze Stadt in eine Festung – hermetisch abgeschottet nach »draußen«.

Alle diese Maßnahmen galten zunächst realen Gefahren. Schließlich wurde das Land damals innen von Religionskriegen erschüttert, und draußen, außerhalb der Grenzen, lauerten die türkischen Eroberer. Die ständige Bedrohung schürte zwischen der Mitte des vierzehnten und dem Beginn des siebzehnten Jahrhunderts in der gesamten Bevölkerung eine latente Angst. Sie wucherte wie eine

Blume des Bösen in den Köpfen der Menschen. Phantasien überflügelten die Wirklichkeit und verwandelten sie. Wenn die Dunkelheit hereinbrach, waren den morbiden Gedanken und Imaginationen Tür und Tor geöffnet. An dieser nächtlichen Anfälligkeit für alle möglichen Regressionen hat sich bis heute nicht viel geändert. Wir ordnen solche Anwandlungen zwischen Mitternacht und Sonnenaufgang allerdings mehr dem Individuum zu — mit seinen persönlichen Problemen wie Schlaflosigkeit, Sorgen, Kummer oder Streß. Damals jedoch waren die allgegenwärtigen Gefahren ein Anlaß zur Neurotisierung einer ganzen Bevölkerung.

Der Feind attackierte nicht nur von außen, sondern — genauso schlimm — auch von innen. Die christliche Lehre warnte vor dem Bösen, das angeblich immer in uns wohnt: Satan, böse Geister, die nur darauf warten, uns zu verführen und, schlimmer noch, auf ewig den Mächten der Finsternis auszuliefern. Die Strafe für das aus der Nacht geborene Böse sollte wiederum Verdammnis zur Lichtlosigkeit sein. Jedem drohte Gefahr, denn jeder konnte ein Instrument eines Dämons werden. Nach Einbruch der Dunkelheit verwandelte sich gelegentlich der brave Nachbar oder, wer weiß, man selber in einen Werwolf, einen bösen Geist, in irgendeine scheußliche Kreatur. Daher sei eine gewisse Angst vor sich selber durchaus gerechtfertigt gewesen, meint der Historiker Delumeau.[10] Da es mit einer solchen ständigen latenten und undefinierbaren Beängstigung jedoch unmöglich war, sein inneres Gleichgewicht zu halten, mußte der Mensch sie umwandeln, sie in genau umschriebene Ängste zerlegen — vor bestimmten Dingen oder Personen. (Daß auch wir immer wieder Schwierigkeiten haben, mit nächtlichen Beunruhigungen oder gar Angstanfällen fertig zu werden, liegt daran, daß die nächtliche Situation in uns eine gewisse Verwirrtheit begünstigt. Da wird es schwer, präzise Ursachen dingfest zu machen. In der Nacht läßt sich auch noch für uns Angst schlecht konkretisieren.)

Wenn sich die mittelalterlichen Städte mit solchen beeindruckenden, ja phantasievollen Abwehrmaßnahmen schützten, dann also nicht zuletzt, um die Angst aus den Stadtmauern heraus nach draußen zu verbannen. So wurde die innere Bedrohung in Schach gehalten.

Wer hat Angst vorm bösen Wolf?

Was der Historiker Jean Delumeau »nach außen verlagern« der allgegenwärtigen Bedrohung nennt, schafften in Mittelalter und früher Neuzeit die nächtens von allerlei dämonischen Mächten Geplagten jedoch auch, indem sie ihren Ängsten Gestalt verliehen. Zum Beispiel, indem sie jene teuflische Ausgeburt namens Inkubus erfanden. Sie bevölkerte die sexuellen Phantasien der Menschen, denen die Fleischeslust ebenso verboten wie begehrenswert erschien. Opfer des Inkubus waren angeblich Frauen, die er nachts in ihrem Bett heimsuchte, um ihnen beizuschlafen. Einigen, den Hexen zum Beispiel, bereitete er angeblich durchaus Vergnügen, die Tugendhaften hingegen ließen die Sache offenbar nur widerwillig über sich ergehen. In aller Unschuld. Das räumte ihnen sogar der Klerus ein. Ende des fünfzehnten Jahrhunderts schrieben zwei Inquisitoren ein vielbeachtetes Werk über Dämonen dieser Sorte: *Der Hexenhammer*. Sie bezeichnen darin die Frau als die Quelle allen Übels, unterscheiden aber immerhin zwischen den Dämonenflittchen und den anständigen Opfern.

Ein gewisser Guibert de Nogent schilderte uns Ende des zwölften Jahrhunderts in seiner Lebensgeschichte, wie seine Mutter von einem Inkubus heimgesucht wurde. In einer besonders dunklen Nacht, in der sie sich schrecklich ängstigte, denn ihr Mann war in Gefangenschaft, kam plötzlich der Teufel, »der Feind in Person«, über sie, »er legte sich auf sie« und »lastete mit seinem ungeheuren Gewicht so sehr auf ihr, daß sie fast gestorben wäre«. Der Dämon, so erklärt Guibert, überfalle mit Vorliebe Seelen, die sich in Trauer verzehren, und er treibe sein Unwesen vor allem im Finstern.

Noch lebhafter blühen die Phantasien, wenn sie reale Gestalt annehmen. Zur echten Massenpsychose wuchs sich zeitweise die Angst vor einem anderen Dämon der Nacht aus, dem Wolf.

Bis ins letzte Jahrhundert war er in Europa und Nordamerika ein stets gegenwärtiger Nachbar des Menschen, dem jedoch keiner über den Weg traute. Sein Name allein ließ vor Schrecken erzittern. Im mittelalterlichen Norddeutschland war es während zwölf Nächten und Tagen im tiefen Winter verboten, ihn zu erwähnen; das war die »Wolfszeit«, in der sich die Sonne verfinsterte und die schwarzen Wölfe der Mächte des Bösen aus ihren Löchern kamen. Man hütete also besser seine Zunge und sprach nur von »dem Tier« oder »dem Ding«. »Wer vom Teufel spricht...«! – »Wenn du vom Wolf sprichst, springt er schon über den Busch.«

Viele Landbewohner hatten jedoch nie Wölfe genauer beobachtet und wußten nichts über ihr wahres Verhalten. Die Phantasie ersetzte die Wirklichkeit. So entstand das Bild eines schrecklichen Monsters, eines Menschenfressers, der sich am Fleisch zarter Kinder und unschuldiger Frauen ergötzt und gelegentlich auch Leichen und einen zähen Kerl nicht verschmäht. Sein Biß galt als giftig, weil er sich angeblich von Kröten ernährte, und dort, wo er auftauchte, wuchs angeblich kein Gras mehr.

Gewiß, Wölfe überfielen die Herden der Bauern und wagten sich in besonders strengen Wintern sogar in die Nähe der Menschen und in die Städte. Im Jahr 1421, in dem der Winter so lang war, daß in Frankreich die Weinstöcke noch im Juni nicht blühten, hielt der Wolf Einzug in Paris. Auch 1423 und 1438 kam er sogar im Sommer jede Nacht. Für die ausgehungerten Tiere waren die Städte anziehend, denn hier fanden sie Schlachtabfälle und tote Hunde im Überfluß. Kein Wunder, daß dies wiederum für die »Zeitungen« von damals, Bänkelsänger, Geschichtenerzähler und später auch die gedruckten Blätter, ein gefundenes Fressen war. Durch die Jahrhunderte wurde der nächtliche Räuber zu einem Lieblingsthema der Presse. Das ist er – kaum zu glauben – sogar heute wieder: Die französischen Zeitungen haben der neuen Angst, der neuen »Bedrohung« durch den Wolf in den letzten Monaten wiederholt ganze Seiten gewidmet. In den Vogesen und in den Alpes Maritimes erhitzten die teilweise neu eingebürgerten Tiere die Gemüter. Bauern und Naturschützer lieferten sich Gefechte, die sich nicht in Worten erschöpften. Straßen wurden blockiert, eine Brücke wurde gesprengt. »Achtung Wolf!«

Die in Europa aufgrund der jahrhundertelangen systematischen Ausrottung vom Aussterben bedrohte Art wird von den Ökologen und Tierschützern leidenschaftlich verteidigt. Vergebens versuchen sie über die relative Harmlosigkeit des Raubtiers mit dem zärtlichsten, rührendsten Familiensinn aufzuklären. In Wahrheit attackiere der Wolf nur schwache Tiere, das Rudel suche sein Opfer sorgsam aus. In Freiheit garantiere er die Gesundheit des Wildbestands. Vor dem Menschen, dem aufrecht gehenden Tier, hat der Wolf Angst.

Im Europa des fünfzehnten bis siebzehnten Jahrhunderts zweifelte – ob es sich nun um Wahrheit oder Dichtung handelte – niemand an selbst abstrusesten Geschichten. Vor allem nicht daran, daß Menschen die bevorzugten Opfer des Wolfs seien. Es genügte, daß hier oder da ein Schaf gerissen wurde oder jemand nachts eine unbekannte schwarze Gestalt gesichtet hatte, schon war die Schrekkensphantasie in Gang gesetzt. Das Szenario für die stereotype Horrorgeschichte lieferten die Elemente Nacht, Kälte, Schnee und Wald. In der *Gazette de France* vom 14. Januar 1765 wird »die wilde Bestie«, von der man bereits wegen der »Verwüstungen in mehreren Provinzen« berichtete, beschuldigt, ein kleines Mädchen verschlungen zu haben. Den Wolf verfolgte »eine Abordnung von Dragonern sechs Wochen lang, ohne ihm zu begegnen. Die Provinz bietet dem, der das Tier tötet, 3000 Pfund Belohnung...« Dies ist nicht der einzige Fall, wo ganze Regimenter ausgeschickt werden, um Krieg gegen einen einzigen Wolf zu führen, der sich jedoch kaum blicken läßt. Denn meist geht es weniger um das Raubtier Wolf, als um eine Gestalt, in der sich alle Phantasien des Bösen und Ängste vor dem Bösen kristallisieren. »In der jüdisch-christlichen Moral ist der Wolf der Feind, das Symbol des Teufels, der sich der Seelen bemächtigt, indem er die Körper verschlingt«, schreibt die Ethnozoologin Geneviève Carbone in ihrem Buch über die Angst vor dem Wolf.[11]

Wo so viel Angst vor dem Bösen um uns und in uns herumgeistert, da ist die Sorge nicht weit, es könne, um den Menschen irrezuführen, wechselnde Gestalten annehmen, und, besonders perfide, sogar in den wohlbekannten Nachbarn schlüpfen. Was treibt die verwitwete Bäuerin von nebenan, die sich verdächtig gut in allerlei Kräutern und Mixturen auskennt, nachts hinter verschlossener Tür? Hörte man sie nicht boshaft kichern? Warum lehnt sie abends ihren Besen neben die Haustür, und warum ist er, wenn der Mond sich hinter einer Wolke verbirgt, plötzlich verschwunden? Hexensabbat, man weiß ja. Mit der sollte man es sich lieber nicht verderben. Das Mißtrauen greift um sich. Wer seine eigene Bosheit und seine verbotenen Gelüste nicht wahrhaben will, der sieht sie um so deutlicher in anderen.

Doch zurück zum Wolf. Jeder sei des anderen Wolf, heißt es.

Dabei möchten wir nicht ins Träumen geraten. Der Mensch, ein menschenfressendes Ungeheuer – diese Vermutung ist uralt, und sie läßt sich leider bis heute nicht ausräumen. Im fünften Jahrhundert vor Christus erwähnt bereits Herodot Wesen, die einige Tage im Monat Wolfsgestalt annehmen, um sich dann wieder zurückzuverwandeln: Lykanthropen – Wolfsmenschen.

Man fragt sich, was das deutsche Wort »Werwolf« bedeutet. Hat es etwas mit »sich wehren« oder mit der Frage »Wer?« zu tun? Bei vielen geistert der Begriff im Zusammenhang mit einer berüchtigten Untergrundorganisation der SS im Gedächtnis herum. Das ethymologische Wörterbuch gibt uns Auskunft. Hier erfahren wir, daß der Begriff nichts anderes als einen Mannwolf bezeichnet. Im Altindischen heißt *vira-h* Mann, Held, im Lateinischen *vir* Mann. Das gotische *wair*, das althochdeutsche *wer* und das altisländische *verr* meinen entweder Mann oder Mensch. Es handelt sich also um die Zusammenziehung einer uralten Sprachwurzel von »Mensch« mit dem Wort »Wolf« – uralt wie der Glaube an das Fabeltier, dem zu keiner Zeit freundliche Eigenschaften zugesprochen wurden.

In Europa verurteilte man bis ins siebzehnte Jahrhundert vermeintliche Lykanthropen kurzerhand zum Tode. Gelegentlich wurden sie auch einfach als Verrückte betrachtet, als von irgendeiner Geisteskrankheit Befallene. Egal ob man das Ganze für Halluzination oder wirkliche Verwandlung hielt, die Kirche befand, daß es sich um das Werk des Teufels handle.

Werwolf konnte einer aus den verschiedensten Gründen werden. Er konnte ein Krieger sein, der in der Schlacht in blutrünstige Raserei verfiel, ein Held, auf dem ein Fluch lastete, oder auch jemand, der für ein Verbrechen oder sogar die Sünde eines Vorfahren bezahlen mußte, beispielsweise dafür, als Sohn eines Geistlichen geboren zu sein. Der Dämon machte keine langen Zähne, wenn es darum ging, sich ganz unschuldiger Zeitgenossen zu bemächtigen.

Die Verwandlung fand, wie könnte es anders sein, im Dunkeln statt. Der Mond beförderte die Sache häufig. Gelegentlich gaben sich die eher bedauernswerten Ungeheuer an Friedhofsmauern, an die sie sich aufrecht wie Menschen lehnten, ihr haarsträubendes Rendezvous.

Was die mittelalterlichen Menschen besonders quälte, war ihre

Unfähigkeit, einen Werwolf von einem Menschen zu unterscheiden. Denn darin bestand ja gerade das Teuflische: Die Verwandlung war so vollkommen, daß niemand wußte, wen er gerade vor sich hatte. Gewiß, es gab das eine oder andere – wenig verläßliche – Merkmal, zum Beispiel ein mißgestalteter Fuß, Augenbrauen, die wie ein Balken quer über die Stirn gewachsen waren, Verletzungen, die man dem Wolf zugefügt hatte und die sich dann am Körper des Menschen zeigten. Im Jahr 1603 wird aus der Auvergne in Frankreich berichtet, daß ein Mann, den ein Wolf angefallen hatte, als Kampfbeute eine abgeschnittene Vorderpfote des Tiers mit nach Hause genommen habe. Zu seinem Erstaunen entdeckte er später in seiner Jagdtrophäensammlung eine Hand. Es stellte sich heraus, daß sie der Frau seines Freundes abhanden gekommen war. Offensichtlich trieb sie sich nachts in merkwürdiger Gesellschaft herum. Und möglicherweise ahnte sie tagsüber nichts von ihrer Doppelnatur.

In der Wölfin kristallisierten sich wilde Vorstellungen von höchster Sinnenlust und sexueller Ausschweifung. Auf der positiven Seite galt sie – der Wirklichkeit näher – als Inbegriff der Mütterlichkeit. Wölfinnen zogen angeblich verlorene, ausgesetzte Kinder liebevoll wie ihre eigenen Jungen auf. Das berühmte antike Geschwisterpaar Romulus und Remus kam in diesen Genuß. Der männliche Wolf war ebenso nicht nur Inbegriff mörderischer Gewalt, sondern gleichzeitig auch geschlechtlicher Potenz. Das wollte so mancher gern auch mal am eigenen Leib erleben und ließ sich Zaubertränke aus Belladonna und allerlei scheußlichen Ingredienzen mixen. Überdies war angeblich ein grüner Gürtel der Sache dienlich.

Das Märchen von Rotkäppchen bestätigt die uralten Volksphantasien vom hungrigen, auch sexuell gefräßigen Wolf. Die Nacherzählung der Brüder Grimm wirkt fast ein bißchen harmlos, läßt aber der kindlichen Phantasie breiten Raum. Rotkäppchen begegnet auf dem Weg zur Großmutter im Wald dem Wolf und erzählt ihm von seinem Vorhaben. Der böse Wolf könnte es nun gleich verschlingen. Er möchte aber beide, die Alte und die Junge. Zudem will er sich offensichtlich den Leckerbissen mit dem roten Käppchen für den Schluß aufsparen. So fragt er die Kleine listig nach dem Weg und empfiehlt ihr, noch Blumen zu pflücken. Als es dunkel wird, erinnert sich Rotkäppchen an sein eigentliches Vorhaben. Den Rest der Geschichte kennen wir. Der Wolf wartet, nachdem er mit der Großmutter nicht viel Federlesens gemacht hat, auf das ungehorsame (weil vom rechten Weg abgewichene) Mädchen und verschlingt es ebenfalls. Mit Vergnügen, dürfen wir annehmen.

Die französische Version von Perrault ist viel expliziter: Der Wolf frißt die Großmutter nur zum Teil, aus dem Rest bereitet er Wurst und schließt sie in den Schrank. Als die Kleine schließlich eintrifft, stellt der Wolf sie vor die Alternative: gefressen werden oder mit ihm schlafen. Rotkäppchen kriecht also zu ihm ins Bett. Vorher jedoch soll es – die »Initiation« muß schließlich gefeiert werden – noch ein schönes Festmahl mit ihm teilen. Das gekochte Fleisch und die Wurst warten schon im Schrank. Rotkäppchen verzehrt – wissentlich oder nicht? – seine eigene Großmutter und schläft dann mit dem Mordgesellen. Zur Ergänzung: In Frankreich sagte man in bäuerlichen Gegenden, ein Mädchen habe den Wolf gesehen, wenn es zur Frau geworden war. Das also geschah auch Rotkäppchen. Wieweit das Mädchen es selber gewünscht und gar provoziert hat, bleibt dahingestellt. Allerdings müssen Zweifel an seiner Unschuld aufkommen, denn zwischen zwei möglichen Wegen durch den Wald hat es den gewählt, der den zur Heirat bestimmten Mädchen vorbehalten ist. Und ein anderes interessantes Detail: Wenn wir oft von Eltern, besonders Müttern sagen, sie würden ihre Kinder auffressen, so ist es hier umgekehrt. Die junge Generation frißt die alte. Der Schluß ist bei den Brüdern Grimm versöhnlicher. Als der Jäger dem Wolf den Bauch aufschlitzt, springen Rotkäppchen und die Großmutter quicklebendig heraus.

Bruno Bettelheim, der die Märchen auf der Grundlage seiner Erfahrung mit der psychischen Welt der Kinder analysiert, kritisiert die Fassung von Perrault: Sie nehme in ihrer Überdeutlichkeit dem Märchen seinen Sinn. Nur wenn ein Kind auf spontane und intuitive Weise die ihm zuvor verborgene Bedeutung eines Märchens selber entdecke, gewinne das Märchen für das Kind volle Bedeutung. Die ganze Arbeit, die dem Kind überlassen ist und die ihm viele Möglichkeiten offenhalten soll, wird bei Perrault aber vom Erzähler vorweggenommen. Bettelheim gefällt überdies das von Perrault präsentierte Rotkäppchen auch als Person nicht: Es ist »entweder blöde, oder es möchte gern verführt werden. In keinem dieser beiden Fälle ist es eine Gestalt, die sich dazu eignen würde, daß man sich mit ihr identifiziert«.[12]

Um Perrault Recht widerfahren zu lassen, sollten wir nicht den geistig-historischen Kontext vergessen. Perrault trug seine Märchen im Zeitalter der französischen Aufklärung (»des Lumières«) Ende des siebzehnten Jahrhunderts zusammen – sehr viel früher als die Brüder Grimm ihre Sammlung, die ganz im Geist der Romantik entstanden ist. Die Grimms hatten das Bestreben, die alten Mythen und im Volk herumgeisternden Geschichten ohne rational erklärende Zutaten in möglichst schlichter Originalform wiederzugeben. Heute beobachten wir dagegen, wie neue, »gereinigte« Versionen der Märchen dargeboten werden. Die alten, echten seien zu schrecklich, sie würden das Kind zur Grausamkeit erziehen, heißt es. Das Gegenteil ist der Fall. Wie Bettelheim am Beispiel von Rotkäppchen erklärt, nehmen wir so dem Kind die Möglichkeit zur kreativen Verarbeitung seiner Ängste und Aggressionen. Statt zu *symbolisieren* – in Gedanken, in seiner Phantasie wie auch im Spiel –, wird es vielleicht *agieren* und später das in Taten umsetzen, was ihm auf der spielerisch-phantasievollen Ebene verwehrt wurde: Grausamkeit, Gewalt.

Moderne Nachtgespenster

Die Menschen haben sich in vergangenen Jahrhunderten darin kaum von uns unterschieden. Nur, daß wir das Phänomen seit Freud vornehm als Projektion und die zugrundeliegenden Beunruhigungen als Aggressionen oder sexuelle Phantasien bezeichnen. Und natürlich glauben wir nicht mehr an Hexen, Vampire und Wölfe in Menschengestalt. Oder vielleicht doch? Sind es wirklich nur noch die Kinder, die sich mit solchen Personifizierungen behelfen, wenn das Licht ausgeht? Die in der über dem Stuhl hängenden Jacke ein leibhaftiges Monster sehen? Die Medien jedenfalls sind voll von diesem Zauber, der nach wie vor die Nacht bevorzugt. Wann morden die blonden Hexen der amerikanischen Kinohits wie »Eine verhängnisvolle Affäre« so effizient und besessen? Tagsüber coole Konkurrenz frustrierter Erfolgsmänner, verwandeln sie sich nachts in verführerische Bestien. Wann wird Jack Nicholson vom

Wolf gebissen und beißt seinerseits – die untreue Ehefrau beispielsweise? Der Erfolg dieser bluttriefenden Kinothriller, die nicht zufällig im immer noch an seinem puritanischen Erbe krankenden Amerika entstehen, und jener Horrorromane, die abends vorm Einschlafen verschlungen werden, spricht Bände über unser Bedürfnis, nächtliche Beängstigungen außerhalb unserer Person in Szene zu setzen, Gestalten zu suchen und manchmal auch zu finden, denen wir sie anheften können. Wir lächeln darüber. Aber fragen wir einmal kreuz und quer in unserem Bekanntenkreis.

Einer meiner Freunde, renommierter Herzspezialist für Kinder, ein Beruf, der keine übermäßige Ängstlichkeit verträgt, antwortet ohne zu zögern: »Angst vor dem Dunkeln? Ja, natürlich. Da kann doch wer weiß was passieren und wer weiß wer zugange sein. Und übrigens (wir hatten gerade von den Azteken geredet) finde auch ich es keineswegs selbstverständlich, daß es morgens wieder hell wird. Wir *wissen* das zwar, aber manchmal habe ich so meine Zweifel.«

Eine junge Frau Anfang Dreißig, die mit ihrem Mann und ihrem Kind in einem Dorf lebt, sagt mir: »Nachts habe ich eigentlich keine Angst. Aber die Dunkelheit in der freien Natur erlebe ich ganz anders. Vor allem im Wald. Es ist, als ob einen tausend Augen sehen und beobachten können, Tiere vielleicht, aber man selber sieht nichts. Das ist unheimlich.«

Eine andere Bekannte, Mitte Vierzig und Mutter mehrerer Kinder, läßt mich meine Frage kaum beenden: »Nachts bin ich anders. Ängstlicher. Wenn ich da anfange nachzudenken, so zwischen zwei und fünf Uhr morgens, ich weiß nicht wieso, da mache ich mir übermäßige Sorgen, vor allem um meine Familie. Manchmal bin ich in Schweiß gebadet. Das passiert nicht sehr häufig, aber ich finde es merkwürdig. Zumal ich am Tag überhaupt nicht so bin. Ich habe keine Angst im Dunkeln, wenn ich draußen bin. Da gibt es ja immer ein wenig Licht. Aber drinnen, vor allem in unserem Haus auf dem Land, wo die Fenster vollkommen abgedunkelt sind, halte ich es nicht aus. Ich habe das Gefühl, daß mich die Dunkelheit erstickt. Ich fühle mich eingeschlossen. Seit mein Vater gestorben ist und in einem Sarg unter der Erde liegt, denke ich darüber noch anders nach. Dunkelheit, Tod. Das verfolgt mich.«

Eine Studentin, achtundzwanzig Jahre alt, sagt, sie empfinde

Dunkelheit als etwas, was sie einschließt, und auch als etwas, was nach ihr »greift«.

Meine vierundzwanzig Jahre junge Friseurin, waschechte Großstädterin und jeden Abend auf der Piste, antwortet ebenso prompt: »Ja, nachts habe ich Angst. Nicht auf der Straße, aber wenn ich im Bett liege, allein, da erfinde ich alle möglichen Geräusche, und manchmal ›sehe‹ ich auch etwas Bedrohliches.«

Genau das beschreibt der Kenner nächtlichen Grauens, Guy de Maupassant, in seiner Kurzgeschichte *Der Horla*. Horla ist ein frei erfundener Name, der so etwas wie »der dort draußen« ausdrücken könnte: ein formloses Wesen, der Phantasie des Schlaflosen entsprungen, nicht greifbar, aber doch präsent. Jede Nacht leert es das Glas Milch, das der Geängstigte auf dem Tisch stehen läßt.

Solche Symbolisationen »erfinden« auch Kinder. Darin sind sie Meister. Ihre Nacht- und Dunkelheitsangst beginnt meist nach dem achten Lebensmonat, wenn sie auch zu »fremdeln« anfangen. Beides sind Ängste, die unabhängig von Erziehung auftreten. Der englische Entwicklungspsychologe John Bowlby ordnet die Angst im Dunkeln darum den »natürlichen Ängsten« zu. In gewisser Weise ist das sicher auch dadurch erklärbar, daß der Mensch sozusagen ein »Augentier« ist.

Das Sehen ist wesentlich für kognitive Prozesse, für vieles, was wir gemeinhin unter Lernen verstehen. Wir sind uns zwar dessen nicht bewußt, aber wir brauchen den Gesichtssinn für unser Gleichgewicht, für unseren Muskeltonus, für die Überprüfung und Integration der Tasterfahrungen und der anderen Sinneswahrnehmungen. Unsere Orientierung im Raum nutzt dieses Zusammenspiel aller Wahrnehmungen. Wir sind sogar im Vergleich mit den Tieren ganz besonders und mehr als sie darauf angewiesen, weil wir aufrecht gehende Wesen sind. Nicht ohne Grund macht uns Dunkelheit darum in unseren Bewegungen ein bißchen unsicher und hilflos, und nicht ohne Grund legen wir uns nachts nieder. Es geschieht nicht nur aus Müdigkeit, sondern auch, weil wegen der unvollständigen »Wahrnehmungsinformation« die aufrechte Haltung zu anstrengend wird.

Die aufrechte Haltung (zumindest des Kopfs) spielt eine Rolle bei jeder geistigen Tätigkeit. Sie zu »erwerben« ist nicht selbstverständlich für ein Baby. Sehen wir uns ein Neugeborenes an. Es hat in den

Lebenswochen nach der Geburt einen echten Kampf mit der Schwerkraft vor sich, bei dem es zuallererst – und nicht zufällig! – beginnt, »den Kopf im Raum einzustellen«. Die Augen helfen ihm dabei. Damit und mehr noch mit der späteren freien, aufrechten Bewegung im Raum kann ein Kind die Welt anders erkunden und verstehen. Sein Geist und seine Sprache entwickeln sich in engem Zusammenhang mit diesen Fortschritten. Die in einer bestimmten Entwicklungsphase auftauchende Fremden- und Dunkelheitsangst verstehen wir besser, wenn wir uns all das vor Augen führen.

In den ersten Lebenswochen ist der »Nahsinn« Fühlen vorrangig. Später jedoch, wenn die eben beschriebene Integration weiter fortschreitet und der »Fernsinn« Sehen eine Orientierung und auch eine affektive Bindung über eine gewisse Distanz hinweg erlaubt, ist die Beraubung dieser Sinneswahrnehmung eine beängstigende Erfahrung. Das Kind muß sich dadurch verunsichert fühlen.

Zwischen dem sechsten und achten Monat gelangt es in eine Entwicklungsphase, in der es sich weniger als Einheit mit der Mutter wahrnimmt. Es erlebt anders als zuvor Getrenntheit, es lernt, neue Unterscheidungen zu treffen. Es beginnt in diesem Alter – im Blickkontakt mit seiner Mutter –, mehr und mehr ihren Gesichtsausdruck als Referenz für das Umweltgeschehen in seine eigenen Beurteilungen einer Situation einzubeziehen. Ist jemand fremd, muß eine Situation oder ein Gegenstand mit Vorsicht behandelt werden. Das Kind holt sich Auskunft im Blick der Mutter, der vielleicht ermutigt oder sagt: »Stopp, Gefahr droht!« Man kann sich vorstellen, daß der allabendliche »Verlust« dieser Orientierungshilfen und -maßstäbe das Erlebnis der Dunkelheit eher fürchten als herbeisehnen läßt.

Gewiß konnte das Baby auch lange vorher schon Menschen an ihren Gesten und Gesichtsformen und -ausdrücken erkennen. Aber die Erkenntnis des »Andersseins« lag noch auf einem anderen Erlebnisniveau, sie war in ein Gefühl der engen Zusammengehörigkeit mit der Mutter einbezogen. In dem neuen Entwicklungsstadium und auch später wird besonders wichtig, daß es Vertrauen bekommt, daß es sicher sein kann: Die Mutter, der Vater und die Menschen, die mich lieben, kommen immer wieder. Wenn wir das Kind auf seine einsame Reise in die Nacht schicken, vergessen wir, ihm das zu sagen oder es ihm zu vermitteln.

Es ist wichtig, daß sich vor allem die Kleinsten beim Schlafengehen nicht wie vom Leben abgeschnitten fühlen, meint die französische Kinderärztin und Psychoanalytikerin Françoise Dolto. Das Baby, das aus dem Uterus der Mutter kommt, ist gewohnt, mitten im Leben zu sein. Es spürt den Körper der Mutter, ihre Bewegungen, ihren Atem. Es hört ihre Stimme, empfindet vielleicht gelegentlich den affektiven Gehalt der Sprache. Es hört überhaupt in den letzten Wochen im Mutterleib schon, was um es herum vorgeht. Nun wird es abends plötzlich allein in ein Bett und oft sogar allein in ein Zimmer gelegt. »Das größte Unrecht, das man Kindern antun kann«, so Dolto, »ist, sie nicht gleich in die Gesellschaft aufzunehmen, wenn sie geboren werden. Aber allzuoft legt man sie für sich allein irgendwohin, man spricht nicht mit ihnen... Wenn wir ein Kind, das nachts weint, in das gemeinsame Leben aufnehmen und wenn wir mit ihm sprechen wie mit einer Person, dann hört es auf zu weinen. Das ist spektakulär.«

Das Baby und das Kleinkind brauchen zumindest noch die sensorielle Hülle der gewohnten Geräusche und ein wenig von dem gewohnten Licht. All die vertrauten Wahrnehmungen schmiegen sich um das Kind wie eine flauschige Decke. Sie stören es nicht, wie manche Eltern denken, die nun auf Zehenspitzen gehen und flüstern. Im Gegenteil, sie ersetzen ein wenig die gefühlte Nähe der Mutter, und sie helfen dem Nervensystem, sich besser zu regulieren. Das geschieht leichter und wird eigentlich überhaupt nur möglich, wenn da etwas ist, woran sich dieses System orientieren kann. Die Angst eines Babys und Kleinkinds vor der Nacht und dem damit verbundenen Verlassenwerden verschwindet, wenn wir diese eigentlich ganz natürlichen Zusammenhänge bedenken. Je weniger dieser gewohnten Geräusche das Kind auf seinem Grenzübergang in den Schlaf begleiten, desto sensibler wird es auf sie lauschen – genauso wie wir es in schlaflosen Stunden tun.

»Es gibt«, schreibt James M. Barrie, der Autor von *Peter Pan* im Programm zum gleichnamigen Theaterstück, »eine seltsame und magische halbe Stunde zwischen dem Tag und der Nacht, zwischen Wachen und Schlafen, wenn das Kind in seinem Bett mit weitgeöffneten Augen Spiel und Traum ineinander verschwimmen sieht. Dann wird die Welt der Phantasie Wirklichkeit.« Es ist gut, wenn dabei die vertrauten Personen in der Nähe sind und mit einem

Schlaflied, einer Geschichte den Weg in die Nacht öffnen, indem sie am Bett des Kindes sitzen und seine Hand halten.

Viele Phantasien verleihen den kindlichen Ängsten und Besorgnissen Gestalt. Eine Reihe größerer Kinder, sogar noch zwischen fünf und sieben Jahren, hat Angst, die Eltern könnten nicht wiederkommen, wenn sie abends ausgehen. Dunkelheit und Nacht werden auch von einem älteren Kind als Trennung und Verlassensein erlebt. (Uns geht es ähnlich, wenn wir nachts mit unseren Sorgen und Gedanken keinen Gesprächspartner und vielleicht nicht einmal die beruhigende Nähe eines vertrauten Menschen finden.) Das erinnert an Hänsel und Gretel allein im Wald, von den eigenen Eltern im Stich gelassen, ja dem Hungertod und gar einer Hexe überlassen. Einige fürchten auch, den Eltern könnte da draußen in der Dunkelheit etwas Schlimmes passieren.

Meistens reden die Kinder nicht darüber. Zu Anfang, in der Kleinkindzeit, *können* sie es auch noch nicht richtig. Die Phantasien, die sich im Dunkeln und um das Dunkel der Nacht herum entfalten, lassen sich nicht ohne weiteres mitteilen, sie lassen sich nicht mit anderen teilen. Darum auch können wir später kaum noch etwas davon zurückrufen. Viele Erwachsene haben nur kärgliche Erinnerungen an die Ängste der Kindheit. Sie tauchen jedoch später in veränderter Form bei passender Gelegenheit wieder auf. Erst mit immer höheren Entwicklungsstufen, mit einer größeren Fähigkeit des Kindes, zu symbolisieren und Sprache zu benutzen, werden dauerhaftere Erinnerungen geschaffen. Gleichzeitig verdrängen nun die neuen Fähigkeiten, Dinge rationaler, erklärbarer zu sehen, die alten Vorstellungen. Es ist ein merkwürdiges Phänomen der kindlichen Entwicklung, daß jedes neue Erlebensniveau in gewisser Weise das alte zuschüttet. Freud hat das in seinem Bericht über den kleinen Hans geschildert. Es gibt sicher so etwas wie eine Amnesie früher Erlebnisse, auch früher Phantasien. Für die Eltern sieht es so aus, als stellten sich die Kinder nur an, wenn sie nicht schlafen gehen und nicht im Dunkeln allein sein wollen. Dabei sind doch auch uns Erwachsenen diese Gefühle gar nicht so fremd.

Eine Schauspielerin, allabendlich im Theater und gelegentlich im Fernsehen zu bewundern, gesteht: »Ich kann nicht allein schlafen. Manchmal gehe ich eine Beziehung ein, nur um die Nächte nicht allein zu verbringen. Sie machen mir angst.«

Der französische Schriftsteller Guy de Maupassant, der wie keiner sowohl die Leidenschaft für als auch die Angst vor der Nacht schilderte, läßt in einer seiner Kurzgeschichten einen Mann erklären, warum er eine Frau heiraten will, die er nicht liebt: »... du wirst mich bemitleiden und verachten ... Ich will nachts nicht mehr allein sein ... Ich habe Angst vor den Wänden, den Möbeln, vor vertrauten Gegenständen, die lebendig werden ...« Vor allem aber habe er Angst vor seinen schrecklichen Gedanken, zunächst einer »vagen Beunruhigung«, die ihn erschauern läßt. »Ich blicke mich um. Nichts! ... Ich spreche! Ich habe Angst vor meiner Stimme. Ich gehe! Ich habe Angst vor dem Unbekannten hinter der Tür, hinter dem Vorhang, im Schrank, unterm Bett. Und doch weiß ich, daß da nichts ist.«[13]

Die nächtlichen Ängste kommen nicht von außen, sie sind in uns – heute genauso wie zu Maupassants Zeit: »Wir sind in uns selber gefangen, ohne aus uns herauszukönnen, verdammt (wie Sklaven), die Eisenkugel unseres Traums hinter uns herzuschleppen.«

Als Kind liebte ich es, mir angst zu machen. Ich beschloß zum Beispiel – wieso, weiß ich nicht –, daß ein kleiner Haken an der Wand im Badezimmer eine Hexe sei. Sobald ich die Wasserspülung der Toilette in Bewegung setzte, war sie hinter mir her. Jedesmal mußte ich also mit akrobatischer Behendigkeit möglichst schnell losrennen, den langen Gang in der Wohnung und eine Treppe hinauf, um in selbsterzeugter Panik die Tür hinter mir zuzuschlagen. Ein wohliges Gruselgefühl, lustvoll wie der Schmerz von einem wackelnden Milchzahn. Eine Angst, die selber gestaltet war. Vor Hexen fürchtete ich mich nicht wirklich. Jedoch überkam mich abends im Bett die Angst vor ganz und gar menschlichen Bösewichtern. Ich hatte nämlich von Einbrechern gehört. Da die Erwachsenen einem ja alles mögliche erzählen konnten, informierte ich mich bei anderen Kindern, was Einbrecher so machten. Einen »abmurksen« zum Beispiel. Da gab's nur eins: sich unter der Bettdecke verkriechen, bis es dort irgendwann zu heiß und das Schlafbedürfnis unwiderstehlich wurde. Das war der Moment, in dem ich mir regelmäßig mit messerscharfer Logik selber zu Hilfe kam, fatalistisch, aber wirksam: »Jetzt schlaf' ich erst mal, morgen früh werd' ich schon sehen, ob ich noch lebe.«

Was machen die »Großen« schon anderes, wenn gegen Ende einer schlaflos durchwälzten Nacht die unzusammenhängenden Ängste überhandnehmen – vor all dem Unausdenklichen, was ihnen selber und gar den Kindern passieren, was vom Finanzamt oder der Firmenleitung drohen könnte; von Unwettern, Erdbeben, Luftverschmutzung und Umweltvergiftung ganz zu schweigen. In dieser müden Stunde, der müdesten der ganzen Nacht (wie uns die Schlafspezialisten bestätigen), schaffen sie es gerade noch, mit einem matten »Ich werd' es ja erleben, jetzt kann ich sowieso nichts machen« sich vom Morgenschlaf verspätet erlösen zu lassen. Der Morgen ist klüger als der Abend. Die Geister und Dämonen, die wir uns selber kreiert haben, werden nach Hause geschickt. Da wir sie außerhalb unserer selbst erschufen, gelingt uns das auch. Das Mittelalter läßt grüßen.

Eins nur bedauere ich: Was waren doch die guten alten Hexen für interessante Gestalten – lebendig und dreidimensional! Und sie hatten Charakter. Sie waren gerissen, aber man konnte sie überlisten. Mitleidsvoll (für die Kinder) sehe ich nun mit an, welche platten, trotz aller Blutorgien saftlosen Wesen sich auf dem Fernsehbildschirm herumtreiben und reihenweise mit phantasielosem Geknatter einfach abgeknallt werden. Damit hätte man den Hexen nicht beikommen können. Und wo bleibt da bitte der Grusel? Vielleicht, so vermute ich insgeheim, wackeln auch die Milchzähne gar nicht mehr.

Die Ängste jedoch haben sich hartnäckig gehalten, und weil sie nicht mehr so phantasievoll von uns selber dramatisiert werden, brauchen wir Stellvertreter in »Fantasia«.

Da ist beispielsweise dieser Autor, der es fertigbringt, seine eigene Angst so weit nach draußen zu verlagern, daß sie sich jedesmal, wenn er ihr einen Namen gibt, in einen Welterfolg verwandelt: Stephen King. Ihn braucht man eigentlich gar nicht zu fragen. Angst vor der Dunkelheit? »Selbstverständlich. Hat das nicht jeder?« Stephen King schläft nur, wenn eine Lampe in seinem Zimmer brennt, »und es erübrigt sich wohl zu sagen, daß ich sehr genau darauf achte, daß die Bettdecke ganz fest unter meine Füße gesteckt ist, damit ich nicht mitten in der Nacht aufwache und eine kalte Hand meine Knöchel umklammert«. Als er jung verheiratet war, wunderte sich seine Frau, warum er auch in heißen Nächten das

Laken bis zur Nase heraufzog. »... und ich versuchte ihr zu erklären, daß es so einfach *sicherer* war.« Er zweifelt allerdings daran, daß sie das verstanden hat. »Und jetzt hat sie noch etwas gemacht, worüber ich nicht besonders glücklich bin: Sie hat einen flauschigen Teppich um unser Doppelbett herumgelegt, und das bedeutet, wenn man vor dem Zubettgehen nachsehen will, was sich darunter versteckt, muß man diesen Teppich hochheben und die Nase direkt darunter schieben. Und das ist *zu nahe*, Mann. Etwas könnte einem das Gesicht wegkratzen, bevor man es überhaupt sehen kann.« (Vielleicht sollte ich ihm doch mal schreiben: »Lieber Stephen, hast Du noch nichts von einem Futon gehört? Der ist so gesund, vor allem wenn man ihn direkt auf die Erde legt.«)

Aber nicht nur seine Frau Tabby verstehe ihn einfach nicht, er mache sich auch um seine Kinder Sorgen: »Ich meine, ich leide ein wenig an Schlaflosigkeit, und ich sehe jede Nacht an ihren Betten nach, ob sie noch atmen, und meine beiden Ältesten, Naomi und Joe, sagen immer zu mir: ›Vergiß nicht, das Licht auszumachen und die Tür zu schließen, wenn du gehst, Daddy.‹ Das Licht ausmachen! Die Tür schließen! Wie halten sie das nur aus? Ich meine, großer Gott, *alles mögliche* könnte in ihren Zimmern sein, sich in ihrem Schrank zusammenkauern oder unter dem Bett verstecken und nur darauf warten, hervorzukriechen, zu ihnen zu schleichen und die Fangzähne in sie zu schlagen! Diese Wesen können das Licht nicht ertragen, wissen Sie... die Dunkelheit ist *gefährlich!* Aber versuchen Sie einmal, das den Kindern begreiflich zu machen. Ich hoffe nur, es ist alles in Ordnung bei ihnen. Gott weiß, als *ich* in ihrem Alter war, da wußte ich genau, daß das Schreckgespenst auf mich wartete. Vielleicht wartet es immer noch.«

Und er erklärt, wieso er sich das vorstellen kann: Er meint, ein Teil seines Verstandes, der rationale Teil, sage ihm zwar: »Komm schon, Mann, das ist alles blöde Scheiße«, aber der andere Teil widerspreche, »der Teil, der so alt ist wie der erste Höhlenmensch, der sich an seinem Feuer niederkauert, während etwas Riesiges und Hungriges in der Nacht heult, sagt: ›Ja, vielleicht, aber warum ein Risiko eingehen?‹«[14]

Wenn King bei seinem Publikum soviel Erfolg hat, dann vermutlich nicht zuletzt, weil er an solche fast urmenschlichen Empfindungen zu rühren vermag. Er vermittelt den Leuten mehr das Gefühl, seine Geschichten zu *hören,* als sie zu lesen. So, als säßen sie nachts um ein Feuer herum, und King spinnt sein Garn. In einem seiner Bücher fragt jemand ängstlich: »Was ist das für 'ne Geschichte? ... Es ist doch nicht etwa eine Horrorstory, nicht wahr, Gordie? Ich möchte keine Horrorstorys hören. Ich kann das jetzt nicht, Mensch.« Aber natürlich ist es eine. Und genau das brauchen wir nachts manchmal, um den eigenen ganz realen Horror zu besiegen, ihn zum Schweigen zu bringen.

So hat der Schriftsteller sich selber mit seinen Büchern davor schützen können, daß *Es* ihn in die Unterwelt saugt und *Cujo* nach seinem Fuß schnappt. Wahrscheinlich wartet bereits ein neues Ungeheuer unter seinem Bettvorleger, daß King es hervorzerrt – zum Vergnügen von Millionen erschaudernder Leser.

Der andere in uns oder Wer schlafwandelt, lebt gefährlich

Es wird noch unheimlicher, wenn uns zu schwanen beginnt, daß uns das alles – seit Märchen- und Mythenurzeiten – soviel Vergnügen bereitet, weil diese Monster und Dämonen ja unsere eigenen Schattenseiten sind. Wir haben von Nach-außen-Bringen gesprochen, von Projektion. Was jedoch, wenn wir wirklich eine dunkle Hälfte entdeckten? Wenn wir uns selber »verwandeln« könnten? Robert Louis Stevenson erfand um genau diese Angst und geheime Befürchtung herum die Geschichte von Dr. Jekyll und Mr. Hyde. Hyde, der sich in uns versteckt *(who hides),* unser zweites Ich. In diesem Fall ein böses Ich.

Das Unbewußte sei der Fremde in uns, meint Freud. Er ist der, den wir eigentlich nicht kennen, zusammengebraut aus Erfahrungen und seelischen Prozessen, die noch *vor* unserer Sprachfähigkeit stattfanden. Er ist nicht notwendigerweise ein Ungeheuer, aber unheimlich schon, weil nicht bekannt. Den sehen wir nicht, wenn wir in den Spiegel blicken. Der zeigt sich vielleicht nachts.

Das zu vermuten, gibt es Gründe: Die vielen in altem Volksaberglauben verwurzelten Geschichten von nächtlichen Verwandlungen haben noch eine andere Bedeutung als das bereits beschriebene Bedürfnis, etwas draußen anzusiedeln, was man in sich verspürt, um es besser zu kontrollieren. Und auch das Bestreben nach Symbolisierung und damit nach »In-Form-Bringen« und Verarbeiten der Ängste erklärt nicht alles. Da ist noch etwas anderes, was Menschen scheinbar zu allen Zeiten auf diese merkwürdigen Ideen gebracht hat. Etwas ganz Reales.

Auf einem der letzten internationalen Treffen der Schlafforscher und Chronobiologen in Boston, USA, brachte einer der Spezialisten, Ismet Karacan aus Houston, eine besondere Form der Schlafstörung zur Sprache: Schlafwandeln.

Wir alle kennen Anekdoten von Leuten, vor allem Kindern, die nachts aufstehen, quer durch das Zimmer gehen, eine bestimmte Handlung verrichten, so als hätten sie es sich vorgenommen, und dann wieder stumm ins Bett gehen. Wir haben von jenen somnambulen Akrobaten gehört, die im Mondlicht mit »nachtwandlerischer Sicherheit« auf dem Dachfirst entlanggehen, die die Augen weit geöffnet haben und doch nicht zu sehen scheinen und auch keine Angst vor der Tiefe zeigen und die nicht herunterfallen. Hinterher erinnern sie sich an nichts. Diese Balancekünstler gibt es, aber sie sind in Wahrheit selten. Und im Gegensatz zur Volksmeinung passieren ihnen bei ihren halsbrecherischen Spaziergängen häufig gefährliche Unfälle. Mit der schlafwandlerischen Sicherheit ist es nämlich nicht weit her. Fatale Irrtümer sind wahrscheinlicher: Manch einer hält das Fenster für die Tür, spaziert hinaus – ins Leere. Für jemanden, der im sechsten Stock oder höher wohnt, hat diese Täuschung tödliche Folgen. Und obwohl einige mit erstaunlichem Geschick Gegenständen und Möbeln ausweichen, stoßen und verletzen sie sich häufig.

Eine Schlafwandlerin ist in die Weltliteratur eingegangen: Shakespeares Lady Macbeth. Jede Nacht irrt sie, vom Horror ihres eigenen Verbrechens verfolgt, mit einer Fackel in der Hand durch ihr Schloß. »Ihre Augen sind offen, aber ihr Sinn verschlossen«, berichten ihr Arzt und ihre Zofe. Ständig scheint sie sich die Hände zu waschen »...mit Gesten, die ihr eigen sind«. Aber da ist »immer noch ein Fleck«. Blut natürlich. Ebenso müßte das Gespenst von Canterville, wäre es nicht ein Schwindler, mit seinem jede Nacht wieder sorgfältig reproduzierten Blutfleck zu den Schlafwandlern gerechnet werden.

Auch in banaleren Fällen geben sich Nachtwandler häufig Aktivitäten hin, die sie tagsüber aus irgendeinem Grund nicht erledigen oder verwirklichen können. Beispielsweise wurde 1913 von einem jungen Franzosen berichtet, der im Militärdienst tagsüber durch seine Ungeschicklichkeit im Exerzieren auffiel und den die Kameraden deswegen häufig verspotteten. Zu ihrer großen Überraschung legte er ihnen eines Nachts in einem somnambulen Anfall eine perfekte Exerzier- und Fechtübung hin. Danach räumte er die Waffen ordentlich in den Schrank und ging wieder zu Bett.

Das Phänomen des nächtlichen »Wandelns« kommt häufig bei Kindern vor. Etwa fünfzehn Prozent geistern gelegentlich so herum. Bis zum dreizehnten, vierzehnten Lebensjahr muß das nicht beunruhigen, denn es gehört zur normalen Entwicklung, sagen uns die Schlafspezialisten. Anders bei Erwachsenen. Etwa ein Prozent ist hin und wieder somnambul. Bei ihnen gehört das Phänomen nicht mehr in den Bereich des »Normalen«. Diejenigen unter ihnen, die seit ihrer Kindheit schlafwandeln, brauchen sich allerdings kaum Sorgen zu machen, erklärt der Schlafforscher Karacan. Anders diejenigen, die erst nach der Pubertät damit anfangen. Ihr Verhalten kann auf eine ernsthafte Störung hinweisen. Sie sollten sich darum unbedingt von einem Schlafspezialisten, am besten in einem Schlaflabor, untersuchen lassen.

Obwohl das Phänomen des Schlafwandelns seit Jahrhunderten bekannt ist, sind die Ursachen bis heute noch nicht genau geklärt. Es scheint sich dabei um eine Störung in der Reifung des Gehirns zu handeln. Man vermutet, daß einige der Betroffenen unter Epilepsie leiden. Wahrscheinlich fallen sie im Alltag nicht auf, weil sie keine Krampfanfälle haben. Aber ihr EEG zeigt die spezifische Hirnstromkurve mit der sogenannten *spike activity* – einer besonders spitzen Welle im Aufzeichnungsprotokoll. Es spielen wohl auch Medikamente wie Tranquilizer, Hypnotika und Antidepressiva eine Rolle (sie wirken auf das »Gleichgewicht« beim Austausch von Neurotransmittern im Gehirn). Auch Dialyse oder Schlafstörungen wie Atemstillstände (Apnoen) und Narkolepsie (häufiges übermäßiges Schlafbedürfnis) können Somnambulismus hervorrufen.

Die Symptome des Schlafwandeln ähneln sich:

● der Betroffene scheint aufzuwachen,

- er schaut verwirrt drein,
- wiederholt Gesten wie ein Automat,
- er versucht zu gehen,
- er bewegt sich schlaff,
- manchmal redet er,
- häufig stößt er sich,
- seine Handlungen sind meist sehr beschränkt,
- oft steht er nur auf, macht zwei Schritte und legt sich wieder hin.

Manchmal jedoch kann ein Schlafwandler komplexe Handlungen ausführen:

- sich anziehen (ziemlich ungeschickt),
- ins Badezimmer, in die Küche gehen,
- die Treppe hinuntergehen,
- ins Auto steigen, ja sogar losfahren.

Hier nun wird es gefährlich, nicht nur für den Betroffenen, sondern auch für andere. Denn die Wahrnehmung des Schlafwandlers ist trotz der Komplexität seiner Handlungen eingeschränkt.

Der Psychiater Karacan, der als Gutachter in Strafprozessen arbeitet, in denen Schlafwandler als Angeklagte vor Gericht stehen, berichtet von einer zweiundzwanzigjährigen Frau, die durch ihr Appartementhaus hinunter in die Garage ging. Sie stieg ins Auto, öffnete das Garagentor und fuhr hinaus auf den Highway. Da sie ziemlich schnell fuhr und nur spärlich bekleidet war, wurde sie von der Polizei angehalten und zur Wache gebracht. Sie blieb dort den Rest der Nacht – ohne vor dem nächsten Morgen aufzuwachen. Sie erinnerte sich an nichts. Karacan: »Sie hatte das alles im Tiefschlaf getan. Aber machen Sie das mal den Polizisten klar!«

Ebenso unbeabsichtigt, wie diese junge Frau sich selbst und andere in Gefahr brachte, können einige sehr wenige Schlafwandler (nur etwa ein Prozent von ihnen) Verbrechen begehen. Das könnte geschehen, erläutert der Schlafforscher, wenn sie gerade ein Messer oder eine andere Waffe zur Hand haben. Diese Patienten müssen freigesprochen werden, sie sind für ihre Handlungen nicht verantwortlich. Beispielsweise wurde 1878 ein Mann vor Gericht freigesprochen, der seinen Sohn in einem somnambulen Anfall getötet hatte. Der moderne französische Schlafspezialist Pierre Passouant erwähnt den Fall einer Sechzehnjährigen, die ihren Vater und ihren Bruder erschoß und die Mutter verletzte. Auch sie wurde freigesprochen.

In früheren Zeiten kamen die Betroffenen nicht so davon. In der Renaissance »erfaßte eine echte Epidemie hysterischen Schlafwandelns... Europa«, schreibt Pierre Passouant.[15] »Sie wurde teuer bezahlt! Man beschuldigte die Kranken, besessen zu sein. Man folterte sie, man verbrannte sie bei lebendigem Leibe.« Das paßt in das bereits skizzierte Bild des Dämonen- und Hexenglaubens. Wie sollten sich auch die Menschen damals mit ihren dürftigen Kenntnissen von Medizin und Biologie und den wenigen verfügbaren Beobachtungsmöglichkeiten so merkwürdige Entgleisungen menschlichen Verhaltens erklären? Wie unser Gehirn im Wachen und im Schlaf arbeitet, wissen wir erst ein wenig genauer, seit es Hirnstromableitungen gibt, also seit Mitte unseres Jahrhunderts.

Auch heute fällt es, wie Karacan erklärt, Zeugen der schlafwandlerischen »Aktivitäten« mancher Somnambuler nicht leicht, dabei an Tiefschlaf zu glauben. Und doch ist das Phänomen ausschließlich an den sogenannten Delta- oder auch Non-REM-Schlaf gebunden, an Phasen also, in denen es keine Rapid Eye Movements (schnelle Augenbewegungen) gibt. Das läßt sich nun mit Hilfe des EEG (Elektroenzephalogramm) eindeutig nachweisen. Doch wann unternimmt schon ein Somnambuler seine Eskapaden mit Elektroden am Kopf?

Ein junger Mann jedenfalls war nicht damit ausgerüstet, als man ihn um zwei Uhr morgens im Nachbarhaus aufgriff: Auch eine der Geschichten, an die sich der Psychiater aus Houston als kuriose Besonderheit erinnert. Der Sechzehnjährige war zu Hause aus dem Fenster geklettert und im Nebenhaus eingestiegen. Ihn mußte wohl ein glühender Wunsch getrieben haben – denn es handelte sich um das Zimmer seiner Freundin. Die schrie erschreckt das ganze Haus zusammen; die Polizei ließ, von den empörten Eltern des Mädchens alarmiert, nicht auf sich warten. Der Junge jedoch wachte einfach nicht auf. Seine eigene Familie verstand das nicht. Seine Eltern waren mindestens ebenso entrüstet wie die des Mädchens. Er kam ins Gefängnis. Erst die Untersuchung durch den Schlafspezialisten erwies, daß Jack (oder John) völlig harmlos war. Das EEG zeigte jedoch, wie übrigens auch bei der zweiundzwanzigjährigen Geisterfahrerin, daß er unter Epilepsie litt. Er hatte sich wie alle Somnambulen am nächsten Tag an nichts, aber auch an gar nichts erinnern können.

Ismet Karacan weiß jedoch noch Beunruhigenderes zu berichten, als ich ihn nach weiteren Beispielen frage: »Es gibt Leute, die fangen nachts an zu fressen.«

»Sie meinen, sie stopfen sich in einem Anfall von Heißhunger voll? Sie essen viel?«

»Nein«, antwortet er, »sie *fressen* wie Tiere.« Es handle sich nicht um Bulimie. »Sie fressen zum Beispiel direkt mit dem Mund den Teller leer, stopfen sich etwas mit den Händen rein«, und er unterstreicht das mit Gesten, »rohes Fleisch zum Beispiel. Irgendwas, was sie gerade finden, ekliges, schmutziges Zeug vielleicht. Am nächsten Tage entdecken sie die Reste. Sie sehen ihr verschmiertes Gesicht und ihre besudelten Hände, und sie sind erschrocken über sich selber.« Das seien manchmal sehr kultivierte Leute, Intellektuelle, die im Wachen niemals solche Gelüste verspüren und sie schon gar nicht in die Tat umsetzen würden.

Wie er sich das erklärt, möchte ich wissen. Er zuckt mit den Achseln. Eins sei jedoch sicher, sie gehören *nicht* zur Patientengruppe mit sogenannter multipler Persönlichkeit. Denn ihre Persönlichkeitsveränderung trete im Unterschied zum Schlafwandeln während des REM-Schlafs auf. »Außerdem laufen diese Patienten selten herum und tun etwas; sie bleiben meist im Bett. Aber sie können ziemlich aggressiv werden.«

Ich möchte es dennoch genauer wissen. »Menschen, die im Schlaf zu gefräßigen wilden Tieren werden, die plötzlich eine andere Person zu sein scheinen«, frage ich den Forscher, »gibt es da also doch so etwas wie eine Verwandlung, einen anderen in uns, der nachts aufsteht und wer weiß was macht, einen Mr. Hyde, der hinter dem ehrbaren Dr. Jekyll zum Vorschein kommt?«

»Das ist mir zu romantisch«, antwortet belustigt der Spezialist aus Houston. »Sie träumen.«

Dr. Jekyll und Mr. Hyde

Die Dichter und Schriftsteller haben uns zu allen Zeiten – das sollten auch Schlafforscher zugestehen – oft mehr über die menschliche Natur mit all ihren Facetten verstehen gelehrt als irgendeine Wissenschaft.

Stevensons Dr. Jekyll kommt in seiner schriftlichen Beichte zu der unausweichlichen Erkenntnis, von der er sich jeden Tag mehr bedroht fühlt, daß der Mensch in Wahrheit nicht *ein* Wesen ist, sondern doppelter Natur. Und er fügt hinzu: »Ich sage doppelt, weil mein eigenes Wissen noch nicht weiter vorgedrungen ist.«

Der Schriftsteller entfaltet seinen Bericht über diesen seltsamen Fall in ebenso vielschichtiger Form, wie es sein Thema erfordert. Wir haben das häufig nicht im Kopf, weil wir von allen möglichen Kinoversionen, vor allem der unvergeßlichen von 1941 mit Spencer Tracy und Ingrid Bergman, beeinflußt sind.

Anders als in diesen eher gradlinigen Verarbeitungen des Stoffs wird im Buch die Wandlung durch drei verschiedene Perspektiven anschaulich gemacht: erstens durch den Bericht des um akribische Genauigkeit und Gerechtigkeit bemühten Notars Utterson, zweitens durch den hinterlassenen Brief des Jekyll-Freundes und Arztes Lanyon, den das Erlebnis der vor seinen Augen vollzogenen Verwandlung so verstört, daß es ihn umbringt, und drittens durch Dr. Jekylls eigene Offenbarung.

Fast alles – nicht nur die Verwandlung von Jekyll in Hyde, sondern auch die Besuche der Freunde, die Versuche, den unerklärlichen Verbrechen auf die Spur zu kommen – spielt sich abends und nachts ab. Das warme Licht und die vertrauenerweckenden geschmackvoll-gemütlichen Interieurs im Kaminzimmer Jekylls lassen das Unheimliche, das sich im Labor des Forschers und draußen in den dunklen Gassen abspielt, in um so größerer Kälte hervortreten. Hier das Gute, der warmherzige edle Doktor, dort der kalter Gemeinheit verfallene Hyde, das lichtscheue Böse. Keiner mag an die doch eigentlich offensichtliche Wahrheit glauben: Der Gute ist gleichzeitig auch der Böse.

Nur Jekyll weiß es: Das ganze menschliche Unglück rühre daher, »daß zwei unvereinbare Monster unauflöslich aneinander gebunden« seien, und daher, »daß diese gegensätzliche Zwillinge in seinem tiefsten Bewußtsein miteinander einen erbarmungslosen Kampf« führten – der Tag-Zwilling mit dem Nacht-Zwilling. Der Forscher sah seineAufgabe darin, sie zu trennen.

Lange meint er, die Sache wie ein wissenschaftliches Experiment voll im Griff zu haben. Schließlich kann es nicht verwerflich sein, sich selber für diesen der Menschheit dienlichen Versuch zu opfern. In einer unseligen Nacht entschließt er sich zum ersten Mal, das Experiment zu wagen. Er mixt sich seinen lange vorher »wissenschaftlich« erarbeiteten Trunk. Was er dann erlebt, könnte die Beschreibung der Wirkung eines neuen Psychopharmakons sein: Übelkeit, Gliederschmerzen und Panik bemächtigten sich seiner. Dann verschwinden diese Symptome, die man als unerwünschte Nebenwirkungen bezeichnen würde, und machen ganz neuen Empfindungen Platz. Er fühlt sich seltsam neu, jünger, leichter, besser in Form, ungewohnt frei. Seine Wahrnehmungen scheinen ziemlich durcheinanderzugeraten. Er fühlt sich angenehm fiebrig; alle äußeren Schranken scheinen niedergerissen. Im heutigen Medizin- oder Psychiatriejargon hieße das, seine »Inhibitionen« verringern sich oder verschwinden. Gleichzeitig wächst seine Energie. Dann jedoch bemerkt er, daß sich auch körperliche Veränderungen vollziehen, Er wird kleiner, häßlicher. Das Böse steht ihm plötzlich ins Gesicht geschrieben, und es drückt sogar seinem Körper den Stempel abstoßender Unförmigkeit und Widerlichkeit auf. Heraus kommt jene Gestalt, die jedem das Blut in den Adern gefrieren läßt. Ein Effekt, den keiner der Zeugen richtig zu beschreiben vermag, er überschreitet einfach alles, was ein Mensch in Worte fassen kann. Hyde – eine nächtliche Ausgeburt, vielleicht nicht der Hölle, dazu war Jekyll zu »modern«, jedoch des menschlichen Bösen, des mitleidslos Bestialischen.

Nach und nach jedoch offenbart sich in schrecklicher Weise, daß da gar nicht jemand einfach mittels einer Mixtur verändert wird: Dieses andere Wesen, dem er »eine autonome Existenz« verschafft hat, dieser Zwilling, das *ist* er ja wirklich selber. Das Böse lebt immer in ihm, latent. Nur jetzt zeigt es sich. Jetzt ist es nicht mehr verborgen. Und in der Gestalt des Mr. Hyde können es sogar die anderen sehen.

Lange gelingt es Jekyll, diese Gestalt empört zurückzuweisen und in die Unsichtbarkeit zu verbannen. Wenn das Tageslicht kommt und er sich zurückverwandelt, vergißt er seine nächtlichen Untaten als Hyde. Dann aber läßt sich das Ungeheuerliche nicht mehr leugnen: Er kann seinem eigenen, tagsüber bisher verborgenen Ich nicht mehr entkommen. Es füllt nach und nach auch den Raum des Guten aus. Jekyll wird Hyde – unwiderruflich.

Wir haben vorher beschrieben, wie moderne Schlafforscher unsere möglichen nächtlichen Wandlungen beschreiben. Ich denke, daß es nicht abwegig ist, die zu allen Zeiten bei gewissen Schlafstörungen auftretenden merkwürdigen Verhaltensweisen der Schlafwandler und der multiplen Persönlichkeiten als eine der Ursachen zu sehen und als den Nährboden der Phantasien um den mysteriösen »anderen« in uns, der da nachts sein meist ungutes Wesen treibt.

Stevenson hatte bereits eine erstaunlich moderne Sicht der Dinge. Die romantisch romanhafte Darstellung darf uns nicht täuschen: Die Schilderung paßt genau in die neuen Erkenntnisse der Psychiatrie des Jahrhundertendes. Damals legte der berühmte Nervenarzt Charcot in Paris seine Theorien über die gespaltene Persönlichkeit, die Schizophrenie, dar. Er gründete die neurologische Abteilung des Krankenhauses La Salpêtrière. Viele der großen Geister der damaligen Zeit interessierten sich lebhaft für seine Entdeckungen. Freud suchte ihn auf. Guy de Maupassant war beeindruckt von den neuen Erkenntnissen über den Wahnsinn. Seine Erzählungen, die sich häufig auf dem schmalen Grat zwischen Wahnsinn und Angst bewegen und die oft die Nacht zum Thema haben, entstanden in eben diesem Zeitraum.

Stevensons Jekyll könnte als Schizophrener gelten. In ihm kristallisiert sich jedoch auch die Schizophrenie einer Zeit, in der Tugend und sexuelle Lüste samt allem Triebhaften streng getrennt waren. Ein Mann hatte – wie wir es in Schnitzlers *Reigen* vorgeführt bekommen –, um sein Leben auszukosten, auf der einen Seite die ehrbare Gattin, madonnenhaft rein, auf der anderen Seite die lüsterne Geliebte oder die Dirne. Das Sexuelle stand dabei natürlich für das Verbotene, Böse.

Aber das Jahrhundertende war auch die Zeit der Entdeckung der Projektion, und zwar – merkwürdiges Zusammentreffen, kuriose Gleichzeitigkeit – des von Freud so benannten psychischen Phänomens ebenso wie der neuen technischen Errungenschaft. Im Dezember 1895 wurde in einem Café am Boulevard des Capucines in Paris die erste Projektion eines Films in einem dunklen Saal gezeigt. Die großen Kinosäle wie Gaumont Palace mit achttausend Plätzen entstanden. Alle Welt rannte nun ins Kino, um auch all die unheimlichen Filme des Expressionismus von Fritz Lang und F. W. Murnau zu sehen, echte Nachtspektakel, in denen alle Effekte der Finsternis zur Geltung kamen und ein gieriges Publikum erschauern ließen.

Die Freudsche Entdeckung der Projektion als Möglichkeit der Psyche, etwas im anderen vorzufinden und festzumachen, was sie in sich selber nicht sehen kann und will und darf, entstand nicht von ungefähr fast parallel zu all diesen Zeiterscheinungen und zu Charcots Beschreibung der Schizophrenie. Auf Stevensons Jekyll-und-Hyde-Geschichte lassen sich beide Modelle anwenden, das der Schizophrenie und das der Projektion. Und der Roman ist wie geschaffen für die Phantasien des damaligen Films.

Der andere in uns mußte jetzt nicht mehr als Werwolf, Dämon oder Hexe verstanden werden, man verfügte bereits über bessere Erklärungen. Der Begriff »Besessenheit« hatte ausgedient. Stevensons Schilderung der Metamorphose des Dr. Jekyll unter dem Einfluß der selbstfabrizierten Droge entstand im Licht einer ganz jungen Wissenschaft. Und mehr noch: Der Schriftsteller scheint, wie bereits angedeutet, unsere jüngsten Besorgnisse im Zusammenhang mit neuen Psychopharmaka ziemlich getreu auszudrücken. Allenthalben wird heute die Frage gestellt, ob die »Glückspillen« unsere Persönlichkeit verändern. Oder holen sie nur aus uns heraus, was als Möglichkeit vorhanden ist? Die Konsumenten der neuen Psychodrogen wollen sich besser, stärker, wettbewerbsfähiger, weniger anfällig für Depressionen und depressive Verstimmungen erleben. Sie wollen jedoch nicht, daß sie unter dem Einfluß der Medikamente, die allesamt auf den Neurotransmitteraustausch im Gehirn einwirken, zu Zombies, Fremdgesteuerten, werden. Und sie würden schon gar nicht wollen, daß ihre »Schattenseiten« – Gleichgültigkeit gegen andere, Unsensibilität, Bereitschaft auszurasten, das heißt auch, gewalttätig zu werden – plötzlich überhandnehmen.

Die Frage läßt sich zum Beispiel im Hinblick auf die letzte Generation der Antidepressiva (die fast alle ein Defizit im »Gehirnhaushalt« eines speziellen Neurotransmitters – Serotonin – ausgleichen) nur schwer beantworten. Die Medikamente sind für den Laien so verführerisch und gleichzeitig beunruhigend, weil sie fast keine Nebenwirkungen haben. Psychiater und Neurologen meinen, daß diese Arzneimittel ebenso wie eine Psychotherapie verschüttete Wege öffnen, Blockierungen aufheben und Ressourcen mobilisieren können. Aber: Mehr als wir im besten (oder schlimmsten) Fall »haben«, kann kein Psychopharmakon aus uns herausholen. Der Dichter Stevenson schreibt in den achtziger Jahren des vorigen Jahrhunderts über Jekylls Mixtur: Sie »hatte keinerlei Möglichkeit der Unterscheidung; sie war weder diabolisch noch göttlich; sie hatte nur die Fähigkeit, an den Toren meines Gefängnisses zu rütteln«.

Das wirklich Moderne der Darstellung Stevensons ist, den Leser so zu führen, daß er begreift: Es geht um zwei Repräsentationen ein und derselben Person. Letztlich sind das vielleicht nicht einmal die von Faust beklagten zwei Seelen in einer Brust, sondern eine einzige, die allerdings facettenreich ist. Wir können Jekylls Wandlung nachvollziehen. Wir können sie fast als Beispiel für die Entwicklung der Geistesgeschichte nehmen: Das vor allem außen angesiedelte Böse, der Werwolf, der Dämon, wird ebenso überflüssig wie letztlich Mr. Hyde. Jekyll begreift am Schluß, daß es sich um seine eigene Verantwortlichkeit in den Taten Hydes handelt. Daran ändert auch die Psychodroge nichts, die er sich verabreicht; sie ist neutral, weder gut noch böse, und darum erweist sich auch letztlich ihre Wirkungslosigkeit. Indem er beschließt, sich das Leben zu nehmen, wirft der experimentierfreudige Arzt zwar das Handtuch, übernimmt aber auch die Verantwortung. Er überwindet damit die Projektion. Die Konfrontation mit sich selber endet in Selbstzerstörung. »Ich beende das Leben des unseligen Henry Jekyll« (nicht das von Hyde!), lautet der letzte Satz der Konfession des Forschers.

Warum wir schlafen

Abends wünschen wir uns eine gute Nacht. Wir meinen jedoch einen erholsamen, ungestörten Schlaf. Zwar würden es manche bevorzugen, ganz wenig oder überhaupt nicht zu schlafen, um keine kostbare Zeit zu vertrödeln, die fürs persönliche Vergnügen bereitstünde, und die Konkurrenz schläft ja auch nicht... Von einem bestimmten Punkt an, der bei jedem anderswo liegt, läßt sich der Schlaf jedoch nur auf Kosten der Leistungsfähigkeit reduzieren. Das erlaubt allerdings nicht den Umkehrschluß, daß wir um so mehr leisten, je mehr wir schlafen. Was wir brauchen, ist ein gewisser Kernschlaf. Er muß in seiner Verteilung in Tief- und REM-Schlaf (REM = Rapid Eye Movement; während dieses Schlafstadiums bewegen sich die Augen sehr rasch hin und her) sogar eine Minimalstruktur haben.

Die Schlafspezialisten sind sich in diesem Punkt relativ einig. Und das sind sie sonst selten. Fragen wir sie jedoch, *warum* das so ist, beginnt schon der Streit. Daß die Meinungen weit auseinandergehen und immer wieder in Frage gestellt werden, ist um so verständlicher, als das ganze Forschungsgebiet in den letzten zehn Jahren geradezu zu explodieren scheint. Außerdem kommen die Leute, die sich als Spezialisten mit dem Schlaf beschäftigen, aus mehreren Bereichen: Da sind Neurologen, Psychiater (in der Regel gleichzeitig Neurologen), Neurophysiologen, Psychologen, Psychoanalytiker, Internisten, HNO-Fachärzte, Verhaltensforscher, Soziologen – und vor allem seit einiger Zeit die Chronobiologen und Chronomediziner. Einige arbeiten gleichzeitig in Kliniken und in der Forschung, andere machen nur das eine oder andere. Je nach ihrem Forschungs- und Arbeitshintergrund favorisieren sie darum stärker ein bestimmtes Erklärungsmodell.

Im Schlaf erholen wir uns, sparen wir Energie, wird die Ausschüttung bestimmter lebenswichtiger Hormone begünstigt – zum Beispiel des Wachstumshormons –, wird das Immunsystem aufgeladen, werden die Gewebe repariert und erneuert, kann sich unser Gehirn neu organisieren, findet notwendige »sensorische Integration« – das heißt ein immer wieder erneutes Zusammenordnen unserer Wahrnehmungssysteme – statt: Und: Schlaf brauchen wir, vor allem REM-Schlaf, um zu träumen und unser Gedächtnis in Gang zu halten. Diese Aussagen sind durch Laboruntersuchungen und Beobachtungen der letzten Jahre teils erhärtet, teils widerlegt und dann wieder erhärtet und in Frage gestellt worden. Einige der Fachleute möchten sich zum Warum des Schlafs überhaupt nicht mehr äußern, andere verhehlen kaum, daß sie denken: »Alles Quatsch!« Das Ganze ist also einigermaßen verwirrend. Extremisten unter den Forschern meinen sogar, wie der Engländer James Horne es zusammenfaßt: »Alles, was wir trotz fünfzig Jahren Forschung über die Funktion des Schlafs mit Sicherheit sagen können, ist, daß er eine Folge von Müdigkeit ist und daß... Schlafmangel uns müde macht.« Dies sei das einzig haltbare Ergebnis der Experimente mit Schlafentzug.

Die merkwürdigste Erklärung für die Notwendigkeit des Schlafs habe ich bei dem Franzosen Pierre Fluchaire gefunden: Da wir Menschen uns noch nicht an die aufrechte Haltung gewöhnt hätten, müßten wir schlafen, um gelegentlich wieder zur Horizontalen zurückzufinden. Die Dringlichkeit, das zu tun, also zu schlafen, würde im Laufe der nächsten tausend Jahre nach und nach ganz verschwinden! Ich habe allerdings keinen Schlafspezialisten getroffen, der diese gewagte Vermutung bestätigt hätte.

Festzustehen scheint dagegen, daß ein Gehirn, je höher es entwickelt ist, desto mehr Schlaf braucht. Man könnte sagen: Das Gehirn profitiert am meisten vom Schlaf. Damit nehmen wir allerdings eine im Licht der heutigen Wissenschaft unhaltbare Trennung von Gehirn und Körper vor. Denn wovon das Gehirn profitiert, das kommt dem Körper zugute. Wir können uns aber Allan Hobson anschließen, der in seinem Buch über den Schlaf versichert: »Nach fünf bis zehn Tagen ohne Schlaf gerät unser Gehirn außer Kontrolle. Wahnsinn macht sich breit: Zuverlässiges weicht Paranoidem, das Rationale dem Irrationalen, und der geistig Gesunde beginnt, Dinge zu sehen und zu hören, die es gar nicht gibt.«

Andererseits sei alles schnell wieder im Lot, wenn wir den verlorenen Schlaf aufgeholt hätten. Wir wüßten zwar noch nicht genau, *wie* Schlaf uns leistungsfähige Hirnfunktionen garantiert, »doch daß er das tut, steht außer Zweifel«.[16]

Das scheinen Delphine in eindrucksvoller Weise zu zeigen. Nach den Menschen und den anderen Primaten haben diese Säugetiere das am höchsten entwickelte Gehirn. Sie beschäftigen unsere Phantasie wegen ihrer erstaunlichen Fähigkeiten und ihres ausgeprägten Familiensinns. Sie bringen es fertig, Menschen vor dem Ertrinken zu retten, sie reden miteinander unter Wasser eine Sprache, die sich wie Originalton Donald Duck anhört, wahrscheinlich aber höchst intelligent ist. Sie lieben es, wie Kinder zu spielen, und sind wahre Akrobaten. Kurz, Delphine sind, wie wir wissen, hochempfindsame und kluge Tiere. Eine Gattung lebt in den schlammigen, gefährlichen Gewässern des Indus. Dieser Indusdelphin schwimmt auf der Seite und orientiert sich mit einem fein regulierten Sonarsystem. Seine Augen haben ihre Sehfähigkeit verloren. Erstaunlich ist, daß er niemals aufhört, aktiv zu schwimmen. Er muß ununterbrochen wachsam sein, vor allem in der Zeit des Monsuns, wenn die starke Strömung und die Strudel des Flusses entwurzelte Bäume, Äste und alle möglichen anderen Objekte mit sich führen. Der Delphin muß nicht nur ihnen, sondern auch den Felsen des Flußgrundes ausweichen. Würde er auch nur für kurze Zeit zu schwimmen aufhören, trügen ihn die Stromschnellen fort, oder er würde sich verletzen. Ein Forscher von der Universität Bern, Georg Pilleri, studierte das Verhalten der Tiere. Sieben Jahre beobachtete er zwei von ihnen in einem riesigen Aquarium. Mit Unterwassermikrophonen stellte er fest, daß diese Tiere kontinuierlich sonare und andere Geräusche aussandten – mit ganz kurzen, vier bis sechzig Sekunden dauernden Unterbrechungen. Der Wissenschaftler ist der Ansicht, daß dies Mikroschlafphasen sind. Zusammengerechnet ergaben sie etwa sieben Stunden pro 24-Stunden-Tag, entsprachen also etwa der Schlafmenge vieler anderer Säugetiere. Während dieser Kurzschlafphasen, die sich über Nacht und Tag verteilten, ließ ihre Schwimm- und Sonaraktivität leicht nach, hörte aber nie auf.

Die Tiere zeigten noch eine andere Besonderheit, die russische Forscher auch bei den Delphinen des Schwarzen Meers entdeckten: Sie schlafen abwechselnd mit einer der beiden Hirnhemisphären.

Während die Schwarzmeerbewohner dies jedoch zwölf Stunden lang vorwiegend nachts tun, wobei eine der beiden Hirnhälften zunächst zwei Stunden und dann die andere zwei Stunden schläft, können sich die Indusdelphine auch mit jeweils nur einer Hirnhälfte lediglich sekundenlange Nickerchen leisten. Sie verfallen dabei in Tiefschlaf. Dieser halbseitige Tiefschlaf, wahrscheinlich der auf das strikt notwendige Minimum begrenzte Kernschlaf (siehe Kasten), hindert die Tiere nicht am häufigen Auftauchen zum Atmen. Delphine können nicht wie andere im Wasser lebende Säugetiere den Atem lange anhalten, sie müssen darum in kurzen Abständen an die Wasseroberfläche. Versetzt man bei ihnen jedoch durch Drogen beide Hirnhälften in Tiefschlaf, hören sie ganz auf zu atmen.

REM-Schlaf gibt es bei beiden Delphinarten nicht und damit auch keinen Verlust des Muskeltonus. Ihre Nackenmuskulatur wies bei Messungen immer Spannung auf. REM-Schlaf, wie ihn der Mensch in hohem Maße und auch andere Säugetiere brauchen, ist charakterisiert durch eine Blockierung aller Bewegungen und dadurch, daß sich die Muskelspannung verliert, die der Delphin jedoch, ebenso wie seine Bewegungsfähigkeit, offenbar ununterbrochen aufrechterhalten muß. REM-Schlaf ist zudem der Haupttraumschlaf bei hochentwickelten Säugetieren. Man dürfe annehmen, so James Horne, daß Träumen mit einer Hirnhälfte, während die andere wach sei, ein ziemliches Durcheinander von Phantasie und Wirklichkeit anrichten würde. Allerdings ist dies wohl allzu menschlich gedacht... (Siehe Abb. 11 im Bildteil.)

Bleiben lauter Merkwürdigkeiten.[17] Wir beschäftigen uns jedoch nicht nur wegen ihrer Kuriosität mit ihnen. Sie führen James Horne nämlich zu interessanten Rückschlüssen über die Gründe menschlichen Schlafverhaltens. Warum, so fragt er, soll die Natur so viele Umständlichkeiten in Kauf genommen haben, um bei Delphinen eine ganz bestimmte Fähigkeit zu erhalten, den Schlaf? Den Schlaf, der sie offensichtlich in ihrer Umwelt und beim Atmen gefährdet. Die Sehfähigkeit hingegen erschien zumindest bei den Indusdelphinen als verzichtbar. Warum also hat sich die Evolution soviel Mühe mit dem Einhemisphären- und Mikroschlaf gemacht? Offensichtlich ist Schlaf notwendig, unverzichtbar – vital. »Das Delphingehirn ist fast ebenso komplex entwickelt wie das menschliche«, schreibt der Wissenschaftler, »und es ist anzunehmen, daß

Was ist Kernschlaf?

Zwei Begriffe haben sich unter Schlafforschern eingebürgert, um den Gesamtschlaf zu charakterisieren: Kernschlaf in Unterscheidung von Wahlschlaf (*optional sleep*).

Kernschlaf, auf den wir nur schlecht verzichten können, dauert beim Menschen zwischen vier und fünf Stunden und besteht zum größten Teil aus Tiefschlaf. Wem einige Nächte und Tage lang der Schlaf entzogen wird, holt zunächst vor allem den Tiefschlaf und ein wenig REM-Schlaf nach, das heißt also wahrscheinlich nur Kernschlaf. Insgesamt werden nach Schlafentzug zwischen fünfundzwanzig und dreißig Prozent des verlorenen Schlafs nachgeholt. Nicht mehr.
   Schlafmangel hat einen Aspekt, der häufig übersehen wird. Wenn ich nur sehr kurz schlafe, ist mein Tag besonders lang. Es ist also anders als bei den Experimenten mit Freiwilligen, die, isoliert von jeglichen Außenreizen, zu einem eigenen Wach- und Schlafrhythmus fanden (siehe dazu das Kapitel »Körpertemperatur und Schlaf«). Wenn der circadiane Rhythmus sich in freilaufenden Phasen auflöst, folgt auf kurzen Schlaf eine kurze Wachzeit. Dagegen stellt der 24-Stunden-Tag bei zu kurzem Schlaf mit langer Wachzeit eine erhebliche Reizüberflutung dar. Sie wird dem Organismus gefährlich, wenn der Schlafmangel chronisch ist. Mehr Effektivität in unseren Aktivitäten erreichen wir darum nicht durch eine Dehnung der Tageslänge, sondern viel eher, indem wir die natürlichen Rhythmen beachten und die Phasen nutzen, in denen wir am besten drauf sind.

Wahlschlaf scheint vor allem der morgendliche REM-Schlaf zu sein. Wir können leicht auf ein bis zwei Stunden davon verzichten oder ihn auf bis zu zwei Stunden sogar überdehnen. Wahl- oder Fakultativschlaf ist also offensichtlich ein gewisser Luxus. Viele Tierarten können ihn sich wegen der Gefahren, denen sie ausgesetzt sind, nicht leisten.

Unter den Menschen sind die Kurzschläfer wohl diejenigen, die mit dem Kernschlaf zufrieden sind und sich damit wohl fühlen und die vielleicht einfach »effizienter« schlafen, während die Viel- oder Langschläfer wahrscheinlich Luxusschläfer sind: Sie nehmen besonders viel von dem zur Verfügung stehenden Fakultativschlaf in Anspruch.

Trotzdem, so erklärt uns James Horne, ist Wahlschlaf sicher nicht einfach verschwendete Zeit, wenn wir den Wachzustand unbedingt verlängern wollen. Meistens verhelfen uns die dem Schlaf abgetrotzten Stunden weder zu höherer oder mehr Kreativität noch zu mehr Effizienz. Die Wachzeit wird einfach weniger konzentriert und vielleicht auch unökonomischer genutzt. Es kommt im wesentlichen offenbar darauf an, womit einer sich wohl und glücklich fühlt. Temperamentssache.

Offenbar leben jedoch sowohl extreme Dauerkurzschläfer als auch extreme Dauerlangschläfer (zuviel Schlaf bekommt dem Immunsystem ebensowenig wie nicht genug Schlaf!) nicht so gesund wie die moderaten Schläfer, die sieben bis acht Stunden in Morpheus' Armen verbringen. Sie jedenfalls leben nach einer Untersuchung in Kalifornien – mit jeweils mehr als zweitausend Männern und Frauen zwischen dreißig und neunundsechzig Jahren – am längsten. Die »Extremisten« beider Kategorien dagegen hatten ein um dreißig Prozent höheres Risiko, früher zu sterben. Der Korrektheit halber müssen wir jedoch zu bedenken geben, daß die Gründe tiefer liegen mögen und es Ursachen gegeben haben mag, die sowohl den Schlaf verkürzten oder verlängerten, als auch den früheren Tod herbeiführten.

Hobson meint, es gebe wohl Menschen, deren Konstitution sie einfach zu Kurzschläfern mache; sie brauchten wirklich wenig Schlaf. Der berühmteste Kurzschläfer war Thomas Edison. Allerdings legte er häufige Kurzschläfchen unter den Treppen seines Laboratoriums ein. Wie viele Stunden diese Nickerchen zusammen ergaben, hat keiner nachgeprüft. Den Weltrekord im Kurzschlafen hält eine Dame aus England. Sie schläft nur vierzig Minuten am Tag. Obwohl sie sich dabei gesund fühlt, langweilt sie sich jedoch oft bei ihren ausgedehnten Nachtwachen. Echte Kurzschläfer, folgert Hobson, werden nicht »gemacht«, sondern geboren.

es ohne Schlaf in der gleichen Weise leiden würde wie unseres.«[18] Es würde – weniger wissenschaftlich ausgedrückt – den Geist aufgeben.

Trotz vieler Umweltgefahren immer noch ein Minimum an Schlaf zu finden, das bewerkstelligen viele Säugetiere auf einfallsreiche Weise. Die Giraffe zählt zu den besonders gefährdeten Beutetieren. Sie hat stets fluchtbereit zu sein. Das ist für sie besonders schwer, denn wie alle Säugetiere muß sie sich zum Schlafen niederlegen. Sie braucht jedoch ganze fünfzehn Sekunden, um aus dem Liegen in die aufrechte Haltung zu kommen. Eine lange Frist, wenn da ein Löwe oder Leopard sprungbereit lauert. Die Giraffe verbringt, über die Nacht verteilt, insgesamt zwei Stunden in kleinen Portionen von fünf bis dreißig Minuten im Tiefschlaf und darauf folgend ein bis zehn Minuten im REM-Schlaf. Im Tiefschlaf hört sie mit dem Kauen auf, ihr Hals formt eine S-Linie, und die Augen sind offen, ohne jedoch zu sehen (zu fokussieren). Im REM-Schlaf schließt sie die Augen und nimmt die Haltung eines schlafenden Schwans ein: Ihr Kopf und Nacken ruhen auf der Flanke.

Wie auch immer die Umweltbedingungen sein mögen: Säugetiere müssen schlafen. Andere Arten brauchen das nicht zu tun, ihnen reicht eine Ruhepause.

In einem Überblick lassen sich nach Allan Hobson die Wirbeltierarten entsprechend ihren Schlafmustern vier Gruppen zuordnen, die sich deutlich unterscheiden. Da sind also

- zunächst diejenigen, die gar nicht schlafen, dafür aber ruhen wie Schmetterlinge, Fliegen, Krabben und Hummer, wie Fische und Amphibien. Auch bei Ochsen- und Laubfröschen ließen sich keine Schlafsignale im Gehirn feststellen.
- Die zweite Gruppe sind diejenigen, die nur Non-REM-Schlaf haben: die niederen Reptilien.
- Die dritte Gruppe bilden diejenigen, die zwar tiefschlafen, aber

nur teilweise wenig REM-Schlaf aufweisen wie höhere Reptilienarten und Vögel.

- Und schließlich die vierte Gruppe, die Säugetiere, die abwechselnd Non-REM- und REM-Schlaf haben.

Die oben beschriebenen Delphine tauchen in Hobsons Liste nicht auf. Sie bilden wohl eine Ausnahme. Die Regel ist sonst: Tiere mit vollentwickeltem Großhirn zeichnen sich durch ausgedehnten REM-Schlaf aus. Hobson schließt daraus auf ein kausales Bindeglied zwischen REM-Schlaf und kognitiven Fähigkeiten.[19]

Klären wir noch den Unterschied zwischen Ruhe, Schlaf, Kältestarre, Winterschlaf, Winterruhe und Koma.

Während der *Ruhe* werden anders als im Schlaf noch sensorische Reize aufgenommen. Ruhe ist jederzeit reversibel, sie kann sofort in volle Alarmbereitschaft übergehen. Die Körpertemperatur bleibt etwa gleich. Im *Schlaf* dagegen mindert sich die Bereitschaft, sensorische Stimuli aufzunehmen, ganz entscheidend. Die Körpertemperatur ändert sich. Sie sinkt zunächst und steigt gegen Morgen wieder an, bleibt aber im wesentlichen erhalten. Schlaf ist kaum oder keine Energieersparnis gegenüber Wachen. Schlaf, besonders REM-Schlaf, läßt sich leicht unterbrechen.

Kältestarre, eine Art leichter Winterschlaf, ist ein Zustand, in den kleine Säugetiere und Vögel fallen. Sie regeln ihre Körpertemperatur bis zu nahe null Grad herunter und werden reglos. Damit sparen sie nicht nur Energie, sondern entgehen auch leichter der Aufmerksamkeit ihrer Verfolger. Das Phänomen der Starre kommt auch in Sommermonaten vor. Es wird vom Gehirn reguliert. Dabei bleiben Tagesrhythmen erhalten.

Winterschlaf ist durch ein dramatisches Absinken der Körpertemperatur gekennzeichnet – bis auf null Grad Celsius. Außerdem verlangsamen sich alle Stoffwechselvorgänge. Bei etwa einem Drittel der Säugetiere, vor allem wieder den kleinen, läßt sich diese Art der Temperaturanpassung beobachten. Sie haben keine andere Wahl, denn ihre im Vergleich zum Gewicht große Körperoberfläche macht sie besonders anfällig für Temperaturverlust – wie übrigens auch menschliche Babys. Die größten der Winterschläfer sind mit zweieinhalb bis viereinhalb Kilo Körpergewicht die Murmeltiere.

Die viel schwergewichtigeren Bären dagegen halten eher eine Art *Winterruhe*, keinen echten Winterschlaf. Ihre Körpermasse ist so groß, daß es sich für sie nicht lohnt, ihre Temperatur herunterzuregulieren.

Schlafen wie ein Murmeltier, das wünschen wir uns gelegentlich. Wir irren uns jedoch gewaltig, wenn wir denken, wir könnten dabei unsere angesammelte Müdigkeit loswerden. *Winterschlaf* ist ein *anderer* Zustand als Schlaf. Manche Tiere fallen regelmäßig im Sieben- bis Zehntagerhythmus in »Winterschlaf« und wachen dann auf, um – verwunderlich genug – sich erst einmal kräftig auszuschlafen, bevor sie das Geschäft des Winterschlafs wieder für weitere sieben bis zehn Tage aufnehmen. Bei diesem Ausschlafen und Aufheizen (wirklichem Schlaf) zehren sie ihr ganzes Winterfett auf – ein Beweis dafür, daß Schlaf Energie verbraucht, und zwar viel. Erst kürzlich vorgelegte Untersuchungen haben das erwiesen. Winterschlaf mit seinem Herunterschrauben der Stoffwechselvorgänge ist dagegen eine Energieersparnis. Während des tiefen Winterschlafs läßt sich keine Hirnaktivität mehr nachweisen.

Koma ist, anders als Schlaf, irreversibel. Aus dem Koma kann man jemanden nicht aufwecken, indem man ihn an der Schulter rüttelt.

Die Geschichte der Schlafforschung

Schon vor zweitausend Jahren stellte man Theorien über den Schlaf auf – viele davon voller Irrtümer. Aristoteles meinte, Schlaf werde durch warme Dämpfe aus dem Magen hervorgerufen. Daher komme es, daß wir nach Mahlzeiten schläfrig werden. Fortschrittlicher allerdings vermuteten Naturphilosophen in der Antike, Schlaf und Traum hätten etwas mit dem Gehirn zu tun. Da es jedoch keinerlei Mittel gab, das nachzuweisen, gerieten diese Vorstellungen in Vergessenheit. Und bis ins neunzehnte, ja zwanzigste Jahrhundert hinein fiel es den meisten Naturwissenschaftlern nicht im Traum ein, Schlaf könne vom Gehirn ausgehen.

Schlaf wurde in Kunst und Literatur hingegen häufig mit dem Tod verglichen. Was im Schlaf des Todes wohl für Träume, für Alpträume aufsteigen könnten, fragt sich Hamlet in seinem Monolog »Sein oder Nichtsein«. Sicher war auch das poetische Bild vom Schlaf als Bruder des Todes letztlich einfach eine Verkennung. Tod bedeutet: keine Hirnaktivität. Schlaf aber, und ganz besonders REM-Schlaf, geht mit hoher Hirnaktivität einher.

Es ist eigentlich erstaunlich, sogar unverständlich, daß niemand auf die Idee kam, einfach aus schlichten Beobachtungen Rückschlüsse zu ziehen. Jeder, der ein schlafendes Kind mit all seinen ausdrucksvollen Grimassen, einschließlich des engelhaften Lächelns beobachtete, hätte doch vermuten können, daß da im Gehirn ganz intensiv etwas vorging, meint Hobson. Schon aus dem subjektiv Erlebten, dem Traum und Alptraum, hätte man Rückschlüsse ziehen müssen. Immerhin hatten der römische Naturforscher Lukretius ebenso wie ein italienischer Wissenschaftler des siebzehnten Jahrhunderts, Lucio Fontana, schon ausgiebige Beobachtungen an Säugetieren gemacht und ganz richtig vermutet, daß ihre äußerlich sichtbaren Bewegungen zu inneren Traumerfahrungen in Beziehung standen. Jedoch hatten sie keine Verbindung zu einer möglichen Aktivität des Gehirns hergestellt.

Sogar neue, umwälzende technische Errungenschaften wie die Photographie änderten nichts an diesem Zustand des Unwissens, den man eher als Wissens- oder Erkenntnisverweigerung bezeichnen möchte. Daguerres Entdeckung und später die der Brüder Lumière ermöglichten mit Hilfe der Photographie eine fast ununterbrochene Aufzeichnung visueller Daten, das heißt auch Aufzeichnung von Bewegungen. Das Bindeglied zum Film hatte der Engländer Eadweard Muybridge mit den *motion pictures* von in Bruchteile zerlegten Tierbewegungen geliefert. Natürlich hätte man solche Bewegungsbilder auch von Haltungsänderungen und Augenbewegungen im Schlaf machen und wissenschaftlich auswerten können. Man hätte daraus auf einen sowohl dynamischen als auch bestimmten Rhythmen folgenden Schlafablauf schließen müssen.

Daß all dies nicht geschah, führt Hobson darauf zurück, daß man den Schlaf allgemein als einen uninteressanten Zustand betrachtete. Es lohnte sich einfach nicht, sich damit zu befassen – eine unter Medizinern und den Kostenträgern von Forschung und Behandlung in Schlaflabors immer noch verbreitete Meinung. Sie ist Teil der allgemein abschätzigen Haltung gegenüber allem, was unser nächtliches Wesen und Dasein betrifft. Man hält den Schlaf für den in jeder Hinsicht unergiebigen Teil unserer Existenz, die faule Seite der Medaille. Hartnäckig scheint sich die Vorstellung zu halten, daß unser vornehmstes Organ, das Gehirn, während des Schlafs nicht nur unproduktiv, sondern inaktiv ist!

Um die Jahrhundertwende vertraten viele der Neurologen und Neurophysiologen, wie der berühmte Russe Iwan Pawlow, die Meinung, Hirnzellen seien im Schlaf ausgeschaltet. Erst das nähere Studium des Gehirns im Wachen brachte dann den Durchbruch. Der tschechoslowakische Physiologe Jan Evangelista Purkinje vermutete, daß eine weit unten im Gehirn liegende Zone, der Hirnstamm, am Zustand des Wachseins wesentlich beteiligt ist. Als während des Ersten Weltkriegs bei einer Grippeepidemie eine Reihe von Patienten an Enzephalitis (Hirnentzündung) erkrankte, beobachtete der Wiener Neurologe Constantin von Economo, daß viele der danach Hirngeschädigten an auffälligen Symptomen litten: Schlaflosigkeit mit Überaktivität oder exzessiver Müdigkeit. Bei diesen Patienten waren bestimmte Bereiche des Gehirns durch die Krankheit geschädigt worden, und zwar das vordere oder das hintere Mittelhirn. Economos Schlußfolgerung war, daß es zwei Zentren im Gehirn geben müsse, ein Wachzentrum und ein Schlafzentrum, die beide Zustände regelten. Weiter vermutete er, daß chemische Substanzen dabei eine Rolle spielten.

Schlafsubstanzen – aus der Hexenküche des Gehirns

Die Vorstellung, daß solche körpereigenen Schlafdrogen sich tagsüber ansammeln und schließlich auf das Gehirn einen schlafauslösenden Einfluß haben könnten, beschäftigte einige Wissenschaftler von Beginn an und interessiert heute sogar wieder ganz besonders. Was den Menschen betrifft, bewegt sich diese These weitgehend im Bereich der Vermutungen.

Einen durchaus realen Ansatz lieferte vor einigen Jahren die Entdeckung eines sogenannten Faktors S. Aus dreitausend Litern menschlichem Urin haben Forscher davon ganze sieben Millionstel Gramm »herausdestillieren« können. Sie verabreichten diese Substanz Kaninchen und erzeugten damit eine beträchtliche Zunahme an Non-REM-Schlaf. Faktor S ist nach James Horne ein Peptid, das im Gehirn als »Teil seiner eigenen Biochemie« vorkommt. Ein solches, später synthetisch hergestelltes Peptid versetzt kleine Tiere in Tiefschlaf. Außerdem stimuliert es offenbar das Immunsystem und die Interleukin-I-Produktion, eine der wichtigen Waffen unseres Abwehrsystems. Interleukin-I ist selber kein Antikörper. Es wird normalerweise im Blut erzeugt. Im Gehirn übernehmen das die sogenannten Mikrogliazellen, eine Art überall im Cortex umherwandernde Polizei, die ihn gegen Krankheitserreger schützt und tote Zellen abtransportiert. Aber in größeren Mengen ausgeschüttet, ruft es Fieber hervor und löst Schläfrigkeit oder Schlaf aus. Interleukin-I scheint im übrigen einen regulierenden Einfluß auf den Schlaf zu haben – wie und welchen, weiß man noch nicht. Außerordentlich geheimnisvoll sei, so Horne, »in welchem Ausmaß diese Substanzen grundlegende Funktionen des Schlafs beeinflussen oder die Schlafmechanismen einfach regulieren«.[20]

Ganz neu ist die Identifizierung eines Moleküls, das von amerikanischen Forschern vom Scripps Research Institute in La Jolla, Kalifornien, verdächtigt wird, vielleicht ein Schlüssel zum Geheimnis Schlaf zu sein. In der Wissenschaftszeitschrift *Science* berichteten sie im Juni 1995 über die Entdeckung einer Substanz, die sie aus der zerebrospinalen (Hirn-Rückenmarks-)Flüssigkeit von Katzen gewonnen haben, denen eine Zeitlang kein Schlaf erlaubt wurde. Es handelt sich um ein Fettsäureprimäramid mit einem Namen, der für nicht biochemisch trainierte Ohren Fachchinesisch bleibt: cis-9,10-octadecenoamid. Wenn diese unaussprechliche Substanz Ratten injiziert wird, schlafen sie ein. Die Forscher fanden auch heraus, daß der »Schlafstoff« zu einer ganzen Familie von Fettsäureprimäramiden gehört, die natürlicherweise in der zerebrospinalen Flüssigkeit nicht nur von Katzen und Ratten, sondern auch von Menschen auszumachen ist. Sie vermuten, daß diese Substanzen eine bisher unerkannte Gruppe sogenannter biologisch signalisierender Moleküle ist. Sie sprechen auch von Effektor-Molekülen. Offenbar kommt es darauf an, in welcher Weise die chemische Kernstruktur dieser Moleküle jeweils variiert. Der Effekt, den sie für den Organismus haben, hängt wahrscheinlich davon ab.

Den Laien mag daran immerhin interessieren: Schlafsubstanzen könnten eine einfache Antwort auf die Frage geben, warum wir schlafen. Jedenfalls ist Schlaf *auch* eine Folge der Anhäufung von solchen Substanzen. Auf der Landkarte der Hirn- und Schlafforschung scheinen sich noch viele weiße Flecken zu befinden, die auf ihren Kolumbus warten.

Dieser kurze Exkurs in die Hexenküche einiger Schlaf-»Säfte« (auf die anderen, die Neurotransmitter, kommen wir später zu sprechen) mag uns im Ausschnitt zeigen, wie vielfältig und verschlungen die von der Forschung eingeschlagenen Wege sind.

Wie Schlaf meßbar wurde

Einer der Meilensteine in der Schlafforschung war die Forschungsarbeit von Santiago Ramon y Cajal, eines Hirnphysiologen. Er entdeckte 1890, daß das Gehirn eine Art Kolonie unzähliger Neuronen (Nervenzellen) darstellt und daß das einzelne Neuron die Basiseinheit für Funktion und Struktur des Gehirns ist. Die Neuronen haben in ihrer »Zusammenarbeit« untereinander, aber auch einzeln meßbare elektrische und chemische Eigenschaften. Mit Hilfe dieser elektrischen und chemischen Signale kommunizieren die Abermillionen von Hirnzellen miteinander.

Mit diesem Wissen war eine Grundlage geschaffen, auf der man weiterarbeiten konnte. Wir wollen hier die Dinge ein bißchen genauer erklären. Manche wird das als zu wissenschaftlich oder trocken abschrecken. Sie können diesen Abschnitt einfach überspringen oder später gelegentlich, wenn ihnen etwas unklar ist, darauf zurückgreifen. Auch wenn die Darstellung der gesamten Komplexität des Schlafgeschehens den Rahmen eines solchen Buchs sprengen würde, können die Grundvorgänge – sicher immer noch kompliziert genug – dem weiteren Verständnis dienlich sein.

Daß die Signale der Neuronen untereinander nachweisbar waren, zeigte 1928 der deutsche Psychiater Hans Berger mit seiner ersten Ableitung von elektrischen Hirnströmen. Er kam auf die Idee, an der Kopfhaut jeweils zwei Elektroden einander gegenüber anzukleben, die mit einem Verstärker und einem Recorder verbunden waren. So ließen sich die Stromspannung und ihre Veränderungen zwischen den beiden Elektroden kontinuierlich messen. Daß die so erhaltenen Signale wirklich aus dem Gehirn und nicht von der Haut kamen, zeigten die auffälligen Veränderungen der auf einem Papierstreifen aufgezeichneten Kurven: Wenn die müde gewordene Person die Augen schloß und schließlich einschlief, änderte sich der Kurvenverlauf jedesmal ganz auffällig. Es mußte also einen »tieferen« Zusammenhang geben, das heißt, die Signale kamen wirklich aus dem Gehirn selber. Das EEG (Elektroenzephalogramm, von *enzephalon* = griechisch: Großhirn) war geboren, das immer noch wichtigste Werkzeug der Schlafforschung. Seitdem können Wissenschaftler ein Fenster zum Schlaf öffnen, das ihnen erlaubt, während dieses Zustands, in dem wir eigentlich unzugänglich sind, in unseren Kopf »hineinzuschauen«.

Der Nachweis eines besonderen Geschehens im Gehirn während des Schlafs war also erbracht. Im Schlaflabor konnten und können ein Patient und sein Schlaf so während der ganzen Nacht beobachtet werden. Später leitete man parallel zum EEG die Aktivität der Augenmuskeln (nach der Entdeckung der Rapid Eye Movements), der Kinnmuskeln und der Atembewegungen des Brustkorbs ab. Schwarz auf weiß ließ sich ablesen, was da in Gehirn und Körper gleichzeitig vor sich ging. Und das war, wie sich schnell zeigte, weit mehr, als sich Forscher in ihren kühnsten Träumen vorstellten.

Bergers EEG-Schlafbeobachtung schien zu bestätigen, was viele vermutet hatten: Wenn die Patienten die Augen schlossen, gab es weniger sensorischen Input. Schlaf war demnach einfach die Folge einer Abnahme oder Abwesenheit von Stimulationen durch die Sinne. Umgekehrt mußte dann Wachsein als Zustand verstanden werden, der durch sensorische Reize hervorgerufen wurde und von ihnen abhängig war. Diese Annahmen erwiesen sich als Irrtümer.

Später zeigte sich nämlich, daß beide Zustände, Schlaf und Wachsein, vom Gehirn selber und nicht von sensorischer Stimulation hervorgerufen werden. Der Wechsel von Schlaf und Wachen entsteht aus einer dem Hirnstamm eigenen Aktivität. Anders ausgedrückt: Schlaf wird von Änderungen in der Hirnaktivität ausgelöst und nicht dadurch, daß diese Aktivität aufhört. Das Gehirn hat also in sich selber die Quelle, die Fähigkeit, sich spontan zu aktivieren.

Dazu ist Energie notwendig, die das Gehirn im Stoffwechsel seiner Nervenzellen aus Traubenzucker gewinnt. Die Neuronen sind also auch die »Energiefabrik« des Gehirns. Bei normaler Beanspruchung verbraucht es etwa einhundertfünfzig Gramm Traubenzucker pro Tag.

Das Gehirn stimuliert sich mit dem »Aktionspotential« der Neuronen. Der Begriff soll uns nicht abschrecken. Wir werden ihn erklären. Es ist ganz einfach, wenn wir uns erst einmal verdeutlichen, daß das Gehirn zwar wie ein technisches Gerät mit Strom und »Drähten«, aber auch mit Chemie arbeitet.

Um ihre Signale an den Mann zu bringen, benutzt die »Hirnelektrizität« gleichzeitig die drahtähnlich verästelten Zellfortsätze der Nervenzelle, aber auch Chemikalien, die sogenannten Neurotransmitter. Sie sind Eiweißmoleküle, die die Fähigkeit haben, etwas zu »übermitteln«; sie werden darum als Transmitter, gelegentlich auch als Neuromediatoren bezeichnet. Das geht folgendermaßen vor sich: Die Nervenzellen senden elektrische Impulse aus – und zwar, wie die neuen Entdeckungen gezeigt haben, regelmäßig, rhythmisch. Dazu müssen sie zuerst durch eine chemische Botschaft aus Nachbarzellen ausreichend angeregt werden. Wenn die dafür notwendige Intensität an »Erregung« erreicht ist, flitzen plötzlich elektrisch geladene Atomteilchen, Ionen genannt, durch die halbdurchlässige Zellmembran hindurch und rufen damit eine dramatische Spannungsänderung hervor. Das nennen Neurologen beziehungsweise Schlafforscher feuern oder entladen (englisch: *fire* und *discharge*). Diese Änderung der Spannung zwischen dem Zellinnern gegenüber der Außenwand des Neurons ist nichts anderes als das eben erwähnte Aktionspotential einer Nervenzelle. Ist diese einmal »erregt«, fließt das Aktionspotential entlang dem drahtähnlichen Axon und dessen Verästelungen zur nächsten Nervenzelle. Beim Übergang auf diese kann der elektrische Impuls dort ein Ausschütten chemischer Substanzen auslösen, die Neurotransmitter genannt werden. Die Neurotransmitter können zwei Funktionen haben: Sie regen an (stimulieren) oder verhindern (inhibieren), daß die Nachbarzelle erregt wird.

Nachrichten werden im Gehirn also von Nervenzelle zu Nervenzelle übermittelt. An den zahlreichen Zellendungen des Axons befindet sich nun jeweils eine knöpfchenförmige Ausbuchtung mit einer semipermeablen Membran, einem halbdurchlässigen Häutchen also. Die Stellen, an denen sich die Enden eines Neurons mit der nächsten Nervenzelle über diese Membranen fast berühren, nennt man Synapsen. Von hier aus wird die Botschaft sowohl empfangen, als auch weitergeleitet.

Zwischen den Membranen einer Synapse befindet sich jeweils ein winziger Raum, der Synapsenspalt. In ihm wird der eigentliche Kontakt hergestellt. Dabei bewirkt das Aktionspotential, das zu den Synapsen »heruntergeflossen« ist, daß eine Transmittersubstanz, Serotonin etwa, freigesetzt wird – aus der knöpfchenförmigen Synapse in den Synapsenspalt. Die Empfängerzelle bindet diesen Neurotransmitter an die entsprechenden Rezeptoren, die »Antennen«. Diese Rezeptoren sind ähnlich den Neurotransmittern selber Eiweißmoleküle aus Hunderten von Aminosäuren. Sie haben aber jeweils eine zum Transmitter genau passende Struktur. Man vergleicht sie darum oft mit dem Schlüsselloch, in das der Transmitter als Schlüssel paßt. Wenn der Rezeptor den Botenstoff »gebunden« hat, der Schlüssel also im Schlüsselloch steckt, ist er aktiviert. Die Nachricht ist angekommen und vermittelt zahlreiche weitere Reaktionen. Das heißt: Entweder wird nun ein erneutes Aktionspotential an der nächsten Nervenzelle ausgelöst, oder es wird – ganz im Gegenteil – je nach Art des Transmitters (oder Rezeptors) eine erneute Aktivierung verhindert beziehungsweise gehemmt.

Wir wollen das an einem Beispiel ein bißchen genauer erklären, am Serotonin. Es ist neben Norepinephrin und Acetylcholin einer der wichtigen, an Schlafvorgängen beteiligten Neurotransmitter, eine der chemischen Übermittlungssubstanzen also. Serotonin kommt in weiten Bereichen des Gehirns vor. Es wird von den Nervenzellen produziert und ausgeschüttet, die ihre Arbeit übernehmen, wenn die für den REM-Schlaf verantwortlichen Zellen ausgeschaltet sind, also im ganzen sogenannten Non-REM-Schlaf, zum Beispiel dem Tiefschlaf.

Der Botenstoff, das Serotonin also, ist *ständig* im Synapsenspalt vorhanden. Eine Art Thermostatsystem sorgt für einen gleichmäßigen Vorrat. Nur ein Teil des Serotonins wird nämlich von den Rezeptoren des Empfängerneurons aufgenommen, ein anderer fließt gleichzeitig – eben um das »Gleichgewicht« zu halten – über einen besonderen Rezeptor in die Sendezelle zurück.

Dies ist das Grundmuster, nach dem diese Vorgänge ablaufen. Nur der Vollständigkeit halber, nicht um den Leser nun vollends zu verwirren, sei noch erwähnt, daß im wirklichen Geschehen des Gehirns alles viel komplexer in den Wechselwirkungen ist. Um nur ein Detail zu erwähnen: Die Rezeptoren verarbeiten Nachrichten in durchaus unterschiedlicher Weise. Allein für Serotonin sind derzeit fünfzehn verschiedene Rezeptoren bekannt. Obendrein sind einige von ihnen gleichzeitig noch für ganz andere Botenstoffe wie Acetylcholin oder Noradrenalin zuständig.

Serotonin, rufen wir uns das noch einmal kurz ins Gedächtnis, »überschwemmt« das Gehirn in bestimmten Bereichen geradezu – während des Non-REM-Schlafs. Während des REM-Schlafs dagegen, erklärt uns Hobson, müssen wir eher von einem Serotoninmangel im Gehirn ausgehen. Vielleicht ist der Mangel dieses Transmitters im REM-Schlaf einer der Gründe, warum wir im Traum nicht logisch sind und so bizarre Bilder und Szenerien erfinden. Denn Serotonin spielt auch im Gedächtnis und bei Denkvorgängen eine wichtige Rolle. Sein Mangel ist außerdem für Depressionen mitverantwortlich; seine reichhaltige Anwesenheit scheint Dominanzverhalten zu induzieren.

Zwei Transmittergruppen sind vor allem für die Schlafregelung verantwortlich: Für den Tiefschlaf sowie darüber hinaus für den gesamten Non-REM-Schlaf sind es Serotonin und Norepinephrin. Neuronen, die diese beiden Botenstoffe produzieren, werden als aminerg bezeichnet, weil sie biogene Amine sind. Beide Substanzen wirken hemmend auf andere Zellen, sie haben eine inhibitorische Funktion. Das heißt, wie schon erwähnt: Zellen, die den REM-Schlaf »animieren«, werden während des Tiefschlafs am Feuern gehindert und ausgeschaltet.

Für den REM-Schlaf sorgt ein anderer Neurotransmitter: das Acetylcholin. Die Zellen, die ihn produzieren, bezeichnet man als cholinerg. Acetylcholin ist ein stimulierender, aktivierender Neurotransmitter. Der Schlafforscher Michel Jouvet, der sich besonders für den Traumschlaf von Tieren interessierte, hatte als erster die These vertreten, dies sei der Transmitter, der den REM-Schlaf auslöse: der »Stoff, aus dem die Träume sind«, könnte man sagen, denn der REM-Schlaf ist unsere lebhafteste Traumfabrik.

Es ist so, als tickte in unserem Kopf während des Schlafs eine Uhr, deren Pendel langsam hin- und herschwingt: cholinerge Neuronen an = REM-Aktivität kommt in Gang; aminerge Neuronen an = REM-Aktivität wird ausgeknipst. Verkürzt heißt das: REM on – REM off, REM on – REM off, tick – tack und so weiter. So schwingt das Pendel hin und her. (Siehe Abb. 7 im Bildteil.)

Wie Wissenschaftler so etwas manchmal fast zufällig entdecken und dabei ihre Überraschungen erleben, schildert Hobson auf höchst amüsante Weise. Er war eines Tages gemeinsam mit dem kanadischen Augenspezialisten Peter Wyzinski in seine Beobachtungen einzelner Neuronen mit Mikroelektroden versunken. »Das Ableiten mit Mikroelektroden ähnelt in gewisser Hinsicht dem Forellenangeln«, erklärt er. »Man verbringt Stunden damit, die Ausrüstung fertig zu machen, wartet anschließend geduldig, daß sich etwas tut, und kommt häufig mit leeren Händen nach Hause. Eines Tages, als der kanadische Augenarzt Peter Wyzinski und ich dabei waren, große reticuläre Neuronen aus der Tiefe des Hirnstamms zu fischen, geriet im Locus coeruleus [ein Bereich des Hirnstamms, Anm. d. Autorin] ein kleines Exemplar an unseren Haken; dieses benahm sich so merkwürdig, daß wir uns entschlossen, es nicht zurückzuwerfen. Die Zelle feuerte mit monotoner Regelmäßigkeit im Wachzustand bei ruhigem Verhalten (wenn die großen reticulären Neuronen eher stumm sind). Mit Einsetzen des Schlafes drosselte sie ihre Aktivität, was an sich noch nicht besonders bemerkenswert war. Doch als sie immer seltener feuerte und schließlich völlig verstummte, konnten wir es zunächst gar nicht glauben. Wir dachten, die Zelle wäre uns entglitten und würde in einer Entfernung weiterfeuern, die für unsere Ableitelektrode zu groß war. Doch als gute Forellenangler gaben wir nicht so schnell auf, solange wir noch glaubten, etwas an der Angel zu haben. Wir rührten uns daher nicht, bis die REM-Periode vorbei war, und siehe da, die Zelle begann von neuem in ihrem metronomartigen Wachrhythmus Impulse auszusenden.«[21]

Da solche Zellen, wie Hobson sie hier an der Angel hatte, Serotonin oder Norepinephrin produzieren, mußte er aus seiner Beobachtung schließen, daß sie sich offenbar während des REM-Schlafs ausschalten. Das Gehirn wird dann, so Hobsons weitere Schlußfolgerung, mit Serotonin und Norepinephrin unterversorgt, eben weil die aminergen Neuronen aufhören, es zu produzieren oder freizusetzen.

Der langen Rede kurzer Sinn: Zellbotschaften werden als Strom per Draht und dann per Chemikalie weitergegeben oder angehalten, unterdrückt. Die Neuronen knipsen sich an, um zu feuern, und aus, um einige Zeit in Ruhe darauf zu warten, bis sie wieder an der

Reihe sind. Manche Neuronen feuern mehr als hundertmal pro Sekunde.

Die Aktivität der Nervenzellen hört niemals auf, auch im Schlaf nicht. Aber sie wird im Schlaf neu geordnet. Unsere Schilderung mag eine leise Ahnung davon vermittelt haben, wie bitter nötig es ist, in all den komplizierten Vorgängen immer wieder neu Ordnung zu schaffen! Und auch dieses Neuordnen geht sozusagen automatisch von Mechanismen aus, die dem Gehirn innewohnen. Daher legt Hobson soviel Wert auf seine Feststellung: Schlaf kommt *aus* dem Gehirn, wird *durch* das Gehirn produziert und moduliert und ist *für* das Gehirn. Im Englischen läßt sich das weniger umständlich ausdrücken: »*Sleep is of the brain, by the brain and for the brain.*« (Siehe Abb. 6 im Bildteil.)

Das erstaunlichste und folgenreichste Ergebnis der Hirnstromaufzeichnung war für die Schlafforscher, daß es nicht einfach zwei Muster gibt, also kein charakteristisches Schlaf- und kein charakteristisches Wachmuster. Der Schlaf ist vom ersten Dösen bis zum tiefsten Tiefschlaf bestimmten rhythmischen Änderungen unterworfen. Jede dieser Phasen, man nannte sie Schlafstadien, taucht mehrmals in der Nacht auf, nach etwa neunzig Minuten. Nach ihren spezifisch geformten, genau identifizierbaren Hirnstromkurven kann man vier Phasen unterscheiden, und zwar nach zwei Merkmalen: nach ihrer Spannung, die sich an der Amplitude, der Ausschlaghöhe der Welle, zeigt, und nach ihrer Frequenz, der Häufigkeit der Wellen pro Sekunde.

Die *Amplitude* wird in Tausendsteln von Volt gemessen: Mikrovolts. Sie wird merkwürdigerweise größer, also die Spannung stärker, wenn der Wachheitsgrad sinkt, das heißt, die Schläfrigkeit zunimmt. Sie ist am größten im Tiefschlaf, am niedrigsten im Wachen.

Die *Frequenz* (der Wellenspitzenabstand, die Wellenhäufigkeit) wird in Hertz gemessen. Mit Hertz bezeichnet man die Anzahl der Schwingungen pro Sekunde. Die Hirnstromkurven haben eine Frequenz zwischen 0,5 Hz und 25 Hz. Kurze schnelle Wellen haben Frequenzen über 15 Hz und langsame Wellen *(slow waves)* unter 3,5 Hz. Ein Teil des Tiefschlafs ist charakterisiert durch langsame Wellen. Er wird darum von den Wissenschaftlern als Slow Wave Sleep, abgekürzt SWS, bezeichnet.

Noch einmal zusammengefaßt:

- kleine häufige Wellen = Wachen oder leichter Schlaf (Stadium I und II),
- große, langsame Wellen = Tiefschlaf (beginnend in Stadium III, vor allem in Stadium IV).

Wir schildern all das so ausführlich, weil es sich um die Grundsteine zum Verständnis des Schlafs handelt.

Doch weiter mit der Schlafforschung: Inzwischen machte ein Wissenschaftler in Chicago, Eugene Aserinsky, Anfang der fünfziger Jahre eine neue folgenreiche Entdeckung. Es war beim Schlaf-EEG bereits aufgefallen, daß es im Stadium I des Schlafs gelegentlich kurze Niedrigvoltwellen gab, die denen des Wachzustands erstaunlich ähnlich waren. Nun hatte Aserinsky, ausgehend von Beobachtungen der Augenbewegungen bei Kindern in Erregungszuständen, zu seinem Erstaunen herausgefunden, daß es solche schnellen, flirrenden Bewegungen des Augapfels unter den geschlossenen Lidern häufig in einem bestimmten Schlafstadium, nämlich dem Stadium I, gab – und zwar nicht nur bei Kindern, sondern ebenso bei Erwachsenen. Diese flirrenden Augenbewegungen im Schlaf gehen mit schnellerem Puls und schnellerem Atem einher und – paradoxerweise – mit einem Nachlassen der Muskelspannung in Nacken, Kinn und im ganzen übrigen Körper. Dieses Phänomen konnte man beobachten, seit man gleichzeitig mit den Hirnströmen auch Augenbewegungen und Signale der Muskelspannung im Nacken und Kinn sowie Puls- und Atemfrequenz registrierte.

Den Schlaf im Stadium I mit den schnellen Augenbewegungen nannte man – nach dem englischen Fachausdruck Rapid Eye Movement Sleep – nun REM- oder paradoxer Schlaf, weil die nachlassende Muskelspannung im Gegensatz zur (dem Wachsein ähnlichen) Aktivität des Gehirns und zu den schnellen Augenbewegungen steht. Die Entdeckung des REM-Schlafs war einer der Riesenschritte in der Schlafforschung.

Es zeigte sich, daß dieser REM-Schlaf das Zeitintervall ist, in dem wir träumen. Lange bezeichnete man darum den REM-Schlaf als Traumschlaf. Inzwischen wird immer offensichtlicher, daß wir auch im Tiefschlaf träumen und überhaupt wahrscheinlich während des ganzen Schlafs. Doch die elaborierten Träume mit den

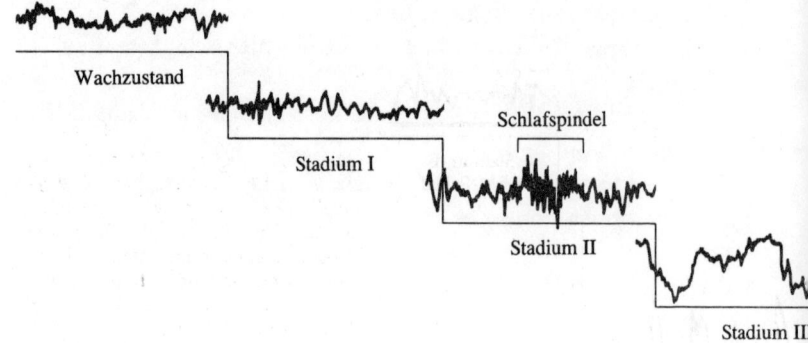

lebhaften Szenarien gehören tatsächlich zum REM-Schlaf. Im Tief-schlaf träumen wir weniger, nur einzelne Wörter, weniger bildhaft und weniger szenisch. Schlafwandeln und der sogenannte Pavor nocturnus (das nächtliche Aufschrecken – häufig mit einem Schrei –, von dem meist Kinder betroffen sind) finden, wie wir bereits erwähnt haben, im Tiefschlaf statt. (Siehe Abb. 4 im Bildteil.)

Wieviel Zeit verbringen wir mit welchem Schlaf?

Während der Nacht durchlaufen wir mehrere Schlafstadien. Ihre Verteilung über die Nacht ist bei einem gesunden Schläfer immer ungefähr so: Von einem REM-Schlaf zum anderen dauert ein voll-ständiger Zyklus mit allen Stadien etwa neunzig Minuten. Die ersten beiden Zyklen enthalten viel Stadium-III- und Stadium-IV-Schlaf. Vom dritten Zyklus an erreicht der Schlaf nur noch die Tiefe des Stadiums III und gegen Ende der Nacht noch Stadium II.

Die Zeit vom Wachen bis zum ersten Stadium II nennt man Einschlaflatenz. Nach einem schnellen »Abstieg« ins Stadium IV verschafft uns die erste Nachthälfte besonders viel Tiefschlaf, die zweite dagegen mehr REM-Schlaf. (Siehe Abb. 8 im Bildteil.)

86

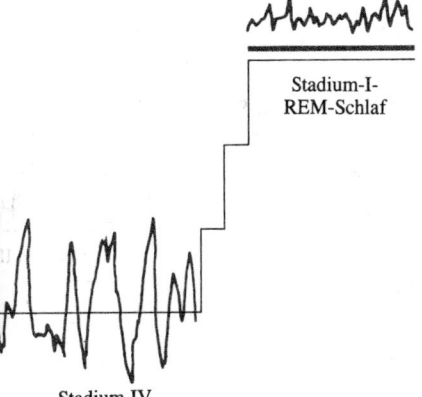

Stadium-I-
REM-Schlaf

Stadium IV

Die verschiedenen Stadien des Schlafs. Alle zusammen machen jeweils einen 90 Minuten dauernden Schlafzyklus aus. In der Folge der einzelnen Stadien verändern sich die Hirnströme: Die hohe Frequenz und geringe Amplitude des Wach- und Stadium-I-Schlafs gehen ab Stadium II (das besondere »Schlafspindeln« aufweist) bis Stadium IV in die niedrigeren Frequenzen und höheren Amplituden der Deltawellen über. Die REM-Kurve zeigt dann wieder Ähnlichkeiten mit dem Wachzustand.

Damit es keine Verwirrung gibt: Für Tiefschlaf verwenden wir auch folgende Bezeichnungen: Stadium-III- und Stadium-IV-Schlaf, Delta-Schlaf oder SW-Schlaf (Slow Wave Sleep, SWS).

Machen wir hier noch einmal halt, um die beiden besonders wichtigen Schlafzustände Tief- und REM-Schlaf näher zu betrachten und ihre schon teilweise erwähnten Besonderheiten zusammenzufassen. Zunächst: Wer sind wir, wenn wir in jenen immer noch mysteriösen Schlaf mit den regelmäßigen großen Hirnstromwellen tauchen?

Wenn wir tief schlafen

»He, Tommy, wach auf!« versucht Lisa den elfjährigen Bruder aufzuwecken. »Da ist jemand an der Tür, ich hör' was.« Tommy rührt sich nicht. »Du, tu doch nicht so, du bist doch gerade erst eingeschlafen. Bitte wach auf!« Es nützt nichts. Die kleine Schwester muß selber nachsehen gehen.

Tommy ist tatsächlich erst vor ein paar Minuten eingeschlafen. Er befindet sich sozusagen fast im freien Fall auf den Tiefschlaf zu. Seine Hirnströme, würde man sie jetzt messen, zeigen schon jene regelmäßige Delta-Aktivität, jene langsamen Wellen, die typisch für den nach ihnen benannten Slow Wave Sleep (SWS) sind. Wir nennen ihn Tiefschlaf. In den beiden ersten Schlafzyklen der Nacht erleben wir ihn in seinem abgründigsten Stadium, nämlich IV. Danach gelingt, wie schon erwähnt, der Abstieg nur noch bis ins Stadium III.

Diese sogenannte Delta-Wellen-Aktivität breitet sich, während wir so in tiefen Schlaf gleiten, nach und nach in unserem Gehirn aus. Sie beginnt oben am Scheitel und senkt sich dann immer weiter im Cortex herab. Zum Schluß schwingen die Delta-Wellen auch im Schläfenbereich. Es ist, als zögen wir uns eine Nachtmütze immer tiefer über den Kopf. Gute Nacht!

Während dieser Prozeß fortschreitet, atmen wir ruhiger, und unsere Pulsfrequenz verlangsamt sich.

Unser Tiefschlaf ist um so ausgedehnter, je länger der vorhergegangene Wachzustand gedauert und je stärker er unsere Aufmerksamkeit in Anspruch genommen hat. Der »Schlafdruck« ist besonders groß, wenn wir uns lange mit all unseren Fähigkeiten anstrengen mußten. Das gilt nicht nur für den Nachtbeginn. Auch wenn wir uns tagsüber zu einer kurzen oder längeren Siesta hinlegen, ist der Prozentsatz an Tiefschlaf um so höher, je länger und intensiver unser Wachsein vorher war. Normalerweise sparen wir nachts dann wiederum an Tiefschlaf, was wir tagsüber bereits als Vorschuß genommen haben.

Eine kurze Siesta zwischen fünfzehn und zwanzig Minuten Dauer wirkt übrigens besser auf unsere Leistungsfähigkeit als der stärkste Kaffee, sagen uns die Schlafforscher. Und wir werden wirklich wacher und aufmerksamer, wir haben nicht nur subjektiv den Eindruck. Kaffee täuscht uns nämlich in seiner Wirkung. Aufmerksamkeitstests zeigen klar die Überlegenheit des Kurzschlafs über den Kaffeegenuß.

Aus unserem tiefen, ruhigen Schlaf sind wir nur schwer und nur mit beträchtlichem Aufwand an Rütteln oder Rufen aufzuwecken. Manche Kinder reagieren noch nicht einmal auf Lautstärken von 123 Dezibel. Etwas weniger Lärm brauchen wir, wenn es sich um sinnvolle Geräusche handelt. So wacht eine Mutter trotz Tiefschlafs auf, wenn ihr Baby weint, und wir alle reagieren eher auf Zurufe oder bestimmte Wörter, die für uns einen alarmierenden

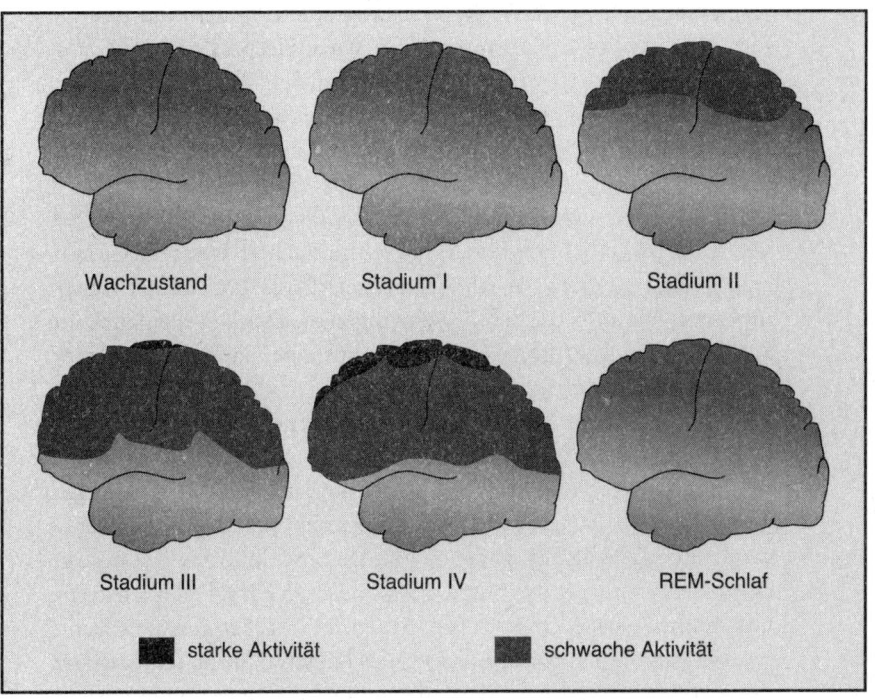

Wachzustand	Stadium I	Stadium II
Stadium III	Stadium IV	REM-Schlaf

■ starke Aktivität   ■ schwache Aktivität

Der Querschnitt des Gehirns im Wachen und in den Schlafstadien I bis IV und REM zeigt, wie sich die Aktivität der für den Tiefschlaf charakteristischen Deltawellen im EEG entwickelt. Von oben her erreicht sie nach und nach immer tiefere Hirnbereiche. (Nach J. Horne, 1988.)

Sinn haben und die in unserem abgeschalteten Bewußtsein vielleicht gerade noch als so etwas wie »Achtung!« ankommen.

Unsere sensorischen Systeme sind sozusagen außer Gefecht. Nur die tieferen Hirnregionen, zum Beispiel der Hirnstamm, nehmen noch sensorische Einflüsse auf. Man kann sie im EEG als sogenannte *evoked potentials* nachweisen. Während das Wachsein geradezu abhängig von Umweltreizen zu sein scheint – von dem, was wir sehen, hören, fühlen –, macht der Tiefschlaf uns zu einer Insel im Ozean der an unsere Ufer plätschernden Reize. James Horne spricht darum von einem »Inseleffekt« im Tiefschlaf. Es ist keineswegs klar, wie wir ihn zu verstehen haben. Die Vermutung liegt jedoch nahe, daß diese Abschottung uns ermöglicht, unsere sensorischen Systeme auszuruhen. Überhaupt müssen wir den Tiefschlaf sicher als eine Art Erholung des Gehirns von den Auswirkungen, den Anstrengungen des Wachseins sehen. Daß wir nach langem Wachen besonders lange und intensiv schlafen, deutet schon darauf hin. Beobachten wir aber Tiere, könnten wir das Phänomen auch anders interpretieren: Erlaubt ihnen der »Inseleffekt« vielleicht einfach, ungestört zu schlafen? Dazu kämen sie nicht, blieben ihre Sinne immer gleich wachsam.

Merkwürdig erscheint in diesem Zusammenhang auch die Tatsache, daß sowohl Depressive als auch Schizophrene oft wenig Tiefschlaf haben. Vielleicht sind sie bereits im Wachzustand so abgeschnitten von der Welt, haben so wenig Interesse an ihr, daß sie dann nicht mehr tief schlafen können? Für uns alle gilt jedoch: Wenn wir schlecht schlafen, bekommen wir auch weniger Tiefschlaf.

Die meiste Zeit unseres Nachtschlafs, nämlich 45 Prozent, verbringen wir im Schlafstadium II, 20 bis 30 Prozent im REM-Schlaf und nur 13 Prozent im Tiefschlaf (SWS der Stadien III und IV). Diese Schlafverteilung ist charakterisch für junge Erwachsene. Im Laufe des Lebens verschieben sich die eben genannten Werte.

Bei Babys entwickelt sich zwischen dem ersten und dritten Monat überhaupt erst die Fähigkeit, tief zu schlafen. Der Slow Wave Sleep mit den typischen Delta-Wellen setzt eine höhere Reifung des Gehirns voraus, als sie bei der Geburt erreicht ist. Erst in den frühen Lebensmonaten bilden sich ausreichend Zellverbindungen heraus, vor allem die für den SW-Schlaf unerläßliche Verbindung zwischen dem Cortex (Großhirn) und dem Thalamus. Bei der Geburt nehmen REM- und Non-REM-Schlaf etwa die gleiche Zeit, jeweils fünfzig Prozent der Schlafdauer ein. (Siehe Abb. 9 im Bildteil.) Non-REM-Schlaf enthält aber zuerst gar keinen echten Tiefschlaf. Dieser bildet sich erst nach und nach heraus. Vom ersten bis zum fünfundzwanzigsten Lebensjahr nimmt er dann um zwanzig bis fünfundzwanzig Prozent zu. Kinder mittleren Alters, zwischen fünf und zwölf Jahren, haben am meisten Delta-Wellen-Schlaf. Sie beginnen die Nacht gleich mit zwei ausgedehnten Tiefschlafzyklen, fast ohne REM-Phasen dazwischen. Wie aus dem bereits Beschriebenen schon ersichtlich wird, interpretieren Schlafforscher wie Hobson und Horne die Zunahme an Tiefschlaf als ein Zeichen der besonders schnellen Reifung und besonders intensiver Stoffwechselprozesse des Gehirns in den ersten Lebensjahren.

Wenn wir erwachsen werden, verringert sich nicht nur die Gesamtschlafdauer. Sie verkürzt sich von etwa achthundert Minuten um die Hälfte. Der SW-Schlaf fällt ab Mitte Dreißig um mehr als zehn Prozent und von Sechzig an noch einmal um fünf Prozent. Im Alter haben wir fast gar keinen Stadium-IV-Schlaf mehr. Vom Tiefschlaf bleibt nur noch wenig Stadium-III-Schlaf übrig. Dagegen nimmt der leichte Schlaf zu. Für den Rückzug des erholsamen Tiefschlafs bei alten Menschen darf nicht einfach das Alter verantwortlich gemacht werden. Es mag sein, daß weniger Tiefschlaf gebraucht wird, weil ältere Menschen während der wachen Zeit weniger Interesse und Aufmerksamkeit aufbringen: Sie bekommen weniger Anregungen, verfügen über weniger soziale Kontakte, haben Schwierigkeiten mit dem Hören und Sehen – alles Einschränkungen, die sie in gewisser Weise von ihrem Kontakt zur Welt abschneiden und die ihre geistige Tätigkeit, unabhängig von ihren vorhandenen Fähigkeiten, vermindern. Fest steht, daß die Lebensqualität unserer Wachzeit in enger Verbindung zur Qualität unseres Schlafs steht.

Das große Geheimnis für die Schlafwissenschaftler ist die Beantwortung der Frage, was eigentlich der Tiefschlaf bewirkt. Wir erholen uns. Nun gut, das ist offensichtlich. Aber wie weit läßt sich das *nachweisen*?

Erneuert sich beispielsweise unser Gewebe im Tiefschlaf? Gibt es dann ein besonderes Zellwachstum und eine besondere Zellteilung? Zellteilung ist ein chronobiologisches Geschehen. Sie geschieht, schlafunabhängig, bevorzugt zu bestimmten Tages- beziehungsweise Nachtzeiten. Andererseits erfahren wir aus den Laboruntersuchungen der Schlafforschung, daß eine Art Gewebereparatur immer dann stattfindet, wenn die Proteinsynthese in den Zellen intensiver ist als der Proteinabbau. Und das ist während des SW-Schlafs der Fall.

Doch was heißt Proteinsynthese?

Zellen bestehen aus Proteinen, Eiweißen, die sich wiederum aus Aminosäuren zusammensetzen. Diese Aminosäuren könnte man als die Bausteine der Zelle ansehen. Ihre Konstruktion ist jedoch nicht sehr stabil, diese »Ziegelmauern« brechen ständig wieder auseinander – in einzelne Aminosäuren. Damit können zwei Aufgaben gelöst werden: Einmal wird auf diese Weise Energie freigesetzt, und zum anderen können die einzelnen Bausteine gemeinsam mit »frischen«, durch Nahrung zugeführten Aminosäuren wieder zu neuen Proteinen zusammengesetzt werden. Das Ganze ist ein ewiger Kreislauf von Proteinaufspaltung und -synthese. Die Instruktionen zur Synthese, also zur jeweils neuen Proteinproduktion, kommen aus der DNS (Desoxyribonukleinsäure, Grundbaustein unseres genetischen Programms), vermittelt über die verschiedenen RNS (Ribonukleinsäuren).

Kurz bevor die Proteinsynthese in Gang gesetzt wird, gibt es eine besondere RNS-Aktivität. Beobachtet man bei Tieren den gesamten Wach-Schlaf-Zyklus, zeigt sich, daß eben dieser Vorgang im SW-Schlaf auf Hochtouren läuft. Auch die in den Neuronen und ihrem »Kitt«, den Neurogliazellen, besonders intensive Proteinsynthese im SW-Schlaf deutet auf eine solche »Reparatur« unseres Gehirns im Tiefschlaf hin.

Ebenso umstritten wie die Vorgänge der Gewebereparatur im Schlaf ist das, was im Immunsystem passiert. Es scheint sich im Tiefschlaf »irgendwie«, vermutet Horne, zu verjüngen, damit wir uns jeden Tag wieder in Form fühlen, jeden Tag wie Phönix aus der Asche steigen. Jedenfalls haben Beobachtungen nach Experimenten mit Schlafentzug gezeigt, daß die betroffenen Personen zwei Tage nach dem erzwungenen Dauerwachen besonders anfällig für Infekte waren. Was eigentlich passiert, ist noch rätselhaft. Fest steht, daß im SW-Schlaf Veränderungen im Immunsystem geschehen.

Das Ganze könnte aber nach Horne auch folgendermaßen verstanden werden: Hohe Tagesaufmerksamkeit und -interesse führen, wie wir gesehen haben, zu viel SW-Schlaf und gleichzeitig zu einem Schub im Immunsystem. Vielleicht sind das einfach Effekte, die miteinander einhergehen. Ein Lebensstil mit tagsüber stark motivierter, Aufmerksamkeit fordernder Tätigkeit sei also kein negativer Streß, schließt der Forscher aus diesen Beobachtungen.

Sonst würden negative Auswirkungen wie Ansteigen des Cortisol-spiegels den Vorgang begleiten. (Cortisol wird bei Erregungszu-ständen von den Nebennierenrinden in großen Mengen ausge-schüttet. Es dämpft, das heißt, hindert die Immunreaktion.) Er gibt außerdem zu bedenken, daß das geringere Interesse am Umweltge-schehen bei Depressiven mit weniger SW-Schlaf und auch mit einer Schwächung des Immunsystems einhergeht. Vielleicht dürfe man daraus, so meint der Wissenschaftler, erneut auf eine enge Ver-knüpfung von psychischen Prozessen und Immunsystem schlie-ßen.[22]

Der Schlaf der raschen Augenbewegungen

Der REM-Schlaf zieht, seit er entdeckt wurde, besondere Aufmerk-samkeit auf sich. Das hat nicht zuletzt den Grund, daß Schläfer aus diesem Stadium besonders leicht zu wecken sind und besonders gut berichten können. Und das, wovon sie berichten, sind die Merk-würdigkeiten ihrer Träume. Das alles läßt sich aus dem Tiefschlaf nicht so leicht herbeizaubern. Im REM-Schlaf sind wir weniger entrückt, näher am Wachsein. Das zeigt nicht zuletzt das EEG. Trotzdem hat auch dieser leichte Schlaf, so nah am Bewußtsein, seine Geheimnisse, und je mehr sich die Schlafforscher in sie vertie-fen, desto weiter gehen ihre Meinungen über die Funktion dieses Schlafs auseinander.

In der Euphorie nach der Entdeckung des REM-Schlafs sind viele Thesen entwickelt worden, die sich letztlich als nicht haltbar oder zumindest als keineswegs gesichert erwiesen haben. Der französi-sche Schlafforscher Michel Jouvet, der selber insbesondere den Traumschlaf von Säugetieren, vor allem Katzen, untersucht hat, zieht ein fast bitteres, ja enttäuschtes Resümee der Ergebnisse der letzten Jahre: »So müssen wir gestehen, daß unser Unwissen be-trächtliche Ausmaße annimmt, wenn wir es in unserer Forschung mit dem Schlaf und den Träumen zu tun bekommen ... Wir kennen sehr viele ›Wie‹, und keines davon gewährt uns einen gesicherten Einblick in das ›Warum‹ ... Gehören wir also seit 1960 einer Gene-ration von Blinden an? Und wird die nächste Generation, von ihrer eigenen Blindheit geblendet, sich über unsere Blindheit wundern?«[23] Der REM-Schlaf macht es den Forschern nicht leicht, will seine Geheimnisse offenbar vorerst nicht ganz preisgeben.

Ist er überhaupt notwendig?

Jedenfalls scheint überhaupt nichts Spektakuläres zu passieren, wenn REM-Schlaf entzogen wird – eine Tatsache, die den Forschern besonderes Kopfzerbrechen bereitet. Leistungsfähigkeit wird kaum eingeschränkt, schwerwiegende gesundheitliche Folgen wurden bei den bisherigen Experimenten nicht beobachtet.

Aber: Wen hat man da beobachtet und unter welchen Bedingungen? Die freiwilligen menschlichen Versuchskaninchen sind immer junge gesunde Erwachsene gewesen, und die Experimente fanden ausnahmslos im streßfreien, überschaubaren Inneren eines Schlaflabors statt. Wo anders könnte man sonst auch so präzise den REM-Schlaf verhindern und untersuchen? Kritiker meinen, das Ergebnis würde vollkommen anders aussehen, wenn man nicht die strikten Laborbedingungen wählte, sondern das normale Leben mit all seinen Anforderungen als äußere Situation diente und wenn die Versuchspersonen einen »normalen« Bevölkerungsquerschnitt repräsentierten. Alle Schlafentzugsuntersuchungen leiden unter diesem Mangel an »Realität«.

Mit dieser Einschränkung müssen darum auch die registrierten »harmlosen« REM-Entzugserscheinungen betrachtet werden. Beobachtet wurden als Folgen – bei den jungen gesunden Erwachsenen in streßfreier Umgebung –, daß die Betroffenen »weniger gut integriert und weniger persönlich effektiv« waren, das heißt, sie wiesen Anzeichen von Konfusion, übermäßiger Besorgnis und Zurückgezogenheit auf. Sie erschienen ängstlich, unsicher, introvertiert und konnten von anderen Menschen keine Hilfe erbitten. Eine Besonderheit wurde bei den Folgen für die Lernfähigkeit beobachtet: Leichtere Aufgaben wurden ähnlich gut wie sonst gelöst, schwierige dagegen mit größerer Mühe und schlechterem Resultat.

Außerdem beobachtete man bei Tieren, daß der REM-Entzug sowohl die Empfindlichkeit für Reize als auch das Explorations- und Dominanzverhalten ankurbelte und daß das Triebverhalten – wie mehr Fressen, mehr sexuelle Aktivität und höhere Aggressivität – stärker wurde. Bei kleineren Säugetieren beobachtete man Hautläsionen. Das Gehirn selber zeigte eine höhere Erregbarkeit, ihm drohte sogar ein epileptischer Anfall.

Diese Tierbeobachtungen gelten – abgeschwächt – offenbar auch für den Menschen. Denken wir an Menschen aus dem Berufsalltag, die unter chronischem Schlafmangel leiden, wie Manager und Politiker. Wenn sie schlafen, verschaffen sie sich zunächst den offenbar unumgänglichen Tiefschlaf. Der REM-Schlaf kommt dabei dauernd zu kurz. Haben wir bei ihnen nicht oft etliche dieser bei Tieren beobachteten Verhaltensauffälligkeiten bemerkt? Exzessive Empfindlichkeit, Aggressivität, unkontrolliertes Essen und wenig gezügeltes Sexualverhalten, ja sogar Dominanzgebaren? Uns allen fallen spontan einige solcher unangenehmer Zeitgenossen ein, die uns gelegentlich das Leben zur Hölle machen und uns – passender Nebeneffekt – den Schlaf rauben. Vielleicht sollten wir einfach mal fragen, wer oder was *ihnen* den Schlaf raubt.

Ganz harmlos scheinen die Folgen eines REM-Schlaf-Mangels jedenfalls nicht zu sein. Dieser fragile Teil des Schlafs ist offenbar nicht so verzichtbar, wie manche gern annehmen möchten. Letztendlich stellt sich jedoch die Frage, ob die geschilderten Folgen des REM-Entzugs nicht eine schlichte Tatsache maskieren, daß nämlich Mangel an Schlaf schlechthin Streß bedeutet.

Wenn REM-Schlaf, wie Hobson beschreibt, alle neunzig Minuten mit metronomhafter Genauigkeit einsetzt, haben sich die beiden REM-Schlaf-Verhinderer Serotonin und Norepinephrin ausgeblendet. Jetzt herrscht, vom aminergen System zeitweilig in Ruhe gelassen, sozusagen das cholinerge Gesetz. Der Neurotransmitter Acetylcholin bestimmt das Geschehen. Wild, ja in scheinbar chaotisch-frenetischer Aktivität feuern die Neuronen unter seinem Einfluß. Keine Rede von Energieersparnis. Im Gegenteil, der Aufwand ist beträchtlich.

Nicht nur die Neuronen sind aktiv. Auch der Blutfluß zum Gehirn wird belebt, und zwar drastisch: bis zu fünfzig Prozent über dem Non-REM-Level. Gleichzeitig wird der Stoffwechsel im Gehirn beschleunigt. Er erreicht nahezu den des Wachzustands. Das könnte den belebten Blutfluß zum Gehirn erklären. Jedoch übersteigt der bei weitem den Wert, der für den angekurbelten Metabolismus nötig wäre. Es muß also noch ein anderer Grund für den vermehrten Blutfluß da sein.

Es gibt ihn, und er ist in der Tat lebenswichtig: Das Gehirn muß gekühlt werden. Das Blut wirkt also als Kühlflüssigkeit, ja, es sorgt prinzipiell für einen Temperaturausgleich. Überhitzung wäre nämlich für das Gehirn eine beträchtliche Gefahr. Seine Funktionen werden schon bei einer Temperaturerhöhung um drei Grad Celsius schwer gestört. Bei einer Erhöhung um fünf Grad treten Schädigungen auf, die sogar zum Tod führen können. Die Unterkühlung dagegen ist weniger gefährlich. Trotzdem, auch bei Temperaturstürzen von etwa drei Grad beginnen Menschen, sich merkwürdig zu benehmen. Die optimale Temperatur beträgt für das Gehirn des Menschen 37,3 Grad Celsius. Da es mit seiner Aktivität immer überschüssige Hitze erzeugt und sich wegen seiner guten Isolierung nach draußen – durch die Schädelknochen, die Kopfhaut und das Haar – nur wenig abkühlen kann, braucht es das Kühlsystem des Blutflusses. Je lebhafter der Blutfluß, desto besser wird gekühlt. Je wärmer das zirkulierende Blut, desto lebhafter wiederum der Blutfluß. Diese Situation haben wir im REM-Schlaf.

Das heißt, unser Blut wird während dieser Schlafphase – im ganzen Körper – minimal wärmer, die Temperatur steigt an. Wir schwitzen jedoch weniger. Andererseits verlieren wir, wenn es uns kalt wird, die Fähigkeit zu frösteln. Unsere Wärme-Kälte-Kontrolle scheint nicht mehr zu funktionieren.

Wenn der REM-Schlaf sich frühmorgens immer mehr ausdehnt, immer mehr zu seinem Recht kommt, hat der Körper (der sich am Anfang der Nacht bei Schlafbeginn und in den Stunden danach sukzessiv abkühlt) sein Wärmeminimum bereits überschritten und beginnt nun, sich aufzuheizen. Gleichzeitig reagiert er weniger auf Temperaturveränderungen – vielleicht ein Verlust der Hitzeempfindlichkeit im Hypothalamus, der als Thermostat unseres Gehirns gilt. Er setzt im REM-Schlaf aus.

Der Temperaturverlauf im Schlaf überhaupt muß jedoch *unabhängig* von allen möglichen äußeren und inneren Gründen in erster Linie als ein rhythmisches, einer biologischen Uhr folgendes Geschehen verstanden werden. Das zeigten die Untersuchungen von Jürgen Zulley am Max-Planck-Institut (siehe auch Kapitel »Körpertemperatur und Schlaf«, S. 131 ff.). Die hier geschilderten Temperaturphänomene im Schlaf gelten also *nur* unter den Bedingungen eines normalen 24-Stunden-Tages. Sobald dieser circadiane Rhythmus verlassen wird, zum Beispiel durch Schichtarbeit, offen-

Abb. 1: Die von dem Maler Frederick Leighton 1895 gemalte Frauengestalt zeigt eine Fähigkeit,
um die wir häufig Kinder und Tiere beneiden: entspannt zu schlafen – egal, um welche Tages- oder
Nachtzeit. Der Körper, der in vollkommener Harmonie in sich zu ruhen scheint, genauso wie die
ebenmäßig gelösten Gesichtszüge deuten auf jene »Inselsituation« hin, die der Schlafforscher
James Horne beschreibt. Der Schlafende lebt und erlebt in einer Art Isolation, abgeschottet von der
Außenwelt. Nichts kommt herein, nichts geht hinaus. Sein Gehirn arbeitet auf Hochtouren –
schöpferisch, reparierend, auswählend und bewahrend.

Abb. 2: Alte Kulturen haben im Lauf der Jahrtausende immer wieder zu erklären versucht, woher am Morgen die Sonne kam und wohin sie abends verschwand. In Mesopotamien, der Heimat des ältesten Poems der Menschheit, des Gilgamesch-Epos, stellte man sich die Erde mitten in einem linsenförmigen Universum vor. Sie schwamm auf dem Meer der Unterwelt. Oben in der lichten, hellen Hälfte war der Himmel, unten hausten die Toten. An den beiden äußeren Rändern dieses Universums befanden sich hohe Berge, die die Himmelskuppel hielten. Im Osten das helle Gebirge, aus dem die Sonne auftauchte, im Westen das dunkle, wo sie wie in einem finsteren Schlund versank. Ganz ähnlich war die Vorstellung der Azteken. Sie befürchteten, am Ende eines Zeitalters könne das Licht für immer ausbleiben. Voller Angst versuchte man daher, mit Menschenopfern die Sonne zum Aufgehen zu bewegen. Hier eine Darstellung des mesopotamischen Weltmodells, gemalt nach einer Zeichnung des 19. Jahrhunderts.

Abb. 3: (Nächste Seite, oben) Ein anonymer Künstler des 17. Jahrhunderts malte diesen »Makabren Traum«, ein Bild, das im Schloß von Blois hängt. Obwohl der Mann offensichtlich vom Tod träumt, der wie ein Schreckgespenst als Gerippe zu seinen Füßen steht, scheint ihn der Traum nicht übermäßig zu quälen. Daß sein Gesicht so voller Frieden ist, mag daran liegen, daß ihn der Traum mit seiner eigenen Logik die Dinge ganz anders als im Wachen erleben läßt. Vielleicht möchte der Maler aber auch andeuten, daß der Schlafende die Christusgestalt als tröstliches Symbol für die Überwindung des Todes in seinen Traum eingearbeitet hat.

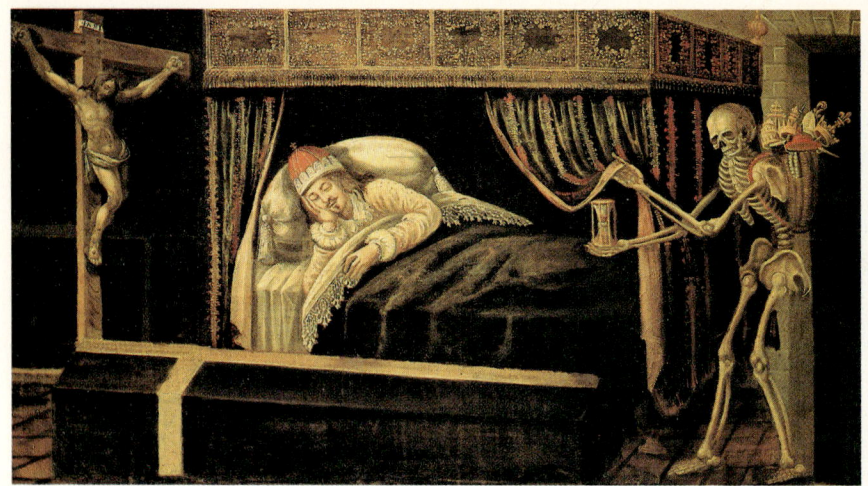

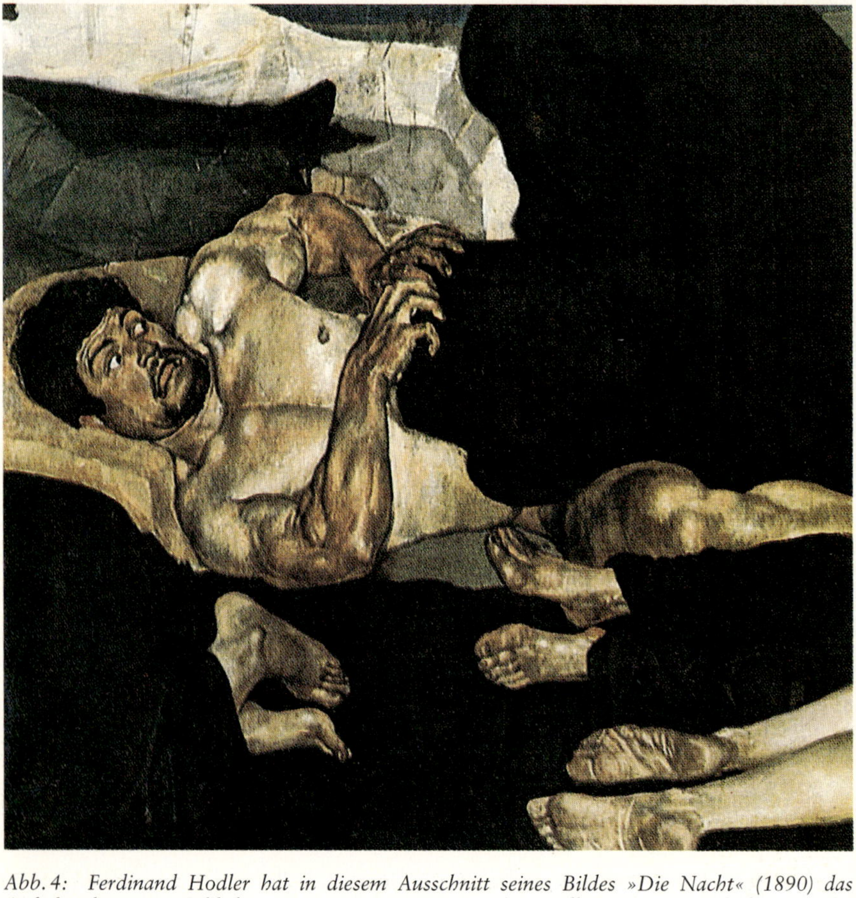

Abb. 4: *Ferdinand Hodler hat in diesem Ausschnitt seines Bildes »Die Nacht« (1890) das Aufschrecken eines Schläfers aus einem Horrortraum dargestellt: Die Wissenschaft nennt das Phänomen Pavor nocturnus. Dieser »Nachtschrecken«, oft von einem Schrei begleitet, sucht uns nur im Tiefschlaf heim – im Unterschied zu Alpträumen, die im REM-Schlaf stattfinden.*

Abb. 5: Mensch und Tier im REM-Schlaf. Die Hirnstromwellen zeigen das charakteristische Muster (niedrige Ausschläge). Der Körper, die Gliedmaßen scheinen vollkommen entspannt, sind aber eher in einem Zustand der Lähmung. Das schlafende Kätzchen zeigt die typische REM-Haltung. Während es vielleicht von Riesenmäusen träumt, zucken die Pfoten gelegentlich.

des Gehirns

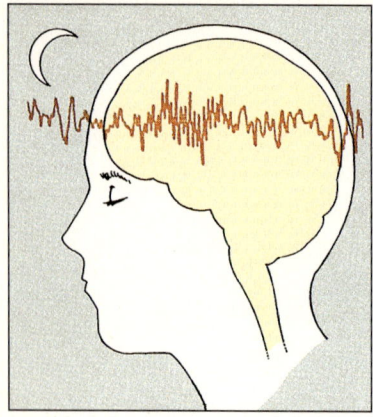

Die elektrische Aktivität des Gehirns ändert sich ...

durch das Gehirn

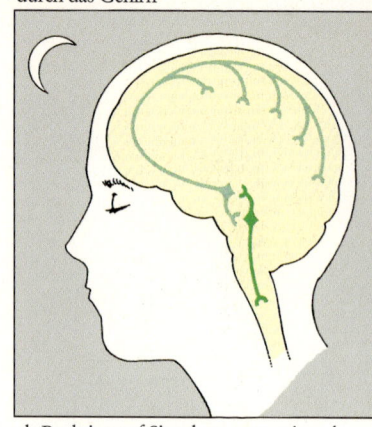

als Reaktion auf Signale aus untereinander verschalteten Nervenzellen ...

Für das Gehirn

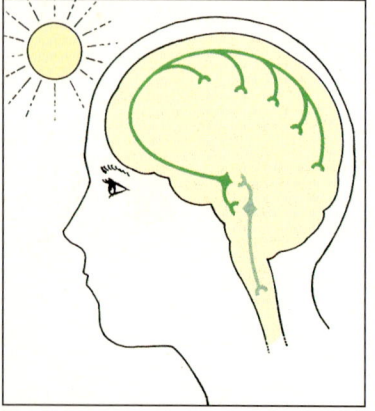

mit der Folge erhöhter Funktionstüchtigkeit.

Abb. 6: Schlaf kommt aus dem Gehirn, wird durch das Gehirn produziert und ist für das Gehirn, erklärt Hobson. Wenn wir einschlafen (oben, links) ändern sich die Hirnströme. Bestimmte Gruppen von Nervenzellen (als Beispiel hier hell- und dunkelgrüne Rhomben) werden, wenn wir schlafen, vom Hirnstamm aus in Erregung versetzt (oben, rechts). Das Gehirn »blättert« sein gespeichertes Material durch, löscht bestimmte Informationen und konsolidiert andere. Im Wachzustand arbeitet das Gehirn dann wieder mit Signalen von außen. Die Hirnstamm-Aktivität wird abgeschaltet (links).

Abb. 7: Es ist, als ließe der Schlaf ein Pendel in unserem Kopf hin- und herschwingen: REM on – REM off. Die cholinergen Neurotransmitter Acetylcholin und Noradrenalin schalten die REM-Aktivität an, damit werden gleichzeitig die im Tiefschlaf wirksamen Transmitter Serotonin und Norepinephrin unterbunden. Die aminergen Neuronen produzieren letztere erst wieder, wenn die cholinergen schweigen, wenn der Schalter auf REM off umgelegt wird. Dann schlafen wir tief. So geht es im Schlaf mehrmals hin und her. Langsam schwingt das Pendel, tick – tack, mit metronomartiger Genauigkeit.

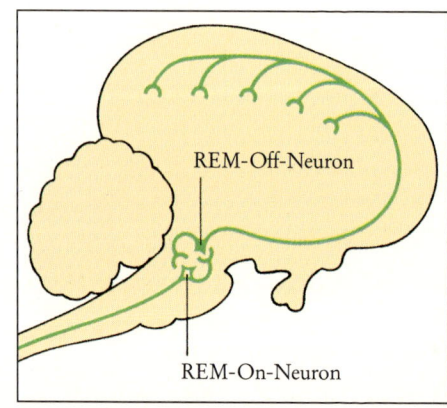

REM-Off-Neuron

REM-On-Neuron

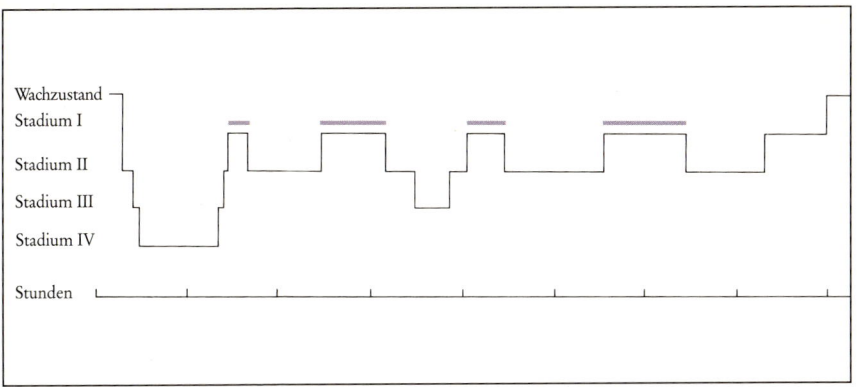

Abb. 8: Erst die Aufzeichnung der Hirnströme im EEG ermöglichten es, den einzelnen Schlafstadien in ihrem zyklischen Ablauf auf die Spur zu kommen. So konnte man nachweisen, daß wir in den Zyklen der ersten Nachthälfte mehr Tiefschlaf der Stadien III und IV bekommen, während gegen Ende der Nacht sich der REM-Schlaf (lila) und Stadium-II-Schlaf immer mehr ausbreiten.

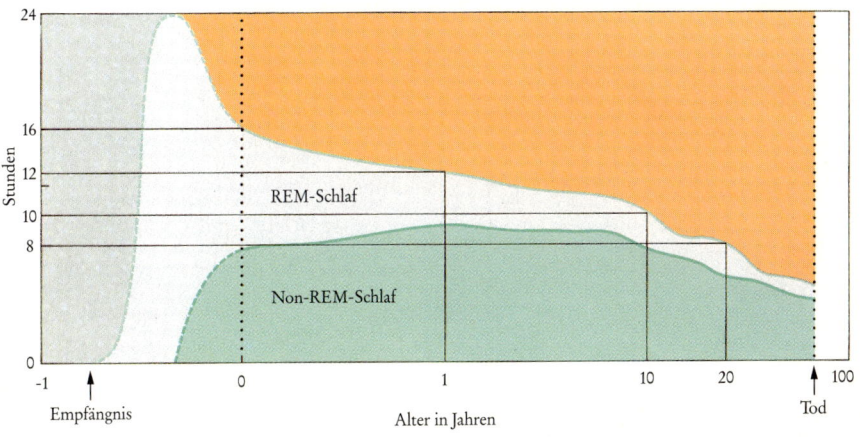

Abb. 9: Wieviel Zeit wir mit welcher Art Schlaf zubringen, ändert sich stark im Laufe der Entwicklung und des Lebens. Während der Fötus der letzten Wochen und das Neugeborene fast 16 Stunden REM-Schlaf haben – man nennt ihn darum auch den Entwicklungsschlaf –, bildet sich der Non-REM-Schlaf mit ausgeprägten Tiefschlafstadien erst in der frühen Kindheit heraus. Unser Schema zeigt, wieviel Schlaf – REM und Non-REM – wir im Laufe unseres Lebens zu erwarten haben.

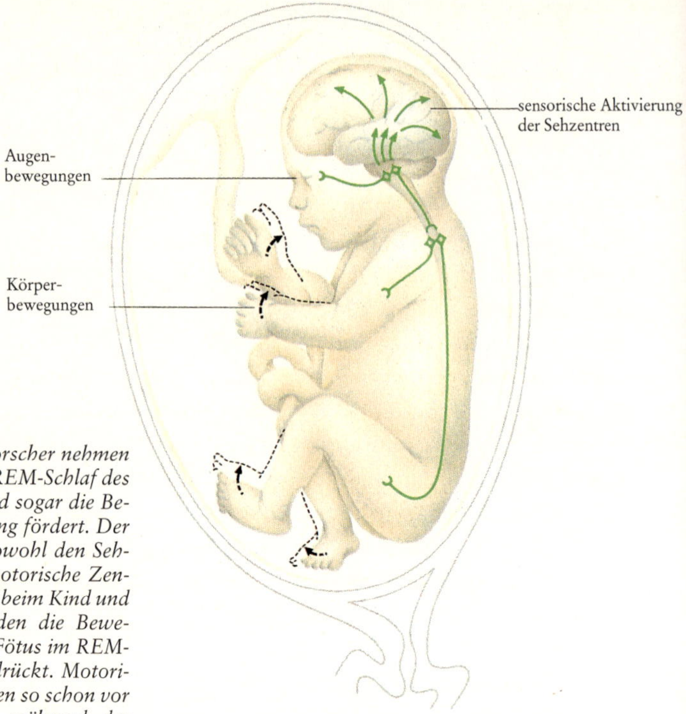

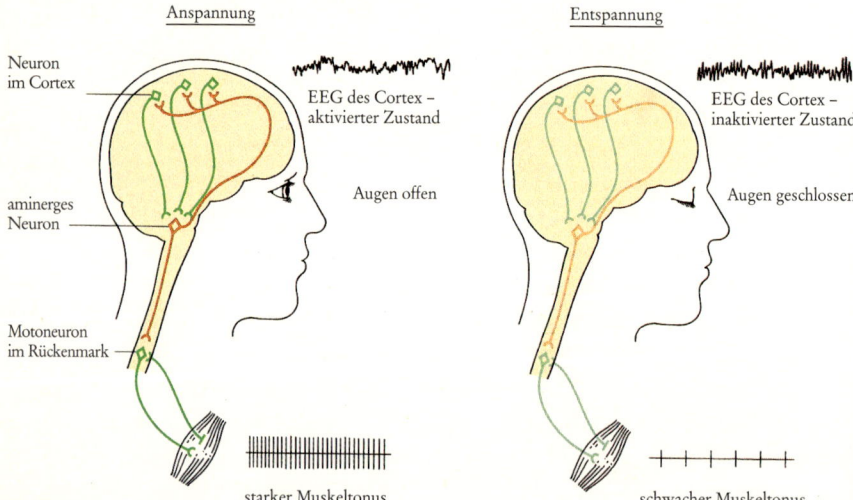

sensorische Aktivierung
der Sehzentren

Augen-
bewegungen

Körper-
bewegungen

Abb. 10:   Schlafforscher nehmen heute an, daß der REM-Schlaf des Fötus die Hirn- und sogar die Bewegungsentwicklung fördert. Der Hirnstamm regt sowohl den Seh-Cortex als auch motorische Zentren an. Anders als beim Kind und Erwachsenen werden die Bewegungsimpulse des Fötus im REM-Schlaf nicht unterdrückt. Motorische Abläufe können so schon vor der Geburt auch während des Schlafs eingeübt werden.

Anspannung   Entspannung

Neuron
im Cortex

EEG des Cortex –
aktivierter Zustand

Augen offen

aminerges
Neuron

EEG des Cortex –
inaktivierter Zustand

Augen geschlossen

Motoneuron
im Rückenmark

starker Muskeltonus   schwacher Muskeltonus

Abb. 11:   Unser Gehirn und unsere Muskeln im Wachen und in Ruhe. Der Wechsel zwischen beiden Zuständen läßt sich, wie wir alle wissen, auch willentlich herbeiführen. Wenn wir die Augen schließen, Nacken, Rumpf und Gliedmaßen entspannen und gleichfalls unsere geistige Aktivität auf Ruhe herunterschalten, schwächen sich die erregenden Impulse der für Wachheit zuständigen aminergen Neuronen ab. Ebenso vermindert sich der zunächst starke Muskeltonus (links), er wird schwach, wir schlaffen ab (rechts).

bart sich, daß Schlafphasen und Temperatur nur lose miteinander »zu tun« haben. Sie sind – verwirrend für unser Verständnis – nicht kausal verknüpft. Das heißt: Sie gehen zwar miteinander einher, bedingen sich jedoch nicht gegenseitig.

Noch deutlicher: Es handelt sich um zwei Mechanismen. Der eine, der REM-Mechanismus, erzeugt nur winzige Temperaturunterschiede, während der andere, der circadiane, erhebliche Schwankungen hervorruft: bis zu 1,5 Grad! (Siehe auch Kapitel »Körpertemperatur und Schlaf«, S. 131 ff.)

Neben dem vermehrten Blutfluß im Gehirn findet im REM-Schlaf auch eine stärkere Durchblutung der Sexualorgane statt: Bei Männern führt das zu Erektionen, bei Frauen zu Uteruskontraktionen von bis zu dreimal pro Minute. Das beobachtete Ismet Karacan, der diese Phänomene untersucht. Sie sind in der Regel nicht, wie man erwarten könnte, mit sexuellen Träumen verbunden.

Die am meisten beachtete Besonderheit des REM-Schlafs neben der Traum- und überhaupt der Hirnaktivität ist die geradezu spektakuläre Unfähigkeit des Schläfers, auch nur den kleinen Finger zu rühren. Was wie vollkommene Entspannung aussieht, ist in Wahrheit eine Art Lähmung (Atonie) der Haltemuskeln. Wir können zwar Bewegung träumen, sie aber nicht ausführen. Manchmal gelingt sie auch geträumt nicht. Wer aus einem Alptraum aufwacht, in dem er verzweifelt fliehen, schreien oder sich mit einer Bewegung aus einer Umklammerung befreien wollte, erlebt diese Lähmung auch nach dem Wachwerden noch sehr spürbar.

Das Zentrum für Bewegungssteuerung im Hirnstamm ist vorübergehend paralysiert. Die mentale Aktivität ist paradoxerweise mit einer Inaktivität der willensabhängigen Muskeln vor allem des Rumpfs und der Glieder gekoppelt. Die »vorgestellten« Bewegungen entsprechen jedoch ganz und gar den wirklichen, auch wenn unsere Traumleistungen die des Tages oft weit hinter sich lassen. REM-Schlaf wird als paradoxer Schlaf bezeichnet – paradox, weil das EEG eigentlich Wachheit anzeigt. Von der Muskellähmung abgesehen, sind wir also hochaktiv. Trotzdem kommt es während der REM-Phasen zu leichten Zuckungen und kleinen Körperbewegungen. Wir können das gut bei unseren schlafenden Haustieren beobachten. Die Muskellähmung verschwindet mit dem Ende der REM-Phase. Größere Körperverlagerungen finden am Anfang oder

Ende einer REM-Phase statt, beispielsweise wenn wir uns auf die andere Seite drehen.

Ebenso wie die Muskeln scheinen auch die Sinne gelähmt zu sein. Das Gehirn, von jeder Bewegungstätigkeit und jedem Sinnes-Input befreit, arbeitet ganz auf sich selber zurückgeworfen. In einer einzigartigen Inselsituation, in der keinerlei Korrespondenz mit der Umwelt möglich ist, verarbeitet, bearbeitet, sortiert, eliminiert es vorhandenes Material. Es spielt damit, frei von jedem äußeren Zwang. Es kann sich alles erlauben. Das meiste davon findet in bizarren, merkwürdigen Bildern und Szenerien statt, die im Zusammenhang mit den hin und her flitzenden Augen zu entstehen scheinen. Denn die Augen bewegen sich ja. Bei Blinden sind die Rapid Eye Movements übrigens vermindert. Dem entsprechen ihre Träume: Die Blindgeborenen haben keine visuellen, sondern taktile, auditive Träume, genährt offenbar von den Erfahrungen ihrer Welt im Wachen. (Siehe Abb. 5 im Bildteil.)

REM-Schlaf während der kindlichen Entwicklung

Erstaunlich ist nun, daß sich beim Fötus, der ja noch nicht sehen kann (allenfalls nimmt er am Ende der Schwangerschaft ein trübes Licht wahr), bereits jener Schlaf mit den schnellen Augenbewegungen beobachten läßt und einen so großen Zeitraum einnimmt. Er tritt um den sechsten Schwangerschaftsmonat auf und ist in den letzten Reifungswochen dem »ruhigen Wachsein« zum Verwechseln ähnlich. Das bleibt er auch noch beim Neugeborenen. Darum, meint Françoise Dolto, täuschten sich Eltern häufig über den Zustand ihres Babys. Es schlafe nämlich gelegentlich mit offenen Augen.

Es ist doch merkwürdig, daß wir ebenso wie das ungeborene Kind ohne jeden äußeren visuellen Reiz im Schlaf so lebhaft mit den Augen rollen und dabei – im Traum – auch tatsächlich Dinge, Menschen und Bewegungen zu sehen scheinen. Möglich ist das, weil wir in der Tiefe unseres Gehirns so etwas wie ein Perpetuum mobile haben, die Quelle einer ständigen elektrischen Aktivierung des Großhirns: den Hirnstamm. Wir haben schon die dort angehäuften großen Retikularzellen erwähnt, die das REM-on-/REM-off-Pendel in Bewegung halten. Hier, so entdeckte man 1960, ist auch der Sender für die pulsierenden Signale an den visuellen Cortex (das Seh-Hirn). Jedes dieser Signale, jede dieser im EEG sichtbaren Wellen transportiert Information sowohl für das Timing als auch die Richtung der Augenbewegung.[24]

In der Hirnentwicklung des Fötus spielt dies wahrscheinlich eine wichtige Rolle. Etwas, was noch gar nicht oder nur sehr eingeschränkt ausgeführt werden kann, das Sehen, wird so mit allen beteiligten Hirnfunktionen bereits eingeübt. Das Gehirn sorgt selber dafür. Die Sache wird noch interessanter, wenn wir die neue Forschung über die Entwicklung der Wahrnehmungssysteme beim Fötus in Betracht ziehen. Sie lehrt uns aufgrund noch weithin unveröffentlichter Beobachtungen, daß in der gesamten embryonalen und fötalen Entwicklung, ja sogar noch beim Neugeborenen die »Systeme«, das heißt die einzelnen Wahrnehmungsorgane und -zentren im Gehirn, aufs engste miteinander verknüpft sind. Stimuli werden sozusagen kreuz und quer durch die Systeme verarbeitet. Ein auditiver Reiz zum Beispiel kann im taktilen System verarbeitet beziehungsweise »codiert« werden und umgekehrt. Es gibt am Lebensanfang – auch noch beim Baby – eine Art Synästhesie. Die ständige Stimulierung des visuellen Cortex durch den Hirnstamm bedeutet während der Fötalzeit also, daß auch andere Systeme damit aktiviert werden.

Ebenso wie den »Seh-Cortex« regt der Hirnstamm auch den »Bewegungs-Cortex«, die motorischen Zentren, an, während der Fötus schläft. Dazu kommt eine Besonderheit, die auch das Neugeborene zeigt: Weil die inhibitorischen, das heißt die blockierenden Systeme zu dieser Zeit noch sehr unreif sind, werden die Muskeln im REM-Schlaf viel mehr aktiviert als später. Das bedeutet auch, daß der Fötus sich (anders als wir) während dieser Schlafphase bewegen kann, die zwischen sechzig und achtzig Prozent seines Gesamtschlafs einnimmt – bei der Geburt sind es noch fünfzig Prozent. Das Gehirn sorgt also mit seiner selbstproduzierten Stimulierung dafür, daß bereits motorische Abläufe benutzt und geübt werden. Jeder, der einmal ein Neugeborenes im REM-Schlaf beobachtet hat, weiß, daß es dann Bewegungen und ausdrucksvolle Mimiken zeigt – ein weiterer Grund, warum sein Schlaf oft als Wachsein mißinterpretiert wird. All das zusammengenommen, läßt die Bedeutung des REM-Schlafs für die Entwicklung verständlich werden. (Siehe Abb. 10 im Bildteil.)

James Horne meint, daß wir den REM-Schlaf des Fötus vielleicht als eine Art Ersatz für Wachsein verstehen müßten. Auch in dieser Funktion spielt er eine wichtige Rolle bei der Reifung des Gehirns. Das bedeutet zum Beispiel, daß wichtige Neuronenverbindungen konsolidiert und sozusagen eingeübt, dagegen überschüssige, im Übermaß »produzierte« abgeschafft werden. Vielleicht, so der Forscher, würden wir hier die wirkliche Antwort auf die Frage nach der Funktion des REM-Schlafs finden. Diese »ontogenetische Hypothese« – REM-Schlaf fördert Hirnreifung – hält er für besonders attraktiv: Das Tier oder der Mensch braucht nicht aufzuwachen, damit sein Hirn stimuliert wird. Auch der REM-Schlaf des Neugeborenen, der, wie schon erwähnt, die Hälfte seiner Schlafzeit einnimmt, ist ein »Entwicklungsschlaf«. Er fördert die Hirnreifung und hilft darüber hinaus wahrscheinlich, den kleinen Körper mit seiner relativ großen Oberfläche warm zu halten. Eine Funktion, die anfangs auch das braune, im Nacken reichlich vorhandene Fett übernimmt. Erst später »lernt« das Baby mit fortschreitender Entwicklung auch zu zittern, zu frösteln. Für den äußeren Temperatursturz nach der Geburt von der Wärme des Mutterleibs um 37 Grad Celsius zu einer Zimmerwärme von etwa 24 bis 27 Grad Celsius hat die Natur also gleich zwei Sicherheitsvorkehrungen getroffen.

Außerdem bietet der REM-Schlaf als Substitut für Wachsein gleichzeitig den Vorteil, Triebverhalten und Erregung zu dämpfen.

Da das Gehirn im REM-Traum-Schlaf vor allem bei Tieren fast alles durchspielt, was auch im Wachen bewältigt werden muß, kam Michel Jouvet aufgrund seiner Untersuchungen zu dem Schluß, daß diese Schlafphase gebraucht werde, um den genetischen Verhaltenscode immer wieder auf den neuesten Stand zu bringen. In Experimenten mit niederen Säugetieren, deren Verhalten stark von angeborenen Instinkten beherrscht wird, hatte Jouvet beobachtet, daß REM-Schlaf-Entzug erstaunliche Folgen zeigte: Die Tiere verloren ihre Fähigkeit, sich in ihrem Verhalten an die Umwelterfordernisse anzupassen. Auch für die höherentwickelten Säugetiere und vielleicht sogar den Menschen scheint es notwendig zu sein, das vorhandene »Material« unserer genetisch angelegten Verhaltensweisen jede Nacht wieder »durchzugehen«, damit es immer aktionsbereit ist. Das gilt, Jouvet zufolge, vor allem für wenig benutzte Fähigkeiten und Instinkte. Tierträume sind voll von instinktiven Handlungen, das hat der Wissenschaftler an Katzen demonstriert, deren Bewegungsblockade künstlich aufgehoben war. Eine der Grundfunktionen des REM-Schlafs und auch des Traums scheint also zu heißen: *Das uralte ererbte Programm darf nicht einrosten.*

Lernen und vergessen

Auch unser jüngeres Gedächtnis darf nicht einrosten. Sonst könnten wir nichts behalten, keine Fremdsprache, keinen Buchinhalt. Wir würden auch Menschen, denen wir begegnet sind, nicht wiedererkennen. All dies ist erforderlich, damit wir überhaupt etwas lernen. Das einfachste Lernen kann schon der Fötus: Man nennt es Habituation – Gewöhnung. Ein immer wieder zugespielter Reiz, zum Beispiel ein Hörreiz, wird ihm schnell »langweilig«. Das heißt, zuerst reagiert er darauf, dann nicht mehr. Er hat also gespeichert, was passiert ist.

Um zu lernen, brauchen wir also Gedächtnis. Und der REM-Schlaf scheint dazu seinen Beitrag zu leisten. »Wir haben aber alle schon erlebt«, schreibt Hobson, »daß wir mit der Lösung eines Problems im Kopf aufgewacht sind.«[25] Offenbar hat unser Geist im Schlaf etwas verarbeitet, was uns am Tag nicht gelungen war. Wir wissen, wie wichtig es ist, in Phasen geistiger Anspannung auch Zeit zum Schlafen zu haben. Die Dinge müssen reifen, sagen wir. Wie das genau passiert, weiß man noch nicht. Seit kurzem ist jedoch bekannt, daß Nervenzellen anders reagieren, »antworten«, wenn sie vorher eine neue Erfahrung gemacht haben. Sie sind dann sensibilisiert für diese Art Stimulus. Wenn er einige Male wiederholt wird, reagieren sie dagegen nicht mehr (wie wir es eben am Lernen des Fötus erklärt haben). Wie das Gehirn in allen seinen Bereichen solche erinnerten Erfahrungen speichert, wie es damit in seinen »Myriaden von Neuronen und vielfältigen Verbindungen« umgeht, ist nicht geklärt. Einige Teile scheinen für besondere Lernformen besonders zuständig zu sein, sonst aber ist Gedächtnis offenbar über das gesamte Gehirn verteilt.

Eine neue Erfahrung werde als eine Zunahme der »synaptischen Stärke« gespeichert, erklärt Hobson, und zwar in all den während der Informationsaufnahme beteiligten Verbindungen.[26] Wenn die »synaptische Stärke« zunimmt, bedeutet das, daß zukünftig für dieselbe Information weniger Impulse gebraucht werden, um das (postsynaptische) Neuron zum Feuern zu stimulieren. Es muß also nur noch leicht angetickt werden. Damit nun eine Information auf Dauer im Gehirn gespeichert werden kann, ist es notwendig, daß sich eine besondere elektrische Aktivierung im Neuron in eine neue Proteinstruktur »verwandelt«. (Man hat das so entstandene Protein auch Gedächtnisprotein oder Gedächtniseiweiß genannt.) Damit wird jeweils ein bestimmtes Netzwerk von Neuronen verstärkt. Viele Wissenschaftler nehmen an, daß die Informationseinlagerung im Gehirn auf diese Weise vor sich geht, ein bißchen wie in einer Datenbank.

Hier kommt nun wieder der REM-Schlaf ins Spiel. Denn diese Annahmen bedeuten auch, daß bestimmte Formen von Gedächtnis stimuliert werden könnten, indem die nun vorhandenen »starken« synaptischen Verbindungen einfach reaktiviert werden. Und genau das geschieht ja im REM-Schlaf. Er hilft also unserem Gedächtnis und damit auch Lernvorgängen.

Das gleiche geschieht natürlich auch mit dem bereits älteren Material unseres Gedächtnisses. Auch dies müsse ständig auf den neuesten Stand gebracht werden, um Ausfälle zu vermeiden, meint der Mikrobiologe Bernard Davis. Mit den »Anstößen«, die das höhere Gehirn, der Cortex, aus den unteren älteren Teilen im Traumschlaf erhält, werden alte Erfahrungen und Erinnerungen immer wieder aufgefrischt. Davis zieht einen Vergleich mit dem Immunsystem: Die Abwehr des Körpers müsse immer in der Lage sein, einen einmal bekannten Gegner zu identifizieren. Die automatische Aktivierung unseres Gehirns im REM-Schlaf durch den Hirnstamm reicht demnach aus, um unser Gedächtnis so instand zu halten, daß wir bekannte Objekte auch nach Jahren wiedererkennen können. Damit das wirklich funktioniert, wird jeder Input und Output des zu überholenden Systems (des Gehirns) blockiert, und dann kämmt die automatische Aktivierung Millimeter für Millimeter durch. Eine faszinierende Vorstellung. Unsere Träume scheinen so jede Nacht unsere Erinnerungen durchzublättern.

durch Außenreize
aktivierte Synapse

Neuron in der
Großhirnrinde

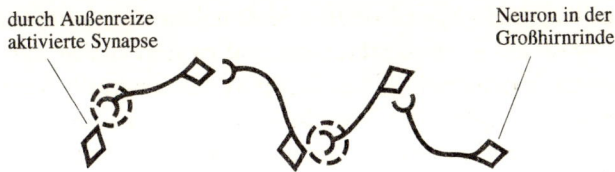

erneute Aktivierung der Synapse
durch innere Vorgänge

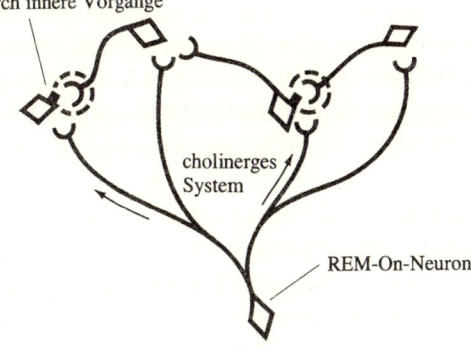

cholinerges
System

REM-On-Neuron

Konsolidierung durch
strukturell veränderte Synapse

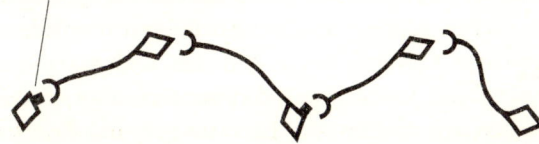

So festigt der REM-Schlaf unser Gedächtnis: Von Außenreizen im Wachen akti-
vierte Synapsen (oben – gestrichelte Kreise) werden im REM-Schlaf von innen her
reaktiviert (Mitte). Unter dem Einfluß des cholinergen Systems werden die in den
reaktivierten Synapsen – »hot spots« – gespeicherten Informationen für die Dauer
gefestigt (unten).

Erinnern ist eine Sache. Vergessen eine andere. Das eine scheint jedoch ohne das andere nicht möglich zu sein. Stellen wir uns vor, wir würden uns wie James Joyce' Leopold Blum in *Ulysses* an alles, aber auch alles, was wir an einem Tag erlebt und gedacht haben, erinnern. Die kleinste Kleinigkeit. Wir würden schnell verrückt werden, und unser Geist bestünde aus einem Erinnerungschaos, einem Dickicht, aus dem sich kein vernünftiger Gedanke mehr einen Weg bahnen könnte.

Die Forscher Francis Crick (der Nobelpreisträger) und Graeme Mitchison meinen, daß der REM-Schlaf unerwünschte Erinnerungen aus unserem Gedächtnis beseitige. Er sei sozusagen unsere Datenmüllabfuhr. Unsere Erfahrung, daß wir uns an Träume so schlecht erinnern können, ja meist gar nicht, deute darauf hin, daß der Traumschlaf die Funktion hat zu löschen. »Wir träumen, um zu vergessen«, sagen die beiden Wissenschaftler.

In den sechziger Jahren kam im Zuge der Computerära die Vorstellung auf, daß der REM-Schlaf eine Art Säuberung oder Überholung des »Systems« sei; der englische Ausdruck dafür ist *clearance*. Träume wurden analog dazu als *systematic program clearance* (systematische Programmsäuberung und -überholung) verstanden. Die Hauptfunktionen des Traumschlafs werden demnach im Löschen gewisser »Daten« einerseits und dem besseren Speichern, der Stärkung des Programms andererseits gesehen.

Erinnern oder vergessen? Nun erscheint uns der REM-Schlaf vollends als Paradox. Keineswegs, beruhigt uns Hobson: Beides sei nicht inkompatibel, sondern durchaus miteinander zu vereinen: »Das Gedächtnis ist eine zweispurige Straße – manches wird gespeichert, anderes geht verloren, und stets ist ein Doppelmechanismus am Werk.«[27]

Einige dieser Theorien sind psychoanalytischem Traumverständnis sehr nahe: Heftige emotionale und stark beängstigende Erfahrungen könnten so im Traum verarbeitet und dem wachen Bewußtsein ferngehalten werden. Der Schlaf, der Traum, der uns davor schützt, wahnsinnig zu werden – wir werden im folgenden darauf zurückkommen.

Der Stoff, aus dem die Träume sind

Traumlogik

Aristoteles schrieb in seinem Werk *Parva Naturalia,* Träume seien uns von den Göttern gesandt. Etwas wirklichkeitsverhafteter vermutete er außerdem, sie gründeten sich auf gewisse Erlebnisse, Ereignisse und Gedanken, Reste, die vom Tag in unserem Geist zurückgelassen wurden. Heute wissen wir, daß Träume nicht nur diese Reste enthalten, sondern daß sie auch Wahrnehmungen, Geräusche, Berührungen – Frieren zum Beispiel – aus der aktuellen Umwelt mitverarbeiten. Manchmal simulieren sie solche Sinneserfahrungen, als wären sie real.

Der Schläfer hat sich abends, weil es ziemlich warm war, nicht zugedeckt; gegen Morgen friert er. Er träumt auch, daß er friert. Wieso hat er vergessen, sich anzuziehen? »Na ja, ich träume«, denkt er. Aber das tröstet ihn nicht lange. Nackt spaziert er über den Hamburger Jungfernstieg. Alle starren ihn an. Offensichtlich hat er außer dem jetzt wirklich peinlichen Aktenkoffer alles zu Hause gelassen. Wie konnte ihm das passieren? Natürlich nur im Traum.

Auf so ein Hirngespinst fällt er nächste Nacht nicht noch mal rein. Wirklich?

Traum am Morgen: Er wacht auf. Gott sei Dank ist alles in Ordnung. Merkwürdig jedoch, daß er vorm Einschlafen vergessen hat, das Radio abzustellen. Plötzlich ein Geräusch an der Wohnungstür. Wer kommt da einfach herein? Er dreht die Musik leiser und lauscht angespannt, nimmt den Wecker vom Nachttisch, um zu sehen, wie spät es ist. Die Uhr, vorher weiß, färbt sich blau. Das Zifferblatt ist nicht richtig erkennbar. Auch das Zimmer, eben noch hell, verfinstert sich. Unheimlich. Angst überkommt ihn. Er merkt schließlich, daß er träumt. Angestrengt versucht er aufzuwachen. Es geht nicht. Er verkriecht sich unter der Bettdecke, aber dunkle Schatten sind schon um ihn. Zu spät! Flüchten! Die Beinen versagen ihm den Dienst. Er will schreien, mit größter Anstrengung: Hilfe!

Die eigene – klägliche – Stimme weckt ihn. Es ist kurz nach Mitternacht – nicht morgens. Das Radio stumm, der Wecker weiß. Kein Geräusch an der Wohnungstür. Alles in Ordnung.

Im Nachbarhaus, etwa zur gleichen Zeit: »Jochen, bitte. Du schnarchst.« Er empört: »Das ist unmöglich. Ich hatte die Augen offen.« Und, als wäre das ein Beweis: »Ich habe nachgedacht.«

Damit hatte er nicht ganz unrecht. Er hatte eben nur anders nachgedacht – erstaunliche Leistung des Gehirns, das sich auch noch seine eigene Realität dafür schafft. Der Boden der Tatsachen ist da zwar etwas morsch und löchrig, aber die Logik des Traums hält zur Erklärung dafür ihre unbegrenzten Möglichkeiten bereit. Darum wachen wir manchmal geradezu begeistert auf, weil wir endlich die lange gesuchte, wunderbare Idee hatten. Zu müde, um nach Papier und Stift zu suchen, sind wir jedoch sicher, sie zu behalten. Nur leider klappt das nicht. Am nächsten Morgen erinnern wir uns immerhin noch, eine tolle Idee gehabt zu haben. Welche nur? Nichts zu machen.

Mit Träumen geht es uns ähnlich wie mit diesen Ideen. So einleuchtend, klar, überzeugend und vor allem einzigartig sie in ihrem Ablauf auch waren, es will morgens nicht gelingen, mehr als erbärmliche Bruchstücke davon zutage zu fördern. »Ich hab' was Tolles geträumt, das muß ich dir erzählen.« Und dann wird uns klar, daß da kaum noch etwas Erzählenswertes ist. Hinzu kommt noch, daß Trauminhalte sich schlecht in unser Tagesvokabular und unsere Tageslogik übersetzen lassen. Auch die Traumgefühle, die oft so vielschichtig und subtil waren, lassen sich – wie manche Weine – nicht gut transportieren. Kein Wunder, daß unsere Zuhörer, ihre Ungeduld kaum verhehlend, sich gelangweilt abwenden. Träume haben eigentlich nur für uns selber einen Wert, wenn wir gleich morgens nach dem Aufwachen ganz in Ruhe darüber nachdenken können und allem, was uns dabei einfällt, freien Lauf lassen. Dann erweisen sie sich oft als gar nicht erbärmlich, sondern erstaunlich reich.

Manche denken auch, daß der Traum ihnen blitzartig schnell eine lange Geschichte vorgegaukelt habe. Auch diese Annahme ist meist eine Täuschung. Ob Träume sich in einer normalen Zeit abspielen, untersuchten die Schlafforscher N. Kleitman und W. Dement im Schlaflabor. Die Versuchsträumer wurden in REM-Schlaf-Perioden alle fünf oder fünfzehn Minuten geweckt, um Auskunft zu geben, wie lange sie zu träumen glaubten. Zu fünfundsiebzig Prozent war ihre Schätzung richtig. Anders war das Ergebnis, wenn man sie erst nach REM-Phasen von dreißig bis sechzig Minuten weckte. Dann meinten sie nämlich, nur fünfzehn Minuten lang geträumt zu haben. Offensichtlich erinnerten sie sich nur an den letzten Teil ihres Traums, der erste war ihnen abhanden gekommen.

Das Vergessen ist in der Tat der siamesische Zwilling des Traums und vielleicht eine seiner durchaus wünschenswerten Funktionen: Unbrauchbares Material wird weggeworfen. Das geschieht vor allem, wenn wir einfach weiterschlafen oder nach dem Aufwachen aus einem Traum nicht lange wach sind. Selbst wenn wir ihn sofort in Gedanken rekapitulieren – prinzipiell keine schlechte Voraussetzung, ihn zu behalten –, reicht doch meist die Zeit bis zum nächsten Einschlafen nicht, um ihn wirklich dauerhafter ins Gedächtnis aufzunehmen. Am besten können wir morgendliche Träume wiedergeben, mit denen wir sozusagen aufgewacht sind. Alles, was dichter als fünfzehn oder zwanzig Minuten am nächsten Einschlafen liegt, wird in der Regel vergessen. Das gilt auch für Dinge, die wir uns abends noch schnell eintrichtern wollen, obwohl wir vor Müdigkeit fast darüber einschlafen. Die Anstrengung lohnt sich nicht. Auch dies mühsam Erworbene haben wir am nächsten Tag verloren. Wir kennen das von den Erfahrungen mit unserer Bettlektüre, egal wie spannend sie ist. Die letzten zwei Seiten müssen wir am nächsten Abend noch einmal lesen – es sei denn, wir waren nach der abendlichen Lektüre noch eine Weile wach. So kommt es, daß viele Menschen behaupten, nie zu träumen.

Und doch träumen wir alle, jede Nacht seit Menschengedenken: etwa alle neunzig Minuten die bizarren REM-Schlaf-Geschichten, die bis zu einer Stunde lang sind. Das macht – mindestens! – 50 000 bis 60 000 Stunden in einem durchschnittlich langen Leben. Sechs Jahre nichts als träumen, von den Träumen im Tiefschlaf ganz zu schweigen. Eigentlich führen wir so die ganze Nacht ein mentales Doppelleben, gut versteckt, sogar vor uns selber.

Dieses evolutionäre Erbe läßt sich etwa 135 Millionen Jahre zurückverfolgen. Die Vögel sind offenbar die ersten Wirbeltiere, die mit allen Voraussetzungen dafür ausgestattet sind. Andere Tiere träumen ebenfalls. Michel Jouvet in Frankreich hat das sehr eingehend untersucht. Hühner beispielsweise träumen etwa 25 Minuten pro Nacht, Schimpansen 90 Minuten, Katzen, die »Champions unter den Träumern« (Jouvet) 200 Minuten. Hobson vermutet, daß Katzen von Mäusen und Riesenmäusen träumen und ihre Träume bestimmt genauso absurd sind wie die von Menschen.[28]

Traumdeutung

Absurde Hirngespinste oder geheimnisvoll verschlüsselte Botschaften? Seit dem Altertum haben Menschen versucht herauszufinden, was hinter den Trauminhalten steckt. Was wollten sie ihnen mitteilen? Bis heute fordern Träume zu allerlei Deutungen und Spekulationen heraus. So erklärte einst Josef die Träume des Pharaos von den fetten und den mageren Kühen als Visionen kommender üppiger und elender Jahre. Karl der Große hatte seinen eigenen Traumdeuter. Träume konnten Vergangenheit und Zukunft erhellen, den Charakter bloßlegen, Schicksale wenden. Napoleon sah im Schlaf eine schwarze Katze über ein Schlachtfeld laufen. Er maß der Erscheinung angeblich keinerlei Bedeutung zu. Er glaubte ebensowenig an böse Vorzeichen wie an Astrologen. Wenige Stunden später begann die Schlacht von Waterloo. Ein Desaster, wie wir wissen, jedenfalls für Napoleon. Vielleicht – so könnte man, ohne die Traumdeutung bemühen zu wollen, spekulieren – hat er von der schwarzen Katze geträumt, *weil* er insgeheim schon eine Niederlage fürchtete. Sein Traum benutzte einfach die schwarze Katze als ein ihm ebenso wie allen anderen bekanntes Symbol für Unglück.

Für einige Zeitgenossen war Napoleons Traum jedoch ein Grund mehr, den Scharlatanen der Traumdeutung zu vertrauen. Deren Geschäft florierte so schwindelhaft, daß 1810 in Frankreich ein neues Gesetz allen jenen Strafe androhte, die sich mit »Mutmaßungen, Vorhersagen oder Erklärungen von Träumen« eine goldene Nase verdienten.

Realitätsnäher glaubte man außerdem jahrhundertelang, daß die nächtlichen Hirngespinste Resultat seelischer Erschütterungen oder – banaler – Folge von Verdauungsstörungen seien.

Mit dem Jahr 1900 änderte sich das Bild schlagartig. Die Beschäftigung mit den Träumen konnte plötzlich ernst genommen werden: Sigmund Freud veröffentlichte seine *Traumdeutung,* der Königsweg zur Erforschung des Unbewußten.

Der Wiener Psychoanalytiker, Anfang der neunziger Jahre noch fest auf dem Boden der Neurologie und sogar der Neurobiologie stehend, faszinierte die Zeitgenossen mit seinem neuartigen genialen Gedankenmodell über die menschliche Psyche. Die Quintessenz seiner Traumtheorie lautet vereinfacht etwa so: Die Triebkraft des Traums ist immer ein starker unbewußter Wunsch. Gelegentlich enthält er Verbotenes, beispielsweise das Begehren des Sohns, mit der Mutter zu schlafen und den Vater beiseite zu schaffen.

Dieser »latente« Trauminhalt wird durch die »Traumarbeit« verwandelt. Da der latente Trauminhalt vielleicht emotional zu geladen ist, zu unerträglich für den Träumer selber, wird eine Art Zensur im Traum wirksam, um die verletzenden Inhalte abzumildern. So gelangt der Traum zu seiner »manifesten« Form, der Form, in der ihn der Träumer erzählt. Freud erklärte, daß viele Mechanismen beteiligt seien, um den Traum zu erzeugen – es geschieht also ein Verschmelzen, eine Kondensierung vieler Gedanken und Bedeutungen in einem Bild, einer Szenerie. Freud wies auf die sogenannten Tagesreste in Träumen hin. Er war bereits ebenso wie die modernen Schlafforscher vor allem davon beeindruckt, wie elaboriert Träume in ihren Szenarien sein können, und er war ebenso fasziniert von der Aktivität des Gehirns im Schlaf. Für ihn war es offensichtlich, daß Gedanken in Träumen hochkomplexe intellektuelle Funktionen haben, die mit fast allen Möglichkeiten des geistigen Apparats arbeiten.

In seiner *Neuen Folge der Vorlesungen zur Einführung in die Psychoanalyse*[29] von 1933 schreibt Freud, daß diese Traumarbeit, die die latenten Gedanken des Traums in den manifesten Traum umwandelt, mit bestimmten Mechanismen zu vergleichen sei, die zur Bildung neurotischer Symptome beitrügen. Deshalb müsse man die latenten Traumgedanken wieder ausgraben und freischaufeln. »... wir fordern den Träumer auf«, erklärt Freud, »sich... vom Eindruck des manifesten Traums freizumachen, seine Aufmerksamkeit vom Ganzen weg auf die einzelnen Teile des Trauminhalts zu richten und... mitzuteilen,... welche Assoziationen sich ihm ergeben...«

Die meisten Kritiker Freuds vergessen, darauf hinzuweisen, daß Freuds Kenntnisse neurologischer Hirnprozesse, verglichen mit den neuesten Informationen aus dieser Wissenschaft, seiner Zeit entsprechend unvollständig waren. Sie erwähnen außerdem nicht, daß für Freud der Traum kein durchgängig »normales« Phänomen unseres Schlafs, sondern eher auf seiten der Pathologie anzusiedeln war. »Sie haben verstanden«, sagt er dem Leser im ersten der eben genannten Vorträge, »daß der Traum ein pathologisches Produkt ist, das erste Glied einer Kette, die das hysterische Symptom, die Zwangsvorstellung, die Wahnidee umfaßt...« Er unterscheide sich aber von den anderen »durch seine Flüchtigkeit und seine Entstehung unter Verhältnissen, die dem normalen Leben angehören«. Für ihn ist der Traum die Möglichkeit, im fast Normalzustand eine seelische Störung zu verarbeiten. »Die harmlose Traumpsychose ist die Folge einer bewußt gewollten, nur zeitweiligen Zurückziehung von der Außenwelt...« Sie verschwinde, sobald der Träumer die Beziehung zu ihr wiederaufnehme.

Etliche der Traumgedanken hätten auch im bewußten Zustand, im »Wachleben«, gedacht werden können, nicht aber der beunruhigende, beängstigende Gedanke des Traums. »Dieser eine verleugnete Gedanke aber – oder richtiger, diese eine Regung – ist ein Kind der Nacht...« Eben dieser Gedanke oder dieses Erleben habe auf die Nacht mit ihrem Loslassen von aller Kontrolle warten müssen, um endlich zu irgendeiner Ausdrucksform zu gelangen.

Eine der Aufgaben des Traums sah Freud darin, den Schlaf zu bewahren. Der Traum erscheint hier als Wächter des Schlafs, das heißt, er gestaltet sich so, daß ihm die schreckliche Wahrheit fehlt (sie wurde umgewandelt), die den Schläfer sonst wecken würde.

Dies war eine Überzeugung, die C. G. Jung mit ihm teilte, der meinte, Träume dienten der Selbstregulation der Psyche. Sie seien darüber hinaus Ausdruck eines »kollektiven Unbewußten« und gäben Instinkten die Möglichkeit, aus den tiefsten, primitivsten

Niederungen der Natur aufzutauchen. Da sind wir schon gar nicht mehr weit von den Hypothesen der modernen Schlafforschung entfernt, wie wir sie im Kapitel über den REM-Schlaf dargelegt haben.

Freud war nicht der erste, der sich wissenschaftlich mit dem Traum beschäftigte. Es hatte schon im neunzehnten Jahrhundert in Deutschland und auch in Frankreich wissenschaftlich fundierte Arbeiten zum Thema gegeben. Der spektakuläre Erfolg der Freudschen Theorie stellte sie jedoch in den Schatten. Obwohl das psychoanalytische Verständnis der Träume, wie Horne und bis zu einem gewissen Grad auch Hobson einräumen, durchaus in Teilen mit den heutigen neurologischen Erkenntnissen in Einklang zu bringen ist, hat es dennoch jahrelang mehr als Hemmschuh in der wissenschaftlichen Erforschung des träumenden Gehirns gewirkt denn als Anregung. Noch heute klafft ein tiefer Graben zwischen den geistigen Erben Freuds einerseits und den Neurologen und Psychiatern der Schlafforschung andererseits. Der schwerste Vorwurf der Wissenschaftler zielt darauf ab, daß die psychoanalytische Traumdeutung jahrelang der empirischen, sprich »seriösen« Forschung im Wege gestanden hätte. Fast ein Jahrhundert lang habe man sich mehr oder weniger ausschließlich mit der Interpretation des Traums herumgeschlagen. Die Erforschung des Traums selber und seiner Funktionen – also jeder »geistigen Aktivität des Gehirns während des Schlafs« – sei darum zu kurz gekommen. Lange schon hätte man sich fragen müssen, wie Träume überhaupt zustande kommen und wie sie »funktionieren«.

Trotzdem, so meine ich, liegt die Verantwortung dafür nicht bei der Psychoanalyse, sondern bei den Wissenschaftlern selber, die sich davon haben hindern lassen. Wir haben bereits weiter oben gezeigt, daß die Entdeckung und Erforschung des REM-Schlafs viel früher in Gang gekommen wäre, wenn man nur die Ende des vorigen und Anfang dieses Jahrhunderts bereits zur Verfügung stehenden technischen Beobachtungsmöglichkeiten genutzt hätte.

Inzwischen hat sich die Situation zwischen den Lagern so entspannt, daß Wissenschaftler wie James Horne auf die Nähe gewisser neuropsychiatrischer REM-Schlaf-Theorien zu den Gedankenmodellen der Psychoanalyse hinweisen und deren Nützlichkeit nicht in Abrede stellen, sofern die Sexualität als Motor des Traumgeschehens nicht überbetont wird. Er schreibt: »Dessenungeachtet, hatte Freud eine erstaunliche Einsicht in das Geschehen des Traums.«[30]

In den oben genannten, im Jahr der nationalsozialistischen Machtergreifung neu veröffentlichen Vorlesungen zur Psychoanalyse revidiert Freud seine anfängliche Traumtheorie. Die Vorlesungen sind trotz des veralteten neurologischen Wissenshintergrundes auch heute immer noch außerordentlich lesenswert, ja überraschend modern. Freud erklärt, daß sein Verständnis des Traums von ihm selber niemals als endgültig angesehen und in wesentlichen Punkten von den (zum Teil übereifrigen) Zeitgenossen – Psychotherapeuten und Psychiatern – mißverstanden worden sei: Er warf ihnen vor, sie kochten ihr Süppchen auf seinem Feuer (ohne sich für die Gastfreundschaft zu bedanken), indem sie behaupteten, alle Träume seien sexuell – eine Überzeugung, die er nie vertreten habe.[31]

Hier noch eine kleine Anekdote zu Freuds Vorstellung, der Traum enthalte immer einen geheimen Wunsch: Eine Patientin des Wiener Psychoanalytikers kam zu ihm, heißt es, um ihm von einem Traum zu berichten, der seine Wunschtheorie eindeutig zu widerlegen schien. Freud dachte eine Weile nach. Dann kam er zu dem Schluß: »Der Traum hat Ihnen doch einen Wunsch erfüllt – Sie wollten mir unrecht geben.«

Traumtheorie

Etwas nüchterner hören sich die auf heutige neurophysiologische Beobachtungen gegründeten Theorien an. Sie schließen jedoch psychoanalytische Modelle über unsere »Traumarbeit« keineswegs aus.

Wir haben bereits beschrieben, wie im REM-Schlaf das vom Gehirn selbst aktivierte Neuronen-Feuerwerk den Stoff webt, aus dem unsere Träume sind, wie die spinnwebenfeinen Netze unseres Traumlebens zustande kommen und immer wieder zerfallen.

Ein gewisses Grundmuster, die dicken Fäden im Gewebe, meint Hobson, werde von den Augenbewegungen erzeugt, die unseren Traumbewegungen wie Rennen oder Springen die Richtung zu geben scheinen und mehr noch. Ein amerikanisches Forscherteam – Howard Roffwarg und seine Kollegen von der Columbia University School of Medicine – wollte dieser Vermutung auf den Grund gehen. Die Wissenschaftler weckten Schläfer in den REM-Schlaf-Phasen und nahmen dann mit einem Recorder ihre Traumberichte auf. In vielen Träumen gab es eine erstaunliche Übereinstimmung mit den während des EEG aufgezeichneten Augenbewegungen: Sie waren nach oben oder unten gegangen, wenn der Träumer von Szenerien berichtete, in denen sein Blick – synchron mit der realen Augenbewegung unter den geschlossenen Lidern – nach oben oder unten schweifte. Ebenso wenn die Augäpfel nach rechts oder links glitten. Die Versuchsschläfer berichteten von Oben-unten-Träumen, in denen sie eine Treppe hinauf- oder hinuntergingen, oder von Rechts-links-Träumen, in denen sie bei einem Pingpongspiel zusahen.

Der Traumstoff enthält jedoch noch andere Elemente: Bilder aus dem Irgendwoher; Worte, die nicht den uns tags vertrauten Sinn haben; Farben; Personen, die erstaunliche Geschlechtsverwandlungen durchmachen können; Erinnerungen – noch gewußte und nicht mehr verfügbare; neue und alte Erlebnisse – zum Teil aus unserer noch »vorsprachlichen« Kindheit, aus dem, was die Psychoanalyse als unbewußt bezeichnet, vor allem emotionale Erlebnisse; Wünsche; Ängste; Gelerntes; Probleme, mit denen wir uns aktuell herumschlagen; sexuelle Impulse und schließlich auch die Verwirklichung niemals besessener Fähigkeiten – Fliegen zum Beispiel. Das Erstaunliche ist jedoch: Das Gehirn erfindet Geschichten daraus, ganze Szenarien, in die alle diese immer neu auftauchenden Elemente eingebaut werden.

Während ich an diesem Buch arbeite, habe ich nachts folgenden Traum: Ich bin eingeladen, bei den Dreharbeiten zu einem Film teilzunehmen. Sein Titel: »Die schöne Helene«. Ich mache mir im Traum einige mir bedeutend erscheinende Gedanken zu diesem Titel. Mir ist klar, daß er einem alten griechischen Theaterstück entlehnt ist. Die Hauptdarstellerin ist Christine Kaufmann; sie sieht zwar nicht so aus, aber das macht nichts. Sie trägt ein dunkelblaues Kleid mit flatterndem Rock, das ich (in Wirklichkeit) am Tag zuvor angehabt hatte, als ich auf dem Heimweg aus Narbonne in mein Dorf in Südfrankreich wie immer an einem Friseur vorbeikam, der »Chez Helène« heißt. An der gleichen Straßenbiegung liegt eine große Treppe, die zu einer Art Stadttor hinaufführt. Im Traum nun steht Christine Kaufmann in meinem blauen Flatterkleid auf einer solchen Treppe irgendwo in der Landschaft und beginnt zu hüpfen, nein, ziemlich hohe Sprünge auf und ab zu machen.

Ohne daß mich das besonders verwundert hätte, bin ich darüber aufgewacht und wußte sofort: Das ist ein »Hobson-Traum« – sicher hatten sich meine Augäpfel während der Sprünge auf der Treppe vertikal auf und ab bewegt. Es kostete mich in der Schläfrigkeit der tiefen Nachtstunde beträchtliche Anstrengung, wenigstens die relevanten Traumelemente zu behalten. In diesem halbwachen Zustand fand ich nun die Hüpferei ziemlich komisch, war jedoch weiter vollkommen davon überzeugt, daß »Die schöne Helene« ein berühmtes Stück der alten Griechen sei.

Die nächste Nacht bescherte mir dann den Traum mit den horizontalen Bewegungen: Ich hatte mich in München auf der Suche nach meinem Verlag verirrt. Natürlich fand ich die Straße nicht und verpaßte auch hoffnungslos die Zeit. Währenddessen flitzten unentwegt Polizeiautos mit bunten Lichtsignalen hin und her – von rechts nach links und links nach rechts.

Hobson hat zu solchen Traumgeschehen eine Hypothese, die zwei Möglichkeiten bietet: Der Cortex bekommt all diese eben genannten Elemente in der REM-Aktivität zugespielt und liefert nun dazu passende Bildbewegungen, indem die Augen in die jeweils entsprechende Richtung gerollt werden. Oder: Der Cortex erhält die Information über die tatsächliche Augenbewegung, und die Traumelemente beziehungsweise -bilder werden ihr angepaßt. REM-Träume sind in der Tat sehr bildhaft. Beide »Mechanismen« sind ständig am Werk – übrigens auch im Wachsein.

Natürlich erschöpfen sich unsere Träume nicht in diesen Banalitäten. Aber auch die genialsten unter ihnen enthalten Elemente dieser Art. Und was heißt hier Banalität? Im Traum wird daraus gelegentlich Poesie.

James Horne gibt zu bedenken, daß die meisten Träumer niemals in der Lage wären, am Tag auch nur annähernd so gute Geschichten und Dramen zu erfinden – egal wie sehr sie ihre Phantasie anstrengten. Wir scheinen also im Traum über uns hinauszuwachsen. Wir können dann offenbar wirklich einiges besser als am Tag. Endlich einmal sind wir in einem Land der unbegrenzten Möglichkeiten.

Interessant ist, daß die erfundenen Traumgeschichten sich deutlich unterscheiden, je nachdem, ob der Träumer ein Mann oder eine Frau ist. Männer scheinen abenteuerlicher, aggressiver zu träumen. Sie sehen sich oft als Angreifer, ihre Erlebnisse während ihres Traumdoppellebens sind sexuell eindeutiger.

»Ich träumte, daß ich einen großen Lastwagen auf eine Tankstelle fuhr«, berichtet ein Mann. Er hatte Schwierigkeiten, an eine Zapfsäule heranzukommen. Dann endlich »konnte ich den Schlauch zu fassen kriegen, um meinen Tank zu füllen. Aber er reichte nicht bis hinein«.

»Keine Frau würde einen sexuellen Traum in diesen Bildern träumen«, erklärt die Chicagoer Traumforscherin Rosalind Cartwright. Und Milton Kramer, Direktor eines Schlafforschungsinstituts in Cincinnati, meint sogar: »Träume amerikanischer Frauen haben im Zweifelsfall mehr mit den Träumen der australischen Aborigines gemeinsam als mit denen von amerikanischen Männern.«

Welchen Sinn haben all die flüchtigen Phantasiegebilde, wenn wir sie doch nicht behalten? Vielleicht den vorher schon erwähnten Zweck, Ordnung im Chaos zu schaffen, meint Hobson. »Außerdem können sie tiefe Aspekte unserer Persönlichkeit erhellen, ohne daß wir dazu Freuds Konzept von der Verschlüsselung und seine berühmten Symbole brauchen.« Warum jedoch sollen wir es ausschließen? Eine unorthodoxe, moderne Psychoanalyse muß keineswegs im Clinch mit den neuen Erkenntnissen liegen, sie kann sie jedoch ergänzen. Vielleicht wäre das mehr im Sinne des Wiener Psychoanalytikers, der zukünftiger Forschung gegenüber aufgeschlossener war als manch einer seiner angeblichen Erben.

Denn niemand bezweifelt: Träume können helfen, mit Problemen, ja sogar mit Depressionen fertig zu werden. Rosalind Cartwright schilderte auf einem internationalen Traumkongreß überraschende Erfahrungen mit ihren Patienten. Sie alle steckten in einer tiefen Lebenskrise: Sie hatten gerade eine Ehescheidung beziehungsweise Trennung von ihrem Partner hinter sich. Dieses Verlusterlebnis war von schweren Depressionen begleitet. Die Traumspezialistin beobachtete, daß die desolate Gemütsverfassung bei den meisten einen seltsamen Einfluß auf den Traumschlaf ausübte. Die REM-Phasen waren länger, häufiger und ungewöhnlich intensiv. Die Forscherin beobachtete regelrechte Stürme von Augenbewegungen. Die Träume dieser Patienten waren voller Schrecken, dramatisch, heftig. Eine andere Gruppe schlief und träumte ganz normal.

Am Ende des Therapiejahrs stellte sich heraus: Die Patienten mit den Alpträumen und den veränderten, besonders ausgedehnten REM-Phasen waren über Trennung und Depression viel besser hinweggekommen als die anderen. Sie hatten rascher eine positive Lebenseinstellung wiedergewonnen und einige von ihnen sogar einen neuen Partner gefunden. »Ihre Träume«, so die Wissenschaftlerin, »spiegelten die seelische Verarbeitung der Situation deutlich wider.« Rosalind Cartwright warnt darum vor Beruhigungsmitteln, die die REM-Schlaf-Aktivität unterdrücken. Das tun zum Beispiel Benzodiazepine wie Valium. Sie würden das Leiden nur verlängern, meint die Forscherin.

Wirkliche Alpträume (eigentlich Albträume, von Alb = mythisches Elfen- oder Zwergenwesen) suchen fast alle Menschen dann und wann heim. Wir haben schon früher darüber berichtet. Charakteristisch für sie ist, daß sich der Träumer selber in Gefahr befindet. Die einzige Ausnahme sind alpträumende Eltern. Sie sehen ihr Kind bedroht. Wir sollten spätestens beim Aufwachen jedoch daran denken und besser darüber nachdenken, daß allein wir die Schöpfer dieser Träume sind. Sie sind wie Rosalind Cartwright mit ihren Forschungen gezeigt hat, keineswegs sinnlos. Aber sie werden uns nicht von außen zugespielt, um uns irgendein Schicksal zu verkünden. Hingegen kann die eigene noch nicht ganz bewußte Beschäftigung mit bestimmten Problemen, Erlebnissen und damit verbundenen Befürchtungen oder Hoffnungen unser Verständnis für das, was wir im Wachen bewältigen müssen, verbessern und dazu manchmal sogar so etwas wie einen Schleier wegziehen. Jemand, der eine beginnende schwere Krankheit in sich trägt und sie schon fühlt, ohne sie bewußt wahrzunehmen, wird vielleicht später sagen: »Eigentlich habe ich es doch lange im voraus gewußt. Damals hatte ich diesen Traum. Aber ich habe ihn nicht verstanden. Hätte ich doch eher auf diese Warnung gehört.« Ebenso kann jemand bereits antizipieren, daß einer seiner sehnlichen Wünsche in Erfüllung geht.

Die nächtlichen Horrorerlebnisse jedoch könne man zähmen

lernen, meint der amerikanische Traumspezialist Stephen LaBerge von der Stanford-Universität. Wir sind fähig, behauptet er, bewußt – »luzid« – zu träumen. Im eingangs geschilderten Traum mit dem »falschen Aufwachen« ging dem Träumer an einer ganz bestimmten Stelle ein Licht auf: als er den sich verfärbenden Wecker in die Hand nahm. Nur das beseitigte noch nicht die Angst. Stephen LaBerge aber meint, daß sich das ändern ließe. Er erzieht seine Laborschläfer systematisch zum luziden Träumen. Er verpaßt ihnen zu diesem Zweck eine Art Schlafmütze, bevor sie sich aufs Ohr legen. Diese Vorrichtung erlaubt es Schlafforschern jetzt, ihre Beobachtungen nicht nur auf das Labor zu beschränken. Die Patienten können zu Hause an den Experimenten teilnehmen. In die Mütze eingearbeitete Sensoren (Elektroden) stellen fest, wann der REM-Schlaf einsetzt. Dann leuchtet in der von LaBerge benutzten Version dieser Mütze vor den geschlossenen Augen des Schläfers ein rotes Lämpchen auf. Er »arbeitet« das Licht in seine soeben beginnende Traumgeschichte ein. Das Licht signalisiert ihm: »Achtung, ich träume! Also muß ich keine Angst haben.«

Diese Art Selbsterziehung zu bewußtem Träumen probierte schon im vorigen Jahrhundert ein französischer Wissenschaftler. Ihn plagte die – ein wenig perverse – Neugier, wie es wohl sei, sich im Traum selber umzubringen. Er machte eine merkwürdige Erfahrung: Es gelang ihm einfach nicht. Neuerdings wollte eine Forscherin eines Pariser Schlaflabors der Sache noch einmal auf den Grund gehen. Sie sprang, natürlich im Traum, von einem hohen Felsen und landete – in einem Blumenbeet.

Sogar Kinder, sagt Stephen LaBerge, könnten luzides Träumen lernen. Das erscheint um so sinnvoller, als sie besonders zwischen drei und fünf Jahren von Alpträumen geplagt werden. Ein Trost für die Eltern: Auch ohne solche Traumerziehung verschwindet bei den Kleinen der nächtliche Spuk ebenso wie das Schlafwandeln von ganz allein. Kinder träumen ohnehin anders als Erwachsene. Zusammenhängende, ausgedehnte Traumszenerien entwickeln sich bei ihnen erst mit sieben, acht Jahren.

Noch bruchstückhafter, sprachlos und weit von unseren erwachsenen Nachtphantasien entfernt sind die Träume von Neugeborenen oder gar von den noch Ungeborenen im Mutterleib. Man hat lange daran gezweifelt, ob sie überhaupt träumen. Im Licht all der neuen Forschungsergebnisse und Vermutungen über die Funktionen des REM-Schlafs in der fötalen Entwicklung können wir es als einigermaßen wahrscheinlich betrachten. Mit großer Sicherheit träumt der Fötus – nur eben ganz anders als wir. Das heißt, seine »geistige« Aktivität während des ausgedehnten REM-Schlafs unterscheidet sich wohl kaum von der während seiner kurzen Wachphasen. Wahrscheinlich träumt er Bewegungen, die er dann, wie oben geschildert, wirklich ausführt. Vielleicht träumt er auch Berührung, Geräusche, die Stimme der Mutter, ihre Bewegungen, Schaukeln, Wahrnehmungen von hell und dunkel, so etwas wie Gefühle... Möglicherweise verbringt er fast den ganzen Tag mit solchen Träumereien.

Traumwahn

Das alles mag uns ziemlich verrückt erscheinen. Und es ist in Wahrheit noch verrückter: Träume spiegeln auch typische Zustände von Geisteskrankheiten wider. Sie sind darum ein wichtiger Ansatzpunkt für die Untersuchung pathologischer Situationen im Wachzustand.

Ein ungewöhnliches Beispiel dafür finden wir wieder bei Guy de Maupassant. Der Schriftsteller befürchtete gegen Ende seines Lebens, wahnsinnig zu werden, und beschrieb diese Ängste auch außerordentlich eindrucksvoll vor allem in seiner 1887 entstandenen Kurzgeschichte *Der Horla*. Maupassant starb 1893 nach einem Selbstmordversuch und monatelanger Bewußtlosigkeit. In der Verzweiflung über seinen Wahnsinn, der ihn mit schlimmsten Horrorvisionen und unerträglichen Alpträumen plagte, hatte er versucht, sich die Kehle durchzuschneiden. Die Schilderungen seiner nächtlichen Ängste und Träume sind ein einmaliges Zeugnis für die Analyse einer fortschreitenden Geisteskrankheit, eben weil sie aus einer so hervorragenden Feder stammen.

Eine von Maupassants »Angstgeschichten« heißt *Nacht*.[32] Sie ist die genaue Wiedergabe eines Alptraums. Er beginnt harmlos mit einem abendlichen Spaziergang durch Paris. Die Luft ist mild, das Wetter schön. In den hellerleuchteten Straßencafés wird gelacht und getrunken. Nachdem er über die Champs-Elysées gewandert ist und am Arc de Triomphe haltgemacht hat, geht er durch den Bois den Boulogne und bleibt dort »lange, lange.«

»Ein merkwürdiger Schauer überkam mich, eine unvorhergesehene und mächtige Emotion, eine Übererregung in meinen Gedanken, die an Wahnsinn grenzte.« Als er zurück in die Stadt kommt, ist es viel dunkler und einsamer geworden. »Zum ersten Mal fühlte ich, daß etwas Seltsames, Neues geschehen würde. Es schien mir kalt zu sein, die Luft wurde undurchdringlicher, die Nacht, meine geliebte Nacht, lastete schwer auf meinem Herzen.« Doch hat er jetzt noch einige wunderbare Sinneserlebnisse. Er beschreibt, wie Lastwagen mit Gemüse beladen von den Hallen vorbeifahren. »Vor jeder Laterne auf dem Bürgersteig leuchteten die Karotten rot, die Rüben weiß und die Kohlköpfe grün auf, und sie fuhren, einer hinter dem anderen her, diese Wagen, rot wie das Rot des Feuers, weiß wie das Weiß von Silber, grün wie das Grün von Smaragden.«

Dies ist in jener Nacht eines seiner letzten Erlebnisse von vertrautem Leben, es sind die letzten ihm Orientierung und Beruhigung vermittelnden Sinneserfahrungen. Dann wird alles zunehmend ausgestorbener und dunkler. Nie hat er eine so dunkle Nacht erlebt. Niemand rührt sich mehr auf der Straße, und wer da vielleicht noch vorbeihuscht, hört nicht sein Rufen. Auch er hört nichts mehr. Wie spät mag es sein? Er sucht nach einem Streichholz, um auf seine Taschenuhr zu schauen. Er hat jedoch kein Streichholz. Aber »mit einem ihm unbekannten und merkwürdigen Glücksgefühl« lauscht er »dem leichten Ticktack des kleinen Uhrwerks. Es schien zu leben. Ich war weniger allein.« Dann aber überkommt ihn Angst. Alles, aber auch alles war dunkel und ohne jeden Laut. »Entsetzen überkam mich – schrecklich. Was ging hier vor? Oh! Mein Gott! Was ging hier vor?«

Er versucht erneut, sich mit seiner Uhr zu trösten, vielleicht würde er tastend vom Zifferblatt die Zeit ablesen können. Jedoch welches Entsetzen: Nun war auch die Uhr stehengeblieben! »Nichts, nichts mehr, nicht mehr ein Schauer in dieser Stadt, nicht mehr der geringste Lichtschimmer, kein Anzeichen von irgendeinem Laut in der Luft. Nichts! Nichts mehr!« Er tastet sich zum Flußufer hinunter. »Ob die Seine wohl noch floß?« Er steigt hinunter, halb in das kalte Wasser. Es »floß... es floß... Kalt... kalt... kalt... fast tot.«

»Und ich fühlte, daß ich niemals die Kraft haben würde, wieder hinaufzusteigen... und daß ich da sterben würde... auch ich, vor Hunger – Müdigkeit – und Kälte.« In Wahrheit starb er, Maupassant, vor Entsetzen.

Doch zurück in unsere Wirklichkeit. Und falls wir uns jetzt schaudernd und leicht beunruhigt nach unseren eigenen Alpträumen fragen, tröstet uns Allan Hobson: Unser allgemeiner nächtlicher Wahnsinn ist ganz normal. Auch wenn wir nicht müde werden, uns darüber zu wundern.

Chronobiologie: Wie wir ticken

Schlafstadien, Schlafverteilung, Schlaf überhaupt, wie man ihn auch betrachtet, das alles ist einem periodischen Ablauf unterworfen, einer Regelmäßigkeit. Na klar, denken wir, wir schlafen, wenn die Arbeit getan und das Vergnügen genossen ist, wenn wir müde sind. Ja, wenn das so wäre... Warum können wir dann abends gegen sieben partout nicht schlafen, auch wenn wir wissen, daß wir am nächsten Morgen schon gegen vier aufstehen und um halb sieben auf dem Flughafen sein müssen? Das »Schlaftor« ist zu. Alles Gewohnheit, erwidern wir. Alles Erziehung. Seht euch unser Mäxchen an, noch so klein, gerade neun Monate alt, der schläft brav, wenn ihn Mama ins Bettchen legt. Erst machte er furchtbares Theater und weinte nachts, aber dann hat er sich gefügt. Man muß eben ein bißchen durchgreifen, schon bei den Kleinen, sonst lernen sie das nie. Sie würden doch die ganze Nacht herumtoben, wenn man sie ließe.

Großer Irrtum. Baby Mäxchen hätte von ganz allein gelernt, zu »normalen« Zeiten zu schlafen, und ihm wäre das vielleicht sogar schneller gelungen. Die eilfertige Mama hätte dazu gar nichts tun müssen – außer ihn nicht daran zu hindern.

Schlaf ist ein zyklisches Geschehen, und diese Zyklen müssen sich bei einem Kind zusammen mit seinem Gehirn erst zur vollen Reife entwickeln. Vieles, was wir hier im Zusammenhang mit Schlaf erwähnt haben, läßt bereits vermuten, daß nicht nur der Schlaf selber zyklisch ist, sondern noch alles mögliche andere in unserem Leben. Und die Zyklen des Schlafs stehen offenbar in engem Zusammenhang mit den anderen, ja bei genauerem Hinsehen wird klar, daß der Schlaf in einen Gesamtrhythmus eingebettet ist.

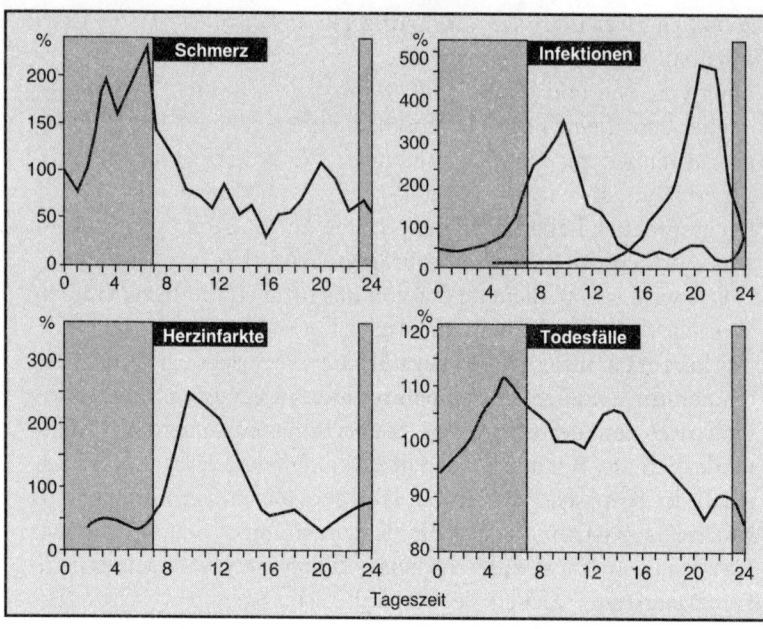

Im Laufe eines 24-Stunden-Tags folgen einzelne Funktionen des Menschen unterschiedlichen Rhythmen. So schwankt die Häufigkeit von Zahnschmerzen (s. Graphik rechts oben), vom Fieberbeginn bei bakteriellen (linke Kurve) und viralen (rechte Kurve) Infektionen, ebenso wie die Häufigkeit von Herzinfarkten und Todesfällen. (Nach Fröbe-Kaptega, 1956.)

Circadiane Rhythmen lassen sich auch beim kleinsten Mikroorganismus beobachten. Eine einzellige Alge auf dem tiefsten Meeresgrund, noch nicht einmal dem Wechsel von hell und dunkel ausgesetzt, folgt den gleichen 24-Stunden-Gesetzen wie wir, die nach unserer Einschätzung höchstentwickelten Lebewesen. Nehmen wir nur ein Beispiel: Jeden Morgen erleben wir zwischen zwei und vier eine »kritische« Zeit, in der sich zum Beispiel unser vegetatives Nervensystem umschaltet. Diese kritische Phase wird von Schwerkranken häufig nicht überstanden. Mit anderen Worten: Sterben geschieht am häufigsten in diesen frühen Morgenstunden. Das ließe sich damit erklären, daß wir hochkomplizierte Wesen sind, störbar wie ein feinregulierter elektronischer Apparat; da kann beim Umschalten leicht etwas kaputtgehen.

Wie aber, wenn auch die allereinfachsten Organismen, eben die oben erwähnten Algen, auch zu genau derselben Zeit, morgens zwischen zwei und vier, am häufigsten sterben? Dann gilt doch offenbar ein Gesetz, dem wir alle unterworfen sind, eine Verbindung von Zeit und Biologie.

Hier betritt eine neue Wissenschaft die Szene: die Chronobiologie zusammen mit der Chronomedizin. Wir haben sie schon häufiger erwähnt, als wir von Tag-und-Nacht-Gegensätzen und -Abläufen gesprochen haben. Und vom Schlaf. Schlaf ist ein ganz besonders stark chronobiologisch geprägtes Geschehen.

Das wird schon allein an der von uns oft nicht berücksichtigten Tatsache deutlich, daß wir am ausgedehntesten schlafen, wenn wir uns kurz nach unserem Temperaturhoch niederlegen. Die Körpertemperatur wie auch die Temperatur unseres Gehirns sind chronobiologisch gesteuerte Vorgänge. Sie beeinflussen Dauer und Qualität des Schlafs. Wir alle kennen den Rat, daß der Schlaf vor Mitternacht der beste sei. Da ist also mehr dran, als wir vermutet haben. Mütter beobachten oft, daß ihre Kinder morgens besonders lange schlafen, wenn sie abends früh eingeschlafen sind. Und umgekehrt: Paradoxerweise wachen sie früh auf, wenn sie abends besonders lange wach waren. Wir werden später am Beispiel der Schichtarbeit sehen, welche weitreichende Bedeutung chronobiologische Regulationen in unserem Leben haben und wieviel davon abhängt, ob wir sie möglichst respektieren oder einfach ignorieren.

Die eben erwähnten merkwürdigen Übereinstimmungen im Leben von Einzellern und Menschen sind neben unzähligen anderen zeitabhängigen biologischen Prozessen Studiengegenstand der Chronobiologie. Seit diese Wissenschaft auf den Plan getreten ist, hat sich vieles in anderen Disziplinen gewandelt. Wir haben nicht nur gelernt, warum wir wann am besten schlafen, wir wissen heute auch, daß Medikamente nicht zu jeder Tageszeit gleich wirken, daß Schmerzen morgens und abends unterschiedlich empfunden werden, daß Operationen an bestimmten Organen vorzugsweise zu bestimmten Tageszeiten vorgenommen werden sollten, daß der Wechsel von Licht und Dunkel nicht nur lebens-, sondern auch stimmungssteuernd wirkt, daß bestimmte Stunden für Autofahrer und Schichtarbeiter gefährlich werden, daß Depressionen und Schlaflosigkeit mit Licht behandelt werden können und so weiter. Die Liste ist viel länger. Auf einige Themen werden wir zurückkommen.

Klären wir zunächst einmal ein weitverbreitetes Mißverständnis: Die biologischen Zyklen und Rhythmen, von denen hier die Rede ist, haben außer einer Namensähnlichkeit nichts gemein mit dem, was neben Horoskopen und Numeroskopie als »Biorhythmus« angepriesen wird. Das sind, von einem Computer ausgeworfen, drei Sinuskurven mit Perioden von 23, 28 und 33 Tagen. Sie sollen, aus welchen Gründen auch immer, die körperliche, geistige und seelische Befindlichkeit eines Menschen wiedergeben. Als Nullpunkt wird die Geburtsstunde angesetzt, von der an sie unveränderlich bleiben, das ganze Leben lang. Die Kurven können also beliebig fortgeschrieben werden, um irgendwelche Zukunftsprognosen daraus abzuleiten. »Eine wissenschaftliche Begründung für diese Rechenmanöver hat es nie gegeben, mit wissenschaftlicher Chronobiologie haben sie nichts zu tun«, schreibt Ekkehart Haen in einem von ihm mitherausgegebenen Buch über Chronomedizin.[33]

Zeitabhängige biologische Zyklen dagegen sind vollkommen unabhängig von dem Geburtsdatum einer Person. Es handelt sich um wissenschaftlich nachweisbare Phänomene, die in der ganzen Natur gegenwärtig sind. Sie sind genau meßbar und zeigen eine erstaunliche Gesetzmäßigkeit. Jedes Lebewesen auf diesem Planeten folgt den Gesetzen dieser rhythmischen Abläufe. Sie sind für einzelne Organismen unterschiedlich. Zum Beispiel die Schlaf-Wach-Rhythmen: Dazu brauchen wir nur unsere Hauskatze zu beobachten. Sie schläft zu ganz anderen Zeiten als wir. Die rhythmischen Abläufe variieren aber auch in den einzelnen Körperfunktionen. Die Wissenschaftler sprechen darum von biologischen Variationen, biologischen Oszillationen oder biologischen Rhythmen.

Biologische Rhythmen in all ihren Wechselwirkungen und Verflechtungen sind also der Forschungsgegenstand der »neuen« Wissenschaft Chronobiologie. Klären wir nun, um sprachliche Verwirrung zu vermeiden, wie diese Rhythmen bezeichnet und unterschieden werden.

Da gibt es Rhythmen, die nur zwei Möglichkeiten aufweisen wie ein Kippschalter: Ein oder Aus. Der Schlaf-Wach-Wechsel ist ein solches Phänomen. Andere Rhythmen steigen langsam an und auch wieder ab, zum Beispiel die besonders deutlich ausgeprägte Cortisolausschüttung durch die Nebenniere, die morgens steil ansteigt und zum Nachmittag und Abend hin etwas langsamer wieder abfällt.

Kleine Geschichte der Chronobiologie

Die ersten chronobiologischen Beobachtungen stellten Naturphilosophen schon in der Antike an. Bereits davor, um fünftausend vor Christus, verehrten die Menschen den Mond als Gottheit, weil sie beobachtet hatten, daß seine Phasen im Zusammenhang mit Erdphänomenen, unter anderen auch mit dem Menstruationszyklus und mit der Geburt, standen.

Vom ersten mythischen Kaiser der chinesischen Vorzeit, Fu-hsi (um dreitausend vor Christus), wird berichtet, er habe acht Trigramme als Darstellung der Jahres- und Tagesrhythmen sowie der Himmelsrichtungen von einem Drachenpferd erhalten, das aus dem Gelben Fluß auftauchte. Im Kreis der Trigramme steht beispielsweise das Zeichen des Erregenden, *Dschen,* für den Osten, den Morgen und das Aufkeimen der Natur im Frühling. Das Zeichen für das Heitere, *Dui,* bedeutet Westen, Abend und Reife der Natur im Herbst: eine der ältesten chronobiologischen Darstellungen.

Die chinesische Heilkunde respektiert seit mehreren tausend Jahren die Verbindung von Veränderungen im Körper mit dem Rhythmus der Tage und auch der Jahreszeiten. Einige hundert Jahre vor Christus schrieb Hippokrates seine Beobachtungen über tages- und jahreszeitliche Schwankungen des geistigen und körperlichen Wohlbefindens auf.

Daß Menschen solchen biologischen Rhythmen unterworfen sind, schildert dann wieder sehr viel später im Jahre 1811 Karl Friedrich Burdach in seinem Buch *Diaetetik für Gesunde.* Er stellte fest, daß bestimmte Tageszeiten charakteristische Entsprechungen in körperlichen, geistigen und seelischen Auffälligkeiten haben: So gingen Puls und Atmung in den Morgenstunden »langsam und kräftig«, der Zeit, in der »Urteilskraft und Vernunft das Übergewicht haben über andere Vermögen«. Er beschreibt dann die »beynahe fieberhafte Schnelligkeit des Pulses des Abends, der den geselligen Freuden und heiteren Spielen der Phantasie« gewidmet sei. Er kommt zu dem Schluß: »Der Mensch ist verschieden nach der

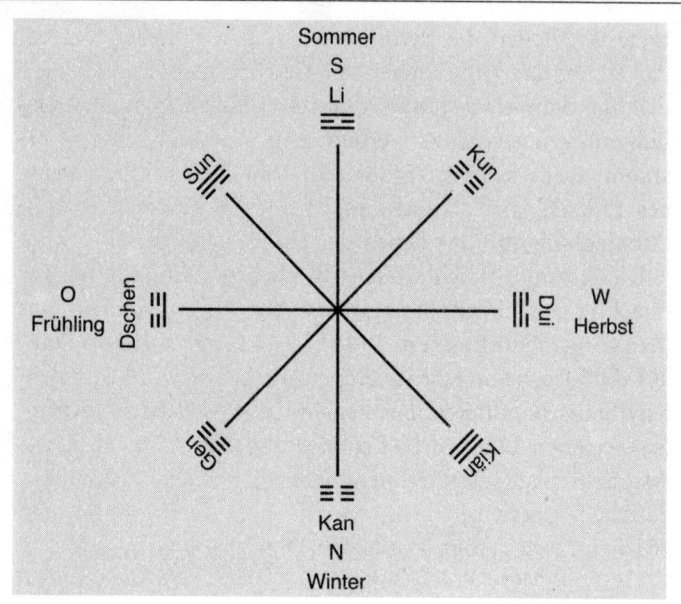

Der Trigrammkreis des chinesischen Kaisers Fu-hsi (um 3000 v. Chr.) ist eine der ersten Darstellungen biologischer Rhythmen. (Nach R. Wilhelm.)

Tageszeit... und so gut wie Linné als Pflanzenbeobachter nach dem Zustand der Pflanzen die Tageszeit bestimmt angab und so eine Pflanzenuhr sich schuf: ebenso gut kann man eine Menschenuhr sich bilden, und vorhersehen, wie ein Individuum, welches man genau kennt, von einem gewissen Gegenstand des Morgens oder des Abends afficirt werden wird.«

Niemand wußte damals, wo die Ursachen für solche merkwürdigen Übereinstimmungen lagen. Man hatte allgemein die Vorstellung, daß es wohl eine Art passive Anpassung an die Periodik der Natur gäbe. Daß es sich aber auch um einen aktiven Mechanismus handeln könnte, hatte – heutige Erkenntnisse vorausnehmend – 1793 Georg Christoph Lichtenberg in einem Aufsatz im *Göttinger Taschen-Kalender* vermutet. »Das Handeln nach der Uhr«, heißt es da, »setzt innere uhrmäßige Anlagen voraus.« Und 1831 schrieb Carl Gustav Carus: »Die einfachste Mannichfaltigkeit der Zeit-

126

folge ist allemal die rhythmische, und wir dürfen nur die Augen auf das große Leben der Gestirne gen Himmel wenden, um die einfachsten rhythmischen Fortschreitungen und Bewegungen gewahr zu werden... dieser Makrokosmos bestimmt aber wieder den großen Rhythmus der Erscheinungen des Erdenlebens... (und diese) bedingen hinwiederum die Entwicklung und das Leben der Erdenbewohner.«

Die ersten wirklich wissenschaftlich dokumentierten Beobachtungen chronobiologischer Vorgänge stammen aus dem vorigen Jahrhundert: 1845 kam der englische Arzt Davy auf die Idee, seine Körpertemperatur in einem 24-Stunden-Rhythmus zu notieren. Die beiden Forscher Patrick und Gilbert weiteten 1896 solche Beobachtungen aus, indem sie das erste Schlafentzugsexperiment unternahmen. Sie stellten fest, daß die Körpertemperatur während eines ununterbrochenen Wachzustandes einen Tageszyklus aufwies.

Von der Mitte dieses Jahrhunderts an ging es dann fast atemberaubend schnell vorwärts. 1954 prägte Jürgen Aschoff vom Max-Planck-Institut in Andechs den Begriff »Zeitgeber«, der in der Chronobiologie seitdem eine bedeutende Rolle spielt. Er wurde in die internationale Wissenschaftssprache aufgenommen und bezeichnet die äußeren (exogenen) Faktoren, die auf einen inneren (endogenen) Rhythmus einwirken. 1959 kreierte Halber das Wort »circadian« (etwa einen Tag), um deutlich zu machen, daß es innere biologische Rhythmen gibt, die oft nicht genau vierundzwanzig Stunden lang sind. Er zeigte auch, daß beim Menschen sozioökologische Faktoren wie der Wechsel von Aktivität und Ruhe besonders stark synchronisierend auf circadiane Rhythmen einwirken, daß sie also Zeitgeber sein können.

1962 klärten Aschoff und sein Kollege Wever, daß der Ruhe-Aktivitäts-Zyklus zwar mit dem circadianen gekoppelt ist, ihn jedoch nicht bedingt. In einer Isolationsstudie, bei der die Versuchspersonen von äußeren Zeitgebern abgeschottet wurden, zum Beispiel in einem Bunker, demonstrierte Mills Mitte der sechziger Jahre, daß ein »frei laufender« Ruhe-

Aktivitäts-Zyklus bei längerer Isolation leicht mehr als vierundzwanzig Stunden andauert. Der Tag wird also verlängert. 1965 zeigten Aschoff und seine Kollegen, daß es in längerer Isolation zu einer spontanen inneren Desynchronisation zwischen Ruhe-Aktivitäts-Zyklus und anderen physiologischen Abläufen kommt.

Die interne Desynchronisation blieb weiterhin eines der wichtigsten Studienobjekte: Die Chronobiologen Jürgen Zulley und Czeisler untersuchten sie zwischen 1978 und 1980 unabhängig voneinander und zeigten, daß Schlafdauer und REM-Schlaf an bestimmte Körpertemperaturzyklen gekoppelt sind, während andere Aspekte des Schlafs davon unabhängig bleiben.

Eine für die Zukunft unserer Zeit- und Arbeitsorganisation besonders bedeutsame Untersuchung legten 1985 Zulley und sein Kollege Campbell vor: Danach weist nun die Desynchronisation von Schlaf-Wach-Zyklen und Körpertemperaturrhythmen darauf hin, daß der Schlaf-Wach-Rhythmus nicht *direkt* an die innere Uhr gekoppelt ist. Er unterliegt weitgehend der Willkür des einzelnen und ist damit eine Quelle für Störungen. Diesen Störungen können wir jedoch entgegenwirken, erklärten die beiden Forscher, wenn wir kurze Nickerchen in den Tagesablauf einschieben.

Wenn man diese Kurve über zwei Tage hinweg aufzeichnet, ergeben sich Höhepunkte (Maxima) und Tiefpunkte (Minima). Die Dauer zwischen zwei Maxima nennt man eine Periode.

Einige der biologischen Rhythmen entsprechen dem Tagesablauf. Sie werden als circadian bezeichnet, denn sie passen sich etwa einem Tag, also etwa vierundzwanzig Stunden an. Unter künstlichen Bedingungen verändern sie sich. »Künstlich« heißt, von der Umwelt und vor allem vom natürlichen Licht abgeschirmt. Dabei verlängern oder verkürzen sich die Zyklen leicht. Die äußeren Faktoren, die normalerweise den 24-Stunden-Rhythmus regeln, werden als Zeitgeber bezeichnet. Ohne Zeitgeber beginnen die Rhythmen wie eine selbsterregte Schwingung »freizulaufen«. Tatsächlich sind sie selbst erregt: Es sind endogene, also im Organismus angelegte periodische Prozesse.

Von diesen gibt es noch eine Reihe anderer, die bei Tieren und Pflanzen eine Rolle spielen: die circatidalen, die ungefähr einer Gezeit entsprechen, die circalunaren, die ungefähr einen Mondzyklus dauern, und die circaannualen, die sich über das Jahr erstrecken. Wann bestimmte Tierarten ihre Jungen zeugen und zur Welt bringen, ist einem solchen circaannualen Zyklus angepaßt. Der Zeitpunkt der Geburt wird von der Natur so geplant, daß er dem Jungtier die größten Überlebenschancen bietet.

Es gibt aber auch rhythmische Prozesse, die kürzer sind als alle bisher genannten, kürzer als ein Tag. Sie werden darum als ultradian bezeichnet. Ultradiane Rhythmen sind zum Beispiel die im Schlaf auftretenden Perioden mit einer Dauer von neunzig Minuten. Oder der Puls: etwa eine Sekunde, und die Atemfrequenz: etwa drei Sekunden. Oder auch die pulsartige Freisetzung bestimmter Hormone in das Blut, zum Beispiel des Wachstumshormons, oder von Cortisol. Hier kommt es dann zu einer Überlagerung der kurzen Sekretionsfrequenzen mit der Gesamttageskurve.

Infradiane Rhythmen (länger als einen Tag) sind unter anderem der Monatszyklus der Frau und die jahreszeitlichen Veränderungen bei Tieren wie die Mauser oder starke Veränderungen des Körpergewichts.

Zwischen all diesen Rhythmen gibt es Verbindungen: Sie greifen nicht nur ineinander, sondern sie durchdringen sich auch. Manche sind voneinander abhängig, andere nicht. Manche sind einfach gekoppelt, aber nicht ursächlich voneinander abhängig – zum Beispiel unsere Körpertemperatur und der Schlaf. Ein und derselbe Prozeß verhält sich ganz unterschiedlich nach Tages-, Monats- und Jahreszeit. Im Winter zum Beispiel schlafen wir länger. Daran ändert auch Isolation ohne äußere Zeitsignale nichts. Unser biologisches Programm ist dafür verantwortlich. Der circadiane Rhythmus ändert sich also geringfügig nach der Jahreszeit und der Relation von Licht und Dunkelheit.

Einigermaßen normale Umweltbedingungen synchronisieren diese in unserem Körper und unserer Psyche angelegten Oszillationen. Sie sorgen dafür, daß trotz häufiger kleiner Verschiebungen der Rhythmen zueinander alles (immer) wieder ins Lot kommt.

Wenn wir das gesamte Leben auf der Erde beobachten könnten, dem die Erdumdrehung und die Stellung der Erdachse den Takt angeben, würden wir wohl entdecken, daß es darum geht, jedem Lebewesen die Anpassung an die Veränderungen der jeweiligen Lebensbedingungen zu ermöglichen. Diese Anpassungen werden von uns oft aufs äußerste strapaziert, zum Beispiel wenn wir zu unregelmäßigen Zeiten arbeiten, wie Schichtarbeiter, wenn wir völlig unregelmäßig leben oder wenn wir über Zeitzonen fliegen.

Es scheint also in unserem Körper so etwas wie eine Uhr zu geben. Mehrere Uhren sogar, wie wir schon verstanden haben. Beim Menschen werden sie in gewisser Weise von einer Hauptuhr koordiniert: Das ist ein (genaugenommen sind es zwei) Zellhaufen im Gehirn, der über der Kreuzung der Sehnerven (Chiasma opticum) liegt und darum – ein wenig unaussprechlich – suprachiasmatischer Nucleus genannt wird. Er liegt nicht umsonst so nahe an den Sehnerven: Licht, vom Auge aufgenommen, ist schließlich unser wichtigster Zeitgeber. Tatsächlich empfängt dieser Nucleus, dieser Zellhaufen, von den Augen neuronale Signale und leitet sie weiter an den Körper. Einige der Signale gehen zum Beispiel an eine Hirnanhangsdrüse, die Epiphyse (Zirbeldrüse), die das Hormon Melatonin produziert und ausschüttet. Im 24-Stunden-Rhythmus wird es von dieser Drüse ausschließlich bei Dunkelheit freigesetzt. Sobald das Auge Licht aufnimmt, wird das Melatonin gestoppt. Wird der suprachiasmatische Nucleus durch eine Hirnverletzung oder einen Tumor zerstört, verschwindet die spontane Periodik dieser Melatoninausschüttung und anderer physiologischer Funktionen. Sie lassen sich jedoch offenbar mit einem rhythmischen Zeitgeber synchronisieren. Das beweist nun allerdings, daß diese Zellstruktur im Gehirn doch nicht die physiologische Uhr des Menschen sein kann, sicher stellt sie aber eine Koordinationsstelle dar. Die Frage ist nun, wo tickt die Uhr?

Verschiedene Rhythmen laufen in unserem Körper koordiniert ab. Unter bestimmten unnatürlichen Bedingungen löst sich jedoch diese feine Abstimmung auf. Wovon sind diese Oszillationen dann abhängig, und wieviel haben sie noch miteinander zu tun? Was bedeutet es für unser Wohlbefinden und unsere Gesundheit, wenn die sonst koordinierten Rhythmen auseinanderlaufen?

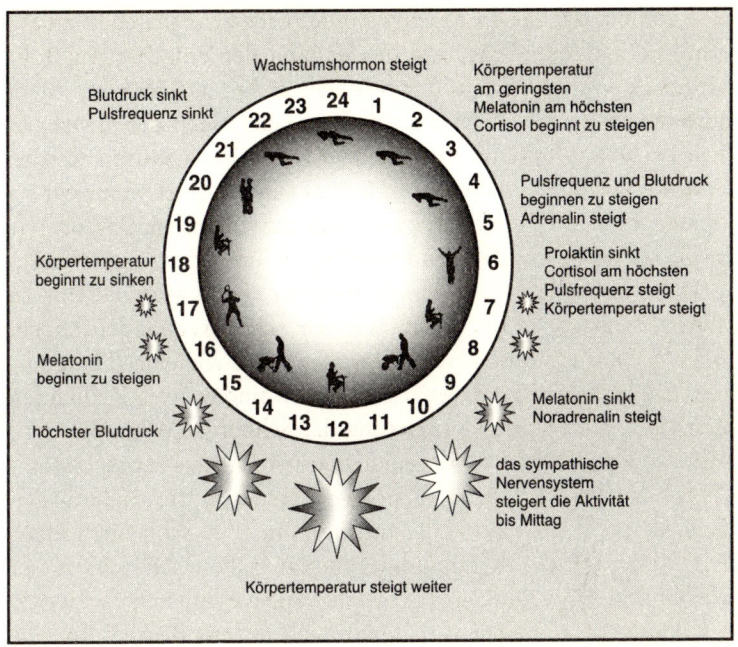

Wachstumshormon steigt

Blutdruck sinkt
Pulsfrequenz sinkt

Körpertemperatur
am geringsten
Melatonin am höchsten
Cortisol beginnt zu steigen

Pulsfrequenz und Blutdruck
beginnen zu steigen
Adrenalin steigt

Prolaktin sinkt
Cortisol am höchsten
Pulsfrequenz steigt
Körpertemperatur steigt

Melatonin sinkt
Noradrenalin steigt

das sympathische
Nervensystem
steigert die Aktivität
bis Mittag

Körpertemperatur
beginnt zu sinken

Melatonin
beginnt zu steigen

höchster Blutdruck

Körpertemperatur steigt weiter

Unser Verhalten, den Rhythmen unseres Körpers gemäß, im Tagesverlauf.

Körpertemperatur und Schlaf

Nehmen wir als Beispiel eins der Phänomene, die auf den ersten Blick einfach erscheinen. Es gehörte zu den ersten, mit denen sich die Chronobiologen auf ihrem ganz spezifischen Forschungsterrain beschäftigten: die merkwürdige Verbindung zwischen Körpertemperatur und Schlaf. Unter normalen Bedingungen ist das eine geregelte Beziehung. Beide Partner haben gemeinsam, daß sie für zwei Formen der Sonnenenergie empfindsam sind: Licht und Hitze. Eine Uhr im Gehirn scheint zu regeln, daß sie darauf schon im voraus reagieren können. Praktisch bedeutet es, daß wir wie die meisten Säugetiere am Tag Hitze und Aktivität entfalten und nachts ruhen und gleichzeitig Wärme sparen. Das heißt, wenn unsere Tempera-

131

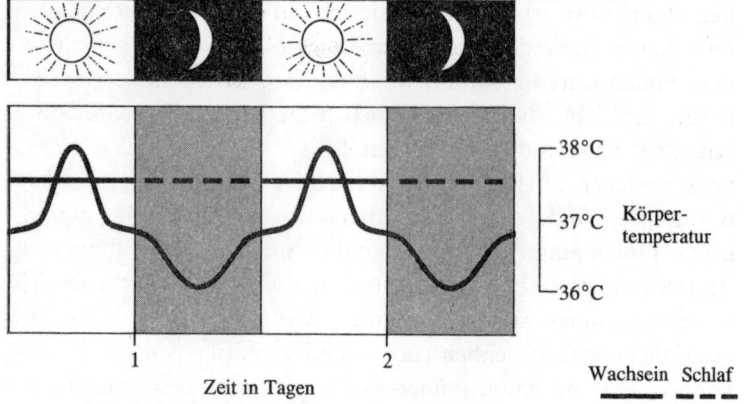

So verlaufen die Schwankungen unserer Körpertemperatur im Tagesrhythmus – ein besonders stabiler Mechanismus. Der Schlaf (gestrichelte Linie) beginnt, wenn die Temperatur stark abfällt. Er endet mit dem Temperaturanstieg.

turkurve hoch ist, sind wir wach, und wenn sie niedrig ist, schlafen wir.

Das Ganze kann jedoch völlig durcheinandergeraten, so daß die beiden Partner zeitweilig ihre eigenen Wege gehen und nicht mehr »richtig zu ticken« scheinen.

Die aufwendigsten und beeindruckendsten der chronobiologischen Forschungsobjekte haben das bewiesen. Die ersten Experimente wurden schon vor mehr als dreißig Jahren von Jürgen Aschoff, R. A. Wever, Jürgen Zulley und anderen am Max-Planck-Institut in Andechs unternommen. Insgesamt nahmen 450 Freiwillige aller Altersgruppen teil, sogar ein Einundachtzigjähriger. Die Wissenschaftler hatten für diese Beobachtungen einen »Bunker« gebaut, eine unterirdische Behausung mit zwei »behaglichen« (wie einer der Forscher es beschreibt) Appartements, bestehend jeweils aus einem Raum zum Arbeiten, Wohnen und Schlafen sowie einer Küche und Badezimmer. Die Wohnungen blieben unverschlossen, so daß die Probanden die meistens über mehrere Wochen dauernden Versuche jederzeit abbrechen konnten. Nur neun machten im Laufe der Zeit davon Gebrauch. Fast alle fanden den Bunkeraufenthalt so erträglich, daß sie gern an weiteren Experimenten teilnahmen. Außerdem war ihnen die Zeit keineswegs lang geworden. Einige waren erstaunt, wenn ein Versuch zu Ende war; sie hatten geglaubt, die Frist sei noch nicht herum. Eine Studentin schrieb aus dem Bunker an Jürgen Zulley: »Die ersten Tage waren noch unsicher... vier Wochen standen da so groß vor mir.« Ein wenig später findet sie es »verblüffend, wie schnell der Tag herumgeht«. Einem jungen Mann kam dabei ein Tag einfach abhanden. Andere fanden, so berichtet Zulley, sie wären endlich mal zu sich selber gekommen – »mehr und mehr kehrt eine innere Ruhe und ausgeglichene Gelassenheit ein« –, und sie hätten endlich das tun können, was sie schon immer wollten: bestimmte Bücher lesen, schreiben, einfach nachdenken. Einer meinte: »Jetzt weiß ich, was mir immer so auf die Nerven geht: ich selber.« Beim selbstgewählten oder geschätzten künstlichen Nachtbeginn schalteten sie ihre »gemütliche Abendstimmung« verbreitende Schreibtischlampe an. »Alleinsein macht heiter« war das Fazit eines Probanden.

Ein wichtiger Faktor für dieses Wohlbefinden war nach Meinung der Forscher die Tatsache, daß die am Experiment Beteiligten wußten, daß draußen Menschen waren, die sich um sie kümmerten. Die Probanden konnten ihnen schriftliche Nachrichten zukommen lassen, Wünsche äußern, zum Beispiel, welche Bücher sie brauchten und was man ihnen zum Kochen einkaufen sollte.

Der andere relevante Faktor war die Freiwilligkeit. Die Versuchspersonen hatten sich selber zu dem Experiment entschlossen. Eine erzwungene Isolation, wie sie Verunglückte erfahren, die tagelang in einer menschenleeren Landschaft umherirren, oder Forscher, die in einer Höhle den Weg verlieren, wird vollkommen anders – negativ – erlebt.

Die Untersuchungen, bei denen regelmäßig über die Körpertemperatur und die Schlafzeiten Buch geführt wurde, sollten darüber Aufschluß geben, wie eben diese beiden physiologischen »Partner« im Bunker miteinander auskamen. Abgeschnitten von der Außenwelt, von Zeitgebern wie natürlichem Licht und Nachrichten aus Zeitungen, Radio oder Fernsehen, sollten sie nun zeigen, wie tragfähig ihre Beziehung unter diesen strapaziösen Bedingungen war. Das schien zunächst zu ziemlichen Unregelmäßigkeiten und Abweichungen vom Pfad der Eintracht zu führen. Bald stellte sich jedoch heraus, daß auch unter den künstlichen Bedingungen wieder gewisse Regeln eingeführt wurden, die den Frieden sicherten.

Die Rhythmen begannen »freizulaufen«, das heißt, sie waren nicht mehr einem 24-Stunden-Tag angepaßt. Was die Versuchspersonen im Bunker subjektiv empfanden, nämlich daß ihnen bei einem längeren Experiment Zeit, ja bisweilen sogar ein ganzer Tag verlorenging, wurde durch die Aufzeichnung dieser Rhythmen anschaulich: Die »Freilauftage« ohne äußere Zeitgeber werden nach einer Anpassungszeit von einigen Tagen länger. Sie dauern im Schnitt fünfundzwanzig Stunden. Es vollzieht sich eine Art Dehnung der Zeit. Gleichzeitig verändert sich die Beziehung zwischen den Partnern Schlaf und Körpertemperatur. Während sich bei einem normalen Tagesablauf mit Sonnenlicht und nächtlicher Dunkelheit der Schlaf am leichtesten einstellt, wenn die höchste Körpertemperatur bereits überschritten ist, bevorzugt er unter Isolationsbedingungen den Zeitpunkt um das Temperaturminimum. Das bedeutet für die Hauptschlafperiode: Sie findet nicht mehr wie im 24-Stunden-Tag überwiegend mit der abfallenden Körpertemperatur bis zu ihrem Neuanstieg statt, sondern überwiegend mit der ansteigenden Temperatur.

Damit ergibt sich eine neue Regelhaftigkeit. Sie entspricht offenbar einer inneren Notwendigkeit: Egal ob wir von außen Zeitinformationen bekommen oder nicht, Regeln werden befolgt. Nur eben merkwürdige. Das Paar Schlaf – Körpertemperatur verhält sich wie ein Mann und eine Frau, die sich bisher abends zu Hause eingefunden haben, um sich gemeinsam zu erholen und zu Bett zu gehen, wenn die Arbeit und die gesamte Aktivität des Tages langsam abklangen und abgeschlossen wurden. Jetzt treffen sie sich, wenn sie gerade anfangen zu arbeiten. Irgendwie kriegen sie es noch hin, ihre Beziehung aufrechtzuerhalten, weil sie sich brauchen, aber beide leiden unter dieser widernatürlichen Regelung. Hier ist es vor allem der Schlaf, der leidet. Stärker der Willkür gehorchend, verschiebt er sich (ebenso wie natürlich das Wachsein) auf einen immer späteren Zeitpunkt. Seine Architektur, der Wechsel zwischen Tief- und REM-Schlafphasen, wird gestört. Trotzdem, bis jetzt bleibt die Beziehung der Partner noch erhalten. Sie haben ihre Rhythmen *synchronisiert.*

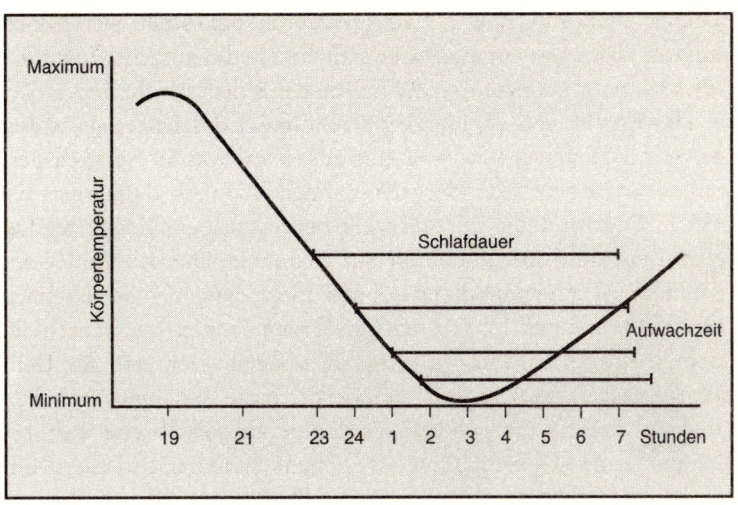

Je nachdem wann wir zu Bett gehen, schlafen wir länger oder kürzer. Je früher wir uns vor unserem Temperaturminimum (zwischen zwei und drei Uhr) aufs Ohr legen, desto mehr Schlaf haben wir vor uns. Denn das Ende des Schlafs tritt immer dann ein, wenn die Temperaturkurve wieder stark ansteigt (um sieben Uhr herum).

Es kann auch schlimmer kommen. Bei einigen der Versuchspersonen im Bunkerexperiment begannen sich die Rhythmen nach einiger Zeit voneinander abzukoppeln. Bei diesem *Desynchronisieren* bleibt die Körpertemperatur bei ihrem normalen Rhythmus, während der Schlaf immer später einsetzt, also hinter dem Temperaturrhythmus zurückbleibt. Nun folgen beide Partner – unabhängig voneinander – ihrem eigenen Rhythmus.

Demnach gibt es offenbar ein besonderes Uhrwerk für Temperaturanstieg und -abstieg. Da ist also ein »multioszillatorisches« System am Werk. Der Schlaf-Wach-Oszillator ist im Mittel langsamer als der Temperaturoszillator, der sich auf Dauer auch als der Stärkere von beiden erweist. Wie so oft handelt es sich hier um ein ungleiches Paar.

Trotz ihrer Eigenwilligkeit versuchen beide Partner jedoch immer wieder eine gewisse Abstimmung aufeinander. Sie machen Kompromisse: der Schlaf mehr als die Temperatur. Er kann sich das leisten, denn er ist nur locker an den Temperaturregler gekoppelt.

Warum interessieren sich die Forscher mit ihren »Freilaufexperimenten« so intensiv für diese Liaison? Offensichtlich nicht aus reinem Voyeurismus, sondern um bestimmte Informationen genauer zu bekommen, als dies unter den normalen Bedingungen eines 24-Stunden-Tags möglich ist. Die inneren (endogenen) Oszillatoren oder Uhren zeigen ihre Eigenheiten eben erst in dieser künstlichen Situation.

Dabei kommt eine Menge an Informationen zutage, die von außerordentlicher Bedeutung für unser Wohlbefinden und unsere Gesundheit sind, die uns unser nächtliches Wesen und »Unwesen« verständlicher machen und vor allem sehr konkrete Konsequenzen haben.

Es läßt sich nicht von der Hand weisen, daß wir uns subjektiv am besten fühlen und auch objektiv am störungsfreiesten »funktionieren«, wenn die Verhältnisse normal sind. In einem normalen 24-Stunden-Tag zeigen sich nicht nur circadiane, sondern auch ultradiane Rhythmen. Zum Beispiel haben wir morgens früh zwischen 7 und 8 Uhr ein erstes Leistungshoch, dem folgt zwischem 9 und 10 ein schwaches Tief, zwischen 11 und 12 abgelöst von einem erneuten Hoch. Zwischen 13 und 14 Uhr gibt es dann einen starken Einbruch. Aktivität, Konzentrationsfähigkeit und Kreislaufstabilität erreichen den Tiefpunkt des Tages. Zwischen 15 und 16 Uhr geht es wieder gut bergauf, gegen 17 und 18 Uhr schlaffen wir ein wenig ab, um dann um 19 oder 20 Uhr noch mal richtig aktiv zu werden. Der nächtliche Tiefpunkt liegt etwa um 3 Uhr nachts. Das Ganze ergibt eine ziemlich regelmäßige Wellenbewegung. Natürlich zeigen diese Kurven individuelle Abweichungen.

Die Aktivitätskurve stimmt einigermaßen überein mit der Temperaturkurve. Andere Funktionen jedoch, die ebenfalls nicht nur circadiane, sondern auch ultradiane Perioden haben, können total gegenläufig sein. So begegnen sich Temperatur- und Aktivitätsminima nachts mit den Maxima anderer Funktionen. Zum Beispiel können Verdauung und Hormonausschüttungen in diesen Phasen besonderer Labilität gerade auf Hochtouren laufen. Das sind Stunden, die »für die Interaktion mit der Umwelt ineffektiv sind«. Jürgen Zulley meint, daß diese für den Organismus sensiblen Zeiträume, in denen sich solche Maxima und Minima treffen, durch Schlafbereitschaft oder Schlaf charakterisiert sind. Schlaf hilft, sie zu überbrücken. Nur weil wir uns dann im Schlaf kaum bewegen, kann einiges in eben dieser Intensität ablaufen.

Alle diese verschiedenen Funktionen mit eigenen ultradianen Rhythmen erscheinen zunächst unendlich kompliziert. Ist das ganze System nicht geradezu darauf angelegt, aus dem Tritt zu geraten? Das Gegenteil ist der Fall: In Wahrheit liegt gerade darin das Kunststück der Natur, uns für alle möglichen Anforderungen und Schwankungen in der Umwelt anpassungsfähig zu machen. Einige der periodischen Prozesse sind, wie wir am Beispiel Körpertemperatur gezeigt haben, stärker und wichtiger, andere schwächer. So schafft es der Gesamtorganismus auch nach ziemlich chaotischen Phasen immer wieder, eine Synchronisation und Stabilisierung herzustellen.

Das allerdings dauert oft länger, als wir denken und subjektiv wahrnehmen. Manchmal gelingt es auch gar nicht, wenn wir uns solchen Störungen immer wieder neu aussetzen.

Unser Tages- und Nachtablauf wird von äußeren Zeitgebern strukturiert. Neben Licht und Dunkel spielen soziale Kontakte, die Arbeit und die Mahlzeiten die Rolle von Zeitgebern. Wenn diese in ihren Phasen gut aufeinander abgestimmt sind, fühlen wir uns wohl in unserer Haut, und auch eine durchfeierte Nacht ändert daran kaum etwas. Wenn aber die »Zeitzeichen« gegen die optimalen Phasenabläufe wirken, zum Beispiel wenn wir gezwungen sind, zum falschen Zeitpunkt zu schlafen oder zu essen, destabilisieren sie uns. Körperlich ebenso wie psychisch. Die Stimmung leidet genauso wie die Leistungsfähigkeit oder der Schlaf.

Jetlag und was man dagegen tun kann

Wir können nach jedem Zeitzonenflug, zum Beispiel bei einer Atlantiküberquerung, feststellen, daß wir aus dem Gleis geraten und nicht sehr leistungsfähig sind. Wir fühlen uns auch noch nach einigen Tagen erschöpft, obwohl wir es relativ schnell schaffen, unseren Schlafrhythmus umzustellen. Dazu gehen wir einfach, der neuen Zeit angepaßt, später oder früher ins Bett. Schlaf ist relativ flexibel, wie wir gerade gesehen haben. Sein Rhythmus läßt sich ziemlich leicht verschieben, zumindest nach hinten. Es fällt uns nicht allzu schwer, später schlafen zu gehen.

Die inneren Uhren (zum Beispiel die Temperatur-Uhr) jedoch sind stabiler in ihrem Rhythmus. Sie lassen sich nicht so leicht verstellen. Unsere Körpertemperatur – der stärkere Mechanismus – macht die Änderung nicht gleich mit. Sie versucht, bei ihrem alten Rhythmus zu bleiben. Das wirkt sich auf unser Befinden, unsere Aufmerksamkeit und Aktivität aus. Ebenso stellen sich Verdauung und hormonelle Systeme nicht in gleicher Geschwindigkeit um. Zwar haben wir oft einige Stunden lang den Eindruck, alles sei wieder im Lot. Es liegt daran, daß uns sogenannte Maskierungseffekte täuschen: Zum Beispiel steigt die Körpertemperatur kurzfristig an, wenn wir uns nach einem Transatlantikflug gleich voll in die Arbeit stürzen. Und sie sinkt, so als wäre alles normal, zu Schlafbeginn immer ein wenig. Aber das Wohlbefinden ist nur von kurzer Dauer. Das Leistungs- und Stimmungstief läßt nicht auf sich warten.

Erst wenn die neuen Zeitgeber, also die neue Tag-Nacht-Einteilung, über einige Tage hinweg konstant auf die endogenen Rhythmen einwirken, passen sie sich langsam an. Als Faustregel gilt: Pro Zeitzone wird ein Tag zur Anpassung gebraucht.

Dem Jetlag kann man mit einigen kleinen Tricks vorbeugen oder begegnen:

In westlicher Richtung fällt die Umstellung leichter, weil alles auf später verschoben wird. Wenn wir schon vor der Abreise ein paar Tage sehr spät schlafen gegangen und ebenfalls spät aufgestanden sind, werden wir zumindest unseren Schlaf-Wach-Rhythmus relativ schnell an die neue Zeit anpassen. Wichtig ist, daß wir bei Ankunft beispielsweise um 14 Uhr in New York, wenn es für uns Europäer schon 20 Uhr ist, nicht der abendlichen Müdigkeit nachgeben und den Tag nicht vor 22 oder 23 Uhr Ortszeit beenden. Es ist hilfreich, sich den neuen Zeitsignalen so intensiv wie möglich auszusetzen und vor allem viel ins helle Tageslicht zu gehen, um sich möglichst rasch umzustellen. Soll der Aufenthalt nur kurz sein, vielleicht nur zwei Tage, ist es besser, sein inneres Uhrwerk gar nicht erst neu zu synchronisieren. Dann ist es sinnvoll, morgens den Schlaf in einem stark abgedunkelten Zimmer ein bißchen auszudehnen, und, falls draußen schon morgens die Sonne hell scheint, erst mal eine dunkle Sonnenbrille aufzusetzen. Bei der Rückkehr sind wir zwar wegen des Schlafmangels auf dem Heimflug müde, kommen aber gleich wieder in unseren alten Rhythmus.

Ostflüge machen da vergleichsweise mehr Schwierigkeiten. Meistens wird dabei die Nacht um etliche Stunden verkürzt. Unsere innere Uhr, die sich normalerweise morgens bei Sonnenaufgang von dem inneren 25-Stunden-Rhythmus auf den äußeren 24-Stunden-Tag jedesmal genau einstellt, widersetzt sich hartnäckig dem Vorverstellen. Darum ist die Vorbereitung auf einen Zeitzonenflug in östlicher Richtung nicht so leicht wie in westlicher. Trotzdem kann man versuchen, einige Tage vor der Reise besonders früh aufzustehen und Mahlzeiten vorzuverlegen. Das fällt leichter, als ungewohnt früh schlafen zu gehen.

Arbeiten gegen die biologische Uhr

Zeitzonensprünge fühlen wir deutlich. Andere Disregulationen zwischen den äußeren Zeitgebern und unseren inneren Rhythmen nehmen wir weniger zur Kenntnis. Der Stahlarbeiter, der alle paar Tage die Schicht wechselt, fühlt sich zwar während der Nacht- und Frühschichten nicht gerade in seiner besten Form, meint aber, er passe sich im Laufe der Zeit den wechselnden Anforderungen an.

In Wahrheit ist der Zeitzonensprung leichter. Nach der Reise lebt der Betroffene unter konstanten Bedingungen. Der Tag fängt nun zur neuen Ortszeit immer gleich an und endet gleich. Von nun an reist, arbeitet, schläft, vergnügt er sich in einem etwa gleichbleibenden Rhythmus. Nach anfänglichen Schwierigkeiten ist schnell wieder alles in Ordnung.

Anders beim Schichtarbeiter. Er bleibt im Gegensatz zum Zeitzonenreisenden in seiner unveränderten Umwelt. Das heißt, alle äußeren Zeitgeber – Tageslicht, Mahlzeiten, Familien- und Sozialleben – finden wie immer statt. Nur er muß zu veränderten Zeiten arbeiten, höchste Leistungen vollbringen und auch schlafen. Sein Schlaf-

Wach-Rhythmus ist nicht nur gegenüber dem eigenen circadianen System, sondern auch gegenüber der Umwelt verschoben. Wenn andere sich gemütlich mit ihrem Krimi ins Bett legen und langsam entspannen, muß er seine Leistung neu ankurbeln. Wenn andere tief schlafen, muß er benommen durch menschenleere Straßen zur Frühschicht fahren. Ein paar Tage später darf er während der Spätschicht nachts wieder halbwegs normal schlafen, kann dafür aber abends weder seine Kinder noch seine Freunde sehen. Dann folgen ein bis zwei Tage Freizeit. Er schläft sich aus – und denkt, alles sei in Ordnung.

Dem widerspricht die Statistik der Chronomediziner: Danach leiden fünfzig Prozent der Schichtarbeiter unter Schlaf- und Appetitstörungen sowie Magen-Darm-Erkrankungen. Insgesamt sind sie, immerhin ein Fünftel der arbeitenden Bevölkerung, erheblich häufiger krank als andere. Ihre sozialen Kontakte, ihre Psyche und ihr Familienleben leiden: Auch wenn sie oft ihre Müdigkeit am Tag nicht spüren, sind sie dann häufig gereizt, ärgerlich, leicht wütend. Die Scheidungsrate ist bei Schichtarbeiterkindern um sechzig Prozent höher als bei der übrigen Bevölkerung, woran sich zeigt, wie nachhaltig die Auswirkungen sind.

Die »Maschine Mensch« zeigt ihre Schwächen. Sie kann nicht wie ein technisches Gerät kontinuierlich arbeiten. Man sieht sie darum für veraltet an; sie ist offensichtlich nicht in der Lage, mit den Fortschritten der Technik mitzuhalten. Doch weil nicht sein kann, was nicht sein darf, versucht man, ihre Schwächen zu ignorieren.

Im Schlaflabor zeigt sich, daß sich der Organismus auch nach vielen Jahren Schichtarbeit nicht an die künstlich vorgegebenen Rhythmen angepaßt hat. Mit Aufmerksamkeitstests läßt sich leicht nachweisen, wieviel einer in späten Nachtstunden noch zu leisten fähig ist. Zum Beispiel sind die Fähigkeiten, logisch zu denken, Rechenaufgaben im Kopf zu lösen oder gar ein Flugzeug zu steuern, zwischen zwei und vier Uhr morgens an ihrem Tiefpunkt angelangt. Dementsprechend sind Arbeits- und Verkehrsunfälle um diese Zeit besonders häufig. Menschen auf dem Heimweg von der Nachtschicht oder auf dem Weg zur Frühschicht sind besonders gefährdet, das zeigen zahlreiche Untersuchungen. Die übermüdeten und in ihrem chronobiologischen System überbeanspruchten Schichtar-

	Probleme	Frühschicht	Spätschicht	Nachtschicht	Wochenendarbeit
Wohlbefinden	Schlafstörungen	■		■	
	Ermüdung	■			
	Appetitstörungen			■	
	Magen-Darm-Beschwerden			■	
Gesundheit	Magen-Darm-Erkrankungen			■	
	Herz-Kreislauf-Erkrankungen			■	
Sozialleben	Beeinträchtigung des Familienlebens			■	■
	Beeinträchtigung des Kontaktes zu Freunden		■	■	■
	Beeinträchtigung der Teilnahme am Vereinsleben		■	■	■
	Beeinträchtigung der Hobbyausübung		■	■	■

■ potentielle Problembereiche

Schichtarbeiter meinen oft, sie paßten sich ihrem Schichtdienst an. Unsere Tabelle zeigt, daß dies nicht der Fall ist. Je nach den Schichtplänen treten bei ihnen Gesundheitsprobleme auf – als Folgen der gestörten biologischen Rhythmen. (Nach P. Knauth, 1995.)

beiter schlafen häufig am Arbeitsplatz oder am Steuer ein. Die Konsequenzen können nicht nur für den einzelnen katastrophal sein. Was, wenn eine ganze Flugzeug-Crew während eines Langstreckenflugs in Tiefschlaf verfällt? Der Chronobiologe Martin Moore-Ede von der Harvard-Universität sagt, daß diese Schreckensvision gar nicht so weit hergeholt sei. Viel häufiger als wir ahnen, sind Piloten im Cockpit schlafend vorgefunden worden und hat es Unfälle mit solchen Maschinen gegeben. Der Wissenschaftler ist in seinem Buch *Die Nonstop-Gesellschaft*[34] einigen dieser Unfälle und Beinahe-Unfälle nachgegangen.

»Es war drei Uhr morgens«, schreibt Moore-Ede, »und die DC-8 einer großen Fluggesellschaft befand sich im Landeanflug auf den O'Hare-Airport von Chicago, als der Zweite Offizier... bemerkte, daß die Maschine nicht auf die Landebahn, sondern direkt auf den Terminal der American Airlines zuhielt.« Er alarmierte den Ersten Offizier, der das Flugzeug steuerte, bekam aber nur eine merkwürdige roboterhafte Antwort. Verzweifelt schrie ihn der Zweite Offizier an. Nun endlich reagierte auch der Kapitän, während der Erste Offizier völlig teilnahmslos neben ihm saß. Das Flugzeug konnte gerade noch sicher gelandet werden. Ein Alptraum mit Erwachen.

»Die 290 Passagiere eines anderen Flugzeugs hingegen erwachten nicht mehr aus einem derartigen Alptraum«, schildert Moore-Ede. »Denn unter ihnen kreuzte das technische Wunderwerk der U. S. Navy, die USS Vincennes, im Persischen Golf.« Das Schiff verfügte über das beste militärische Informationssystem, das es Ende der achtziger Jahre überhaupt gab. »Aber dieses ganze technische Potential war nur so gut wie das schwächste Glied in der Kette: die Seeleute, die diese Technik bedienten.« Von der Mannschaft bis zum Kapitän waren alle wegen häufiger Gefechtsbereitschaft übermüdet. Der Steigflug des iranischen A300-Airbus, einer zivilen Passagiermaschine, wurde von einem der überanstrengten Operateure als Angreifer, der sich nach unten bewegt, gemeldet. Ein anderer Offizier, ebenfalls übermüdet, verdrehte aufgrund dieser Fehlinterpretation alle hereinkommenden Daten. Obwohl die präzisen Bordcomputer genau die gegenteilige Information gaben, wurde »die verhängnisvolle Entscheidung getroffen, eine Rakete zu starten..., die 290 unschuldige Menschen in den Tod schickte.«

Auch in Kernkraftwerken, wo zwangsläufig rund um die Uhr

gearbeitet wird, sitzt oft eine schläfrige, übermüdete oder gar schlafende Crew vor den Monitoren. Die nächtliche Atmosphäre ist von Außenreizen abgeschottet, dazu monoton, gleichmäßig warm; die Überwachung der elektronischen Geräte erfordert keinerlei körperliche Bewegung; das Licht ist wegen der vielen reflektierenden Flächen häufig gedämpft, gleichzeitig wird hohe visuelle Konzentration verlangt – alles Bedingungen, die geradezu hypnotische Wirkung haben, vor allem wenn man ihnen um drei oder vier Uhr nachts ausgesetzt ist.

Jede Modernisierung hat bisher zu erhöhter Monotonie geführt, die hier tätigen Menschen werden immer mehr zu abstumpfender Arbeit verdammt. Trotz der Lehren aus den bisherigen Unfällen und der Bemühungen, diese Arbeitsplätze menschlicher zu gestalten, habe man den Faktor »Munterkeit« nicht einbezogen, meint Moore-Ede. Dreiviertel der dreitausend in Amerika jährlich offiziell registrierten Unfälle in Kernkraftwerken seien auf Müdigkeit und Unaufmerksamkeit zurückzuführen. Der Unfall von Harrisburg ist dafür ein Beispiel. Und das Kernkraftwerk Peach Bottom wurde »für zwei Jahre stillgelegt, als bei einer Kontrolle alle Techniker nachts schlafend vorgefunden wurden«.[35]

Ähnlich einschläfernd ist, wie unser erstes Beispiel zeigt, die Situation nachts in der Kanzel eines modernen Langstreckenjets. 1990 wurde bei einer Tagung der Aerospace Medical Association über zahlreiche Fälle berichtet, in denen übermüdete Piloten im Cockpit eingenickt waren. Das sei nicht erstaunlich, meint Moore-Ede, denn die Bedingungen zum Schlafen wären im Cockpit bei einem Flug in großer Höhe geradezu optimal. Es ist dunkel, die Sitze sind bequem, nach dem Streß beim Rollen und Starten kann nun endlich entspannt werden. Die monotone Umgebung bietet keinerlei Wahrnehmungsreize, und die Piloten sind häufig zu lange in Dienstbereitschaft und haben wegen der Zeitzonenflüge auch noch schlecht geschlafen. Versuche im Labor mit Flugsimulatoren zeigten, daß zwischen vier und sechs Uhr morgens (nach der inneren Ortszeit der Piloten) die meisten Fehler gemacht werden, zehnmal so oft wie zu anderen Tageszeiten.[36]

Kein Wunder, denn Piloten und ihre Crew müssen nicht nur Zeitzonensprünge, sondern auch noch die Strapazen des Schichtdienstes bewältigen. Sie sind also doppelt und dreifach belastet.

Wie groß diese Belastungen für den Organismus sind, haben Wissenschaftler des Max-Planck-Instituts für Verhaltensphysiologie ausgerechnet an Fliegen demonstriert. Sie ließen Fliegen, die normalerweise hundert Tage leben, permanent simulierte Zeitzonenflüge machen. Die unfreiwilligen Passagiere starben erheblich früher als unter normalen Bedingungen.[37]

Im Vergleich zu Menschen, die ihren chronobiologischen Rhythmen entsprechend leben und schlafen dürfen, sind alle Schichtarbeiter benachteiligt. Daß es trotzdem möglich ist, auch für sie weniger belastende und gesundheitsschädigende Arbeitsbedingungen zu schaffen, haben einige Forscher in Zusammenarbeit mit Betrieben bewiesen.

Grundsätzlich führt schon ein anderer Umgang mit Licht und Dunkel zu einer Abmilderung der negativen Auswirkungen der Schichtarbeit. Wenn am nächtlichen Arbeitsplatz sehr helles Licht von 5 000 Lux eingesetzt wird, wirkt sich das positiv auf Aufmerksamkeit und allgemeine Munterkeit aus. Helles Licht ist nicht nur imstande, circadiane Rhythmen zu verschieben (indem die Körpertemperatur angehoben und Melatonin unterdrückt wird), sondern wirkt auch einfach stimulierend.

Umgekehrt hat man in einem Experiment Nachtschichtarbeitern empfohlen, sehr dunkle Sonnenbrillen auf dem Heimweg zu tragen und zu Hause zum Schlafen das Zimmer vollkommen abzudunkeln. Die Schlafspezialistin Charmane I. Eastman berichtete auf einem der letzten internationalen Fachkongresse in Boston von solchen Versuchen, die zudem mit ausgeklügelten Schichtplänen kombiniert wurden. Ziel war, die circadianen Rhythmen den Arbeitsbedingungen nach und nach anzupassen, um gesundheitliche Schäden zu vermeiden. Die Resultate dieser Versuche sind beeindruckend. Die konkrete Umsetzung des Ergebnisses im Alltag scheitert aber offenbar an den Erfordernissen und Bedürfnissen eines normalen Familien- und Soziallebens. Außerdem haben manche Betriebe Schwierigkeiten mit sich stets verschiebenden Arbeitszeiten.

Andere Bemühungen mit wohl mehr Aussicht auf Erfolg gehen umgekehrt davon aus, daß es besser ist, die circadianen Rhythmen nicht zu verschieben, da der Organismus dies ohnehin nur unzulänglich mitmacht.

Peter Knauth, Arbeitswissenschaftler und Chronomediziner an der Universität Karlsruhe, plädiert für einen kürzeren Schichtwechsel, um das circadiane System möglichst wenig durcheinanderzubringen.[38] Man versucht also, möglichst nahe an einem »Normalzustand« zu bleiben. Knauth gibt dazu drei Empfehlungen:

1. Die Anzahl der aufeinanderfolgenden Nachtschichten sollte drei nie überschreiten. Die Nachtschichten sollten ebenso wie die Frühschichten möglichst verkürzt werden, damit sich keine großen Schlafdefizite aufbauen.

2. Frühschichten sollten nicht zu früh beginnen. Sonst ist der Nachtschlaf zu kurz und die Müdigkeit während der Arbeit zu groß. Schon der Gewinn einer halben Stunde sei wichtig. Ein Frühschichtbeginn um 6.30 Uhr ist demnach besser als einer um 6 Uhr und der wiederum besser als einer um 5 Uhr. Man kann von Frühschichtarbeitern nicht einfach erwarten, daß sie ihren Schlaf am Abend entsprechend vorverlegen, da sie dann mit den Einschlafzeiten in die sogenannten *forbidden zones* geraten, an denen das »Schlaftor« geschlossen ist.

3. Die Vorwärtsrotation der Schichten (zum Beispiel Frühschicht – Spätschicht – Nachtschicht) ist günstiger als die Rückwärtsrotation. Dies ist offenbar die wichtigste Empfehlung. Es geht um eine Phasenverzögerung beim Schichtwechsel im Uhrzeigersinn. Dieser Vorwärtswechsel der Schichten mit der Ausdehnung des Übergangstags entspricht eher dem länger als vierundzwanzig Stunden dauernden endogenen Rhythmus. Ähnlich wie bei Zeitzonenflügen nach Westen wird das als weniger unangenehm erlebt als die den Tag verkürzenden Flüge nach Osten.

Rückwärtsrotierende Schichtsysteme führen nach Knauths Beobachtungen eindeutig zu mehr Schlafstörungen, mehr Müdigkeit und mehr weiteren Beeinträchtigungen des Wohlbefindens und des sozialen Lebens.

Knauth arbeitete in Stahl- und Chemiebetrieben gemeinsam mit der Belegschaft neue Arbeitspläne aus: von wöchentlich rotierenden zu schneller rotierenden Schichten. Nach einigen Wochen der Erprobung stimmten die Arbeiter für eins der vorgeschlagenen Schichtsysteme. Sie waren danach mit großer Mehrheit von den Vorteilen der neuen Arbeitsmodi überzeugt.

Als Fazit der chronobiologischen Erkenntnisse zu Jetlag und

Woche	Mo	Di	Mi	Do	Fr	Sa	So
1	F	F	F	F	F	F	
2	N	N	N	N	N	N	
3	S	S	S	S	S	S	

F = Frühschicht   N = Nachtschicht
S = Spätschicht   ◼ = frei

Der traditionelle Dreischichtplan der Stahlindustrie. Der Wechsel nimmt keine Rücksicht auf biologische Rhythmen. (Nach P. Knauth, 1995.)

Woche	Mo	Di	Mi	Do	Fr	Sa	So
1				F	F	F	
2	F	F	F	S	S	S	
3	N	N	N				
4	S	S	S	N	N	N	

F = Frühschicht   N = Nachtschicht
S = Spätschicht   ◼ = frei

Eines der neuen schnell vorwärts rotierenden Schichtsysteme. Höchstens drei Nachtschichten folgen aufeinander. (Nach P. Knauth, 1995.)

Woche	Mo	Di	Mi	Do	Fr	Sa	So
1	F	S	S	N	N		
2		F	F	S	S	N	N
3				F	F	S	S
4	N	N				F	F
5	S	S	N	N			
6	F	F	S	S	N	N	
7			F	F	S	S	N
8	N				F	F	S
9	S	N	N				F

F = Frühschicht
S = Spätschicht
N = Nachtschicht
■ = frei

Neues vorwärts rotierendes Schichtsystem, bei dem immer nur zwei Nacht-, zwei Früh- und zwei Spätschichten aufeinanderfolgen. Im alten System lagen zu viele Nachtschichten hintereinander. (Nach P. Knauth, 1995.)

Schichtarbeit empfiehlt Jürgen Zulley: Nach einem Zeitzonenflug ist es sinnvoll, daß der Betroffene die neuen Umweltbedingungen möglichst schnell und intensiv auf sich einwirken läßt. Bei Schichtarbeit ist es umgekehrt. Die erzwungenen Veränderungen sollen möglichst wenig Einfluß haben.

Außerdem sollte Schichtarbeit niemals über eine zu lange Zeit ausgedehnt werden. Wenige Jahre seien für einen jüngeren Menschen gerade noch zu verkraften, für einen älteren kaum. Einige Menschen gewöhnen sich besonders schlecht an Schichtarbeit. Das sind die ausgesprochenen Morgentypen, die »Lerchen«. Sie sollten möglichst gar keine Schichtarbeit machen.[39]

Wenn kein Schlaf das Auge kühlt

Schlafstörungen und Depressionen

Die nächtliche Erfahrung des Dichters Mörike, der im Morgengrauen klagt: »Kein Schlaf noch kühlt das Auge mir...«, ist für Millionen zu einer Plage geworden. Die Statistik drückt sich weniger poetisch aus. Sie verschweigt die Qualen, die sich hinter den dürren Zahlen verbergen, Todesqualen manchmal.

»Mein Gott, ich möchte tot sein!... Ich kann diesem Schrecken nicht mehr gegenübertreten«, schreibt eine Schlaflose, Virginia Woolf, in ihrem Tagebuch. Die Schriftstellerin brachte sich viele Jahre nach dieser Eintragung um. Andere gehen an den Depressionen, die oftmals Schlaflosigkeit begleiten, zugrunde.

In Deutschland leiden zwanzig Millionen, also etwa ein Viertel der Bevölkerung, an Ein- oder Durchschlafschwierigkeiten. Fast die Hälfte davon ist behandlungsbedürftig, findet aber keineswegs immer einen Arzt, der dieses Problem ernst nimmt oder angemessen damit umgeht. Annähernd drei Millionen nehmen regelmäßig Schlafmittel, und viele von ihnen sind von diesen Präparaten abhängig. Besonders absurd ist, daß etwa jeder Zweite der Tablettenschlucker unverändert an den gleichen Störungen leidet. Viele Schlafstörungen gehen sogar auf solche Fehlbehandlungen zurück, sie sind iatrogen. Das hat seinen Grund nicht zuletzt darin, daß die Medikamente häufig ohne medizinische Abklärung der Störung verordnet werden. Zwei Drittel der Betroffenen leiden schon länger als zwei Jahre und sieben Prozent schon seit ihrer Kindheit an Schlaflosigkeit. Ihre Probleme sind also chronisch. Mit zunehmendem Alter vermehren sich die Beschwerden. Bei Frauen nehmen die Schlafstörungen ab Mitte Vierzig stark zu.

Alles in allem ein »schwaches Bild« für die Kompetenz der Ärzte, die hier am Werk sind. Vernichtend, wenn wir den Blick auf die Gefahren richten. Die müdigkeitsbedingten Verkehrs- und Arbeitsunfälle haben wir schon erwähnt. Schlafstörungen sind wie die Spitze eines Eisbergs. Nicht erkannt werden häufig die Erkrankungen, die zu ihr hinführen, ebenso wie die Gefahren, die sich aus ihr herleiten, Depressionen zum Beispiel. Sie können auch *Ursache* von Schlafstörungen sein. Fast alle Depressiven leiden unter einem gestörten Schlaf, vor allem REM-Schlaf. Viele liegen in den frühen Morgenstunden lange wach und sind tagsüber ständig müde und niedergeschlagen. Andere entwickeln erst schwere Depressionen, *weil* sie nicht richtig schlafen. Kinder, die auffällig an Einschlafschwierigkeiten leiden, sind später häufig Depressive.

Depression ist eine Krankheit. Sie ist ebenso gefährlich wie eine andere mit dem Schlaf verbundene Störung: das Atemnotsyndrom (obstruktive Apnoe), ein Atemstillstand aufgrund eines Kollaps der oberen Luftwege. Beide Störungen können zum Tod führen.

All diese Fakten lassen uns erkennen, wie unerläßlich ein neuer Umgang mit dem Schlaf ist. Unser nächtliches Ich, Dasein, Wesen oder Unwesen sollten wir nicht mit einem mitleidigen Lächeln abtun. Wir können es auch nicht mit ein paar Benzodiazepinen einfach mundtot machen, so wie es mit unbequemen Alten oder psychiatrischen Patienten häufig genug geschieht. Wir können es aber ebensowenig mit ein paar Muntermachern unterdrücken. Der Mensch läßt sich nicht zur Maschine umfunktionieren, die gleichmäßig und kontinuierlich läuft.

Nach einer inzwischen international akzeptierten Klassifizierung, der ICSD – *International Classification of Sleep Disorders,* werden derzeit achtzig verschiedene Schlafstörungen verzeichnet. Sie lassen sich unter vier Hauptgruppen einordnen:

1. Sogenannte Dyssomnien. Das sind Schlafstörungen, die von innen oder außen kommen wie Atemstillstände (Apnoen), Schlafmangel und psychoreaktive Störungen. Auch die Störungen des circadianen Schlaf-Wach-Rhythmus zählen dazu.

2. Parasomnien. Dazu gehören Schlafwandeln, Alpträume, aber auch die Schlafapnoen bei Neugeborenen und Säuglingen sowie der plötzliche Kindstod.

3. Schlafstörungen bei organischen oder psychiatrischen Erkrankungen.

4. Alle übrigen Störungen wie Kurz- oder Langschlaf, Schlafstörungen bei der Menses, Menopause oder während der Schwangerschaft.

Die Auflistung macht deutlich, wie kompliziert die Zusammenhänge sein können und daß hier spezialisierte Ärzte vonnöten sind. Am größten ist nach Meinung der Forscher die Gefahr für Menschen, deren Schlafstörungen überhaupt nicht behandelt werden. Einerseits, weil organische Herz-Kreislauf-Erkrankungen sowie Atemstillstände, Magenerkrankungen und Tablettenabhängigkeit damit verbunden sein können, andererseits auch wegen des Risikos einer sich entwickelnden Depression. Aus epidemiologischen Untersuchungen geht hervor, daß sich aus unbehandelten Schlafstörungen viel häufiger Depressionen herausbilden als aus adäquat behandelten. Peter Clarenbach, Leiter der Neurologischen Klinik des Johannes-Krankenhauses in Bielefeld, sagt ganz unmißverständlich: »Unbehandelte Schlaflosigkeit ist sogar gefährlicher als falsch behandelte.« Gleichzeitig beklagt er das Desinteresse von Ärzten und auch Ärztezeitungen am Thema Schlaflosigkeit.

Wenn die Nacht uns täuscht

Es gibt jedoch wie immer auch die andere Seite: das Phänomen der falsch wahrgenommenen, manchmal gar nicht existierenden Schlaflosigkeit. Diesen nächtlich Rastlosen geht es wie einer Frau, von der der französische Wissenschaftler Christian Guilleminault berichtet. Er hatte eine Patientin, die vorgab, ihre Schlaflosigkeit im Vorrücken des Uhrzeigers überprüft zu haben. »Jede Viertelstunde sehe ich nach, wie spät es ist.«

Guilleminault, der dieser Genauigkeit mißtraute, stellte die riesige Standuhr, die sie angeblich so kontinuierlich beobachtete, nachts zwischen zwei Uhr und zwei Uhr fünfzehn immer wieder auf zwei zurück. Die Behauptung der Patientin, sie habe wieder überhaupt keinen Schlaf gefunden, schließlich hätte sie wie immer auf die Uhr gesehen, ließ sich nicht aufrechterhalten.

Jeder kann gelegentlich »Opfer« einer solchen Fehleinschätzung werden. Da mir während des Schreibens an diesem Thema der Schlaf gelegentlich den Schlaf raubt, war ich letzte Nacht wieder einmal heftig in Gedanken damit beschäftigt. Da ich es nie fertigbringe, das Licht anzumachen und meine Geistesblitze aufzuschreiben, versuchte ich, sie möglichst klar zu formulieren und zu behalten. Was dabei herauskam, gefiel mir gut, sogar sehr gut. Die traumtänzerische Leichtigkeit meiner Formulierungen machte mich – bereits ein bißchen geübt, mich beim Träumen auszuspionieren – jedoch mißtrauisch. Es gelang mir annähernd, meine Ideen ins »Fastaufwachen« hinüberzuholen. Das einzige, was mir dann dazu einfiel, war: »So ein Quatsch.« Wonach ich belustigt weiterschlief. Ich denke, ich war wohl wirklich kurz wach gewesen, gerade genug, um in einem Anflug von Gedanken aufzutauchen, nicht wach genug aber, als daß er mir nicht von zäher Müdigkeit in den Schlaf hinübergezerrt wurde, der dann mit ihm nach Belieben umsprang.

Wenn sich solche Situationen mehrmals nachts wiederholen und wir nicht so kritisch damit umgehen – dazu sind wir schließlich zu müde! –, entsteht leicht der Eindruck, wir hätten überhaupt nicht geschlafen. Da diese nächtlichen Herumdenkereien nicht immer so vergnüglich oder harmlos sind wie die hier geschilderten, sondern oft aus belastenden, beunruhigenden, ja beängstigenden Lebenssituationen geboren sind, verstärkt sich der Eindruck der Schlaflosigkeit noch. Dann werden auch die wirklich schlaflosen Phasen länger und häufiger.

Das Vertrackte ist, daß sich die beiden Zustände nachts so schwer auseinanderhalten lassen. Nachtgedanken haben eine andere Qualität als Taggedanken.

Über solche Fehlwahrnehmungen berichtete kürzlich ein Forscherteam auf einem internationalen Fachkongreß in Boston. Sie hatten eine Reihe von chronisch schlaflosen Erwachsenen verschiedenen Alters einige Nächte lang im Schlaflabor genau untersucht. Zur Eingewöhnung ließ man die Probanden schon einige Tage vor dem Versuch im Schlaflabor übernachten. Die Zimmer dort gleichen übrigens normalen einfachen Hotelzimmern. Sie unterscheiden sich nur durch eine Öffnung in der Wand, durch die einige Kabel in den Nebenraum zu den Aufzeichnungsgeräten geleitet werden, und eine Videokamera, die den Schlafenden filmt. »Normalerweise vergessen die Patienten diese Einrichtungen schnell«, erklärt mir Jürgen Zulley, als er mir das Regensburger Schlaflabor zeigt.

Genau untersuchen heißt für die Wissenschaftler, daß neben der bloßen Beobachtung und dem Bericht der subjektiven Erinnerung an die verbrachte Nacht ein komplettes Schlaf-EEG mit allen im Kapitel über den Schlaf beschriebenen Parametern abgeleitet wird.

Das Ergebnis der amerikanischen Untersuchung war: 30 Prozent der Laborschläfer erlebten ihren Schlaf »falsch«, sie waren Opfer einer Schlafwahrnehmungsstörung. Sie hatten sich schlaflos gefühlt und doch geschlafen. 28 Prozent dagegen waren tatsächlich »objektiv« Schlaflose. Zwischen den beiden Gruppen gab es ein erstaunliches Altersgefälle: Die falsche Schlafwahrnehmung beziehungsweise Schlaflosigkeitswahrnehmung fand sich überwiegend bei den Jüngeren und die objektive Schlafwahrnehmung bei den Älteren.

Überraschend auch: Obwohl sie ausreichend lange schliefen, waren Patienten, deren Schlafwahrnehmung sich als falsch erwies, tagsüber besonders müde.

Wir alle beurteilen übrigens unseren Schlaf weniger nach dem Schlafverlauf als nach dem Stadium, aus dem wir erwachen, erklärt Jürgen Zulley. Ist das gerade der REM-Schlaf, dann fühlen wir uns meistens wohl und glauben, gut geschlafen zu haben. Ist es der Tiefschlaf, fühlen wir uns nicht so frisch und munter und meinen, eine schlechte Nacht gehabt zu haben.

Fast ebenso irreführend kann unser Eindruck sein, wenn wir einen Schlafenden betrachten: »Der ist aber verspannt«, denken wir, »so verkrampft, daß er sich nicht rührt. Sicher schläft er schlecht.« Weit gefehlt. So sieht einer im Tiefschlaf aus. Die Muskulatur ist angespannt, aber größere Bewegungen werden dabei nicht gemacht. Sie sind erst kurz vor dem REM-Schlaf und danach möglich. Wir drehen uns dann um und nehmen mit dem ganzen Körper eine andere Haltung ein. Danach liegen wir vollkommen still, anders still als vorher. »Jetzt schläft er ganz tief und entspannt«, sagt der Beobachter. Falsch: Was so entspannt aussieht, ist in Wahrheit eine Art Muskellähmung, und was wie Tiefschlaf erscheint, ist hochaktiver REM-Schlaf. Und noch paradoxer: Mit Energieaufwand werden wir gehindert, uns zu bewegen! Da soll einer noch an Erholung glauben. Wird vielleicht darum unser Immunsystem schwächer, wenn wir zu lange im Bett liegen?

Die Untersuchung erhellt zweierlei:

1. Unser subjektives Erleben einer Nacht muß nicht der Wirklichkeit entsprechen. Die Nacht täuscht uns in vielen Wahrnehmungen, warum nicht auch in denen unseres Schlafs oder Wachseins? Wir müssen also nicht gleich besorgt sein, wenn wir mal den Eindruck hatten, daß wir dauernd die Turmuhr schlagen hörten.

2. Unser subjektives Erleben ist wichtig und muß ernst genommen werden, denn es kann unsere Lebensqualität stark beeinträchtigen. Wer chronisch schlecht schläft, egal ob objektiv oder subjektiv, sollte darüber mit einem Arzt reden, der etwas von Schlaf versteht. Das schlechteste Ergebnis dabei wäre nicht, daß er nach Hause ginge und fortan gut schliefe, weil er sich um seinen Schlaf keine Sorgen mehr macht.

Schlaflosigkeit – das nächtliche Alleinsein

Jeder von uns erlebt Schlaflosigkeit anders, und jede schlaflose Nacht wird von uns anders wahrgenommen. Es geht uns damit wie mit dem Alleinsein. Wir können es positiv erleben, vor allem wenn wir es selber wünschen, oder negativ, wenn wir es passiv erleiden. Nächtliches Wachsein ist ein Zustand extremen Alleinseins.

Künstler und Schriftsteller suchen, ja brauchen dieses Alleinsein geradezu. »Der Dichter versucht, seine Nacht auf den Tisch zu bringen«, schrieb Jean Cocteau. Franz Kafka meinte, man sei niemals allein genug zum Schreiben, man könne dabei gar nicht genug Stille haben. Nicht schlafen heiße, sich Fragen stellen. Wenn man eine Antwort auf sie hätte, schliefe man. Beim Schreiben sei nicht einmal die Nacht nächtlich genug. Und Françoise Sagan liebt die Einsamkeit der Nacht, weil die Zeit dann kein Maß habe. Marguerite Duras erklärt: »Ich glaube Schlaflosigkeit führt zu dem, was ich große Intelligenz nennen würde, man überschreitet eine Schwelle zwischen der erträglichen Intelligenz des Tages und diesem Abgrund.« Und sie ist überzeugt, daß man »allein, ganz allein in der Schlaflosigkeit ist«.

Die Philosophin und Soziologin Hannah Arendt macht eine deutliche Unterscheidung zwischen diesem positiven, für die kreative Arbeit wohltätigen Alleinsein, das in Wahrheit ein Dialog, eine Zwiesprache mit sich selber ist, und dem negativen, erschreckenden Erlebnis des Auf-sich-selbst-zurückgeworfen-Seins. »Diesen existentiellen Zustand, in dem ich mit mir allein umgehe, nenne ich Alleinsein im Unterschied zur Einsamkeit, in der man auch allein ist, aber nicht nur der Gesellschaft anderer entbehrt, sondern auch der eigenen.« Das ist die Situation der quälenden Schlaflosigkeit, die uns überfällt wie ein Fluch.

Ein Fluch scheint zu sein, was Virginia Woolf in ihrer Tagebucheintragung über eine schlaflose Nacht schildert: Sie wacht um drei Uhr nachts auf und fühlt, wie Schreckliches auf sie zukommt. Eine Welle. Verzweiflung. »Vanessa. Die Kinder... Gescheitert. Gescheitert! (Die Welle bäumt sich auf.) Ach, sie haben sich über meine Liebe zur grünen Malerei lustig gemacht! (Die Welle bricht sich.) Ich möchte tot sein!... (es ist die Welle, die über mir zusammenschlägt.)«

Kaum jemand hat dies nächtliche Erleben, bei dem wir sogar der eigenen Gesellschaft entbehren, mit solcher Präzision beschrieben, ja geradezu »auseinandergenommen« wie der Philosoph Emmanuel Lévinas in *Die Zeit und der Andere*.[40] Schlaflosigkeit ist für ihn ein existentielles Erlebnis – ganz auf das Sein gerichtet. Obwohl er ein heftiger Kritiker Heideggers ist, bedient er sich als sein Schüler doch dessen Sprache, in die hineinzufinden auf Anhieb nicht leicht ist. Sie mutet zunächst sehr abstrakt an, wird aber im Laufe des Texts immer konkreter, bis wir unsere eigene Erfahrung darin wiederfinden.

In der Schlaflosigkeit, erklärt Lévinas, erscheine das Sein losgelöst vom Seienden. »... wie wenn die Existenz vom Seienden unabhängig wäre, so, wie das Seiende, das sich in das Sein geworfen findet, niemals Herr der Existenz werden könnte.« Eine Beschreibung der Ohnmacht, der Machtlosigkeit des Schlaflosen.

Von »der Welle«, von der die englische Schriftstellerin schreibt, überrollt, aus der Zeit geworfen: Ich verstehe das als eine Beschreibung der Zeitaufhebung und der inneren Zerrissenheit des Schlaflosen, der nicht mehr wirklich er selbst sein kann, eines oder einer Schlaflosen wie Virginia Woolf beispielsweise, die sich nicht mehr im Zusammenhang mit dem Leben spürt – seiend, sondern als ein Spielball des Seins.

In der Schlaflosigkeit komme, so Lévinas, die Vorstellung der Verlassenheit auf, im Stich gelassen, preisgegeben zu sein, eines Seins, das ohne uns stattfindet, ohne Subjekt. Aus der philosophischen in die psychologische Erfahrung übersetzt, wäre das zum Beispiel etwas, was wir in der Eifersucht erleben, vergleichbar vielleicht dem, was das Kleinkind empfindet, das abends allein in sein Bett muß, während die Eltern sich nebenan in den Arm nehmen. In der Qual unserer schlaflosen Nächte sind wir ebenso von der Welt ausgeschlossen wie dieses Kind aus der Geborgenheit mit den Eltern. So hatte es auch Françoise Dolto gesehen: das Kind im Dunkeln allein vom Leben abgeschnitten, ausgestoßen.

Weiter beschreibt der Philosoph die Leiden des nächtlichen Wachseins: Schlaflosigkeit, erklärt er, komme aus dem Bewußtsein, daß das alles niemals ein Ende nehmen werde, »... das heißt, daß es keinerlei Mittel mehr gibt, sich wieder aus der Wachsamkeit, zu der man verpflichtet ist, zurückzuziehen. Wachsamkeit ohne irgendein Ziel. In dem Augenblick, in dem man an sie gefesselt ist, hat man jeden Begriff ihres Ausgangs- oder ihres Ankunftspunktes verloren. Die an die Vergangenheit angeschweißte Gegenwart ist voll und ganz Erbe dieser Vergangenheit, sie macht nichts neu. Es ist immer dieselbe Gegenwart oder dieselbe Vergangenheit, die dauert. Eine Erinnerung – das wäre schon eine Befreiung hinsichtlich dieser Vergangenheit. Hier (in der Schlaflosigkeit) geht die Zeit von nirgendwo aus, nichts entfernt sich, nichts verschwimmt. Nur die von außen kommenden Geräusche, die für die Schlaflosigkeit so kennzeichnend sein können, führen Anfänge in diese Situation ohne Anfang und Ende ein, in diese Unsterblichkeit, der man nicht entrinnen kann...«

Wieder in die Sprache der Psychologie übersetzt, ist dies das Erlebnis einer Zeit, die aus der des inneren Erlebens »ausufert«. Das Gefühl, nichts halten zu können, keine Form, kein Gefäß zu sein für ein Erleben, das zerfließt. Zeitlos, schlaflos im Weltall. Einer infernalischen Unsterblichkeit ausgeliefert. Die Wissenschaft bietet uns für diese »Zeitlosigkeit« schlafloser Nächte eine Erklärung: Ein nachts veränderter Metabolismus (Stoffwechsel) verändert tatsächlich die Zeitwahrnehmung, das Zeitgefühl.

Später schreibt Lévinas von der Wachheit des Schlaflosen als einem Zustand »... ohne Zuflucht der Bewußtlosigkeit, ohne Möglichkeit, sich in den Schlaf wie eine private Domäne zurückziehen zu können«. Denken wir daran, was uns die Schlafforschung gezeigt hat: Unser Gehirn, wir, sind im REM-Schlaf von der Umwelt abgeschottet. Wir gleichen dann einer Insel. Nichts geht hinaus, nichts kommt herein in unser privatestes Gelände – Schlaf. Das heißt, dem Schlaflosen verwehrt die Nacht das Zuhause, in dem er sich selbst finden kann, in dem er geborgen wäre, das Dach, unter dem er sich zur Ruhe legen könnte, unter dem er so sehr bei sich selber wäre, wie sonst nirgendwo. »Dieses Sein ist nicht ein *An-sich*, das schon der Friede wäre; es ist im genauen Sinn Abwesenheit jedes Sich...« Das ist nicht nur die Abwesenheit jeder Herberge, eines Lagers, auf das man sich betten könnte. Da ist sogar die Zuflucht in den Traum verwehrt. Es entspricht vielleicht der Erfahrung des Kindes, das zu früh allein gelassen wird, das nicht reif ist für eine solche Erfahrung, die darum zum Trauma wird.

Ein solches Kindheitstrauma beschreibt Rainer Maria Rilke in *Malte Laurids Brigge*.[41] Es ist das Erleben eines Kindes, dessen Mutter nachts niemals an sein Bett kam. Einmal liegt es mit hohem Fieber wach, es ruft, schreit und schreit, bis das Kindermädchen kommt, das es wie alle anderen herbeigerufenen Personen nicht beruhigen kann und sich endlich entschließt, nach der Mutter zu schicken, die auf einem Ball ist. »Maman kam nie in der Nacht –, oder doch, einmal kam sie... und nahm mich in die bloßen Arme. Und ich befühlte, erstaunt und entzückt wie nie, ihr Haar und ihr kleines, gepflegtes Gesicht... Und wir blieben so und weinten zärtlich und küßten uns, bis wir fühlten, daß der Vater da war und daß wir uns trennen mußten. ›Er hat hohes Fieber‹, hörte ich Maman schüchtern sagen.... ›Was für ein Unsinn, uns zu rufen‹, sagte er (der Vater) ins Zimmer hinein, ohne mich anzusehen.«

Später als erwachsener Schlafloser erinnert sich Malte: »O Nacht ohne Gegenstände... O Stille im Stiegenhaus, Stille aus den Nebenzimmern, Stille hoch oben an der Decke. O Mutter: o du Einzige, die alle diese Stille verstellt hat, einst in der Kindheit... Du zündest ein Licht an, und schon das Geräusch bist du. Und du hältst es vor dich und sagst: ich bin es, erschrick nicht. Und du stellst es hin, langsam, und es ist kein Zweifel: du bist es, du bist das Licht um die gewohnten herzlichen Dinge...«

Halten wir noch einmal fest: Die Mutter wird für das Kleinkind Synonym für Geräusch und Licht. Beides braucht es, um sich nicht vom Leben abgeschnitten zu fühlen. Das erinnert an Marcel Proust. In *Auf der Suche nach der verlorenen Zeit* schildert er ähnlich das Erleben des kleinen Jungen, der jede Nacht auf seine Mutter wartet. »Plötzlich aber fiel alle Beängstigung von mir ab, und ein Glücksgefühl überkam mich... ich hatte den Entschluß gefaßt, ich wolle nicht länger versuchen einzuschlafen, ohne Mama wiedergesehen zu haben, sondern sie um jeden Preis küssen...«[42]

Dies sind Erinnerungen, Erlebnisse der Schlaflosigkeit, wie auch wir sie kennen. Manche möchten wir nicht missen, andere möchten wir nie gekannt haben, so schrecklich war gelegentlich unser Erlebnis der nächtlichen Einsamkeit.

Meistens jedoch ist es weniger dramatisch. Wir wälzen uns, die Stunden zählend, die bis zum Weckerklingeln noch verbleiben. Hobson meint, vieles hänge davon ab, ob man beim Einschlafen die richtige Position finde. Einmal zuviel gewendet und gewälzt – und die Nacht ist hin. Damit wir sie nicht mit unserer eigenen Obsession, nicht schlafen zu können, von vornherein verderben, hier einige nützliche Ratschläge.

Gute Nacht!

Auf einige vorgefaßte Meinungen sollten wir als erstes verzichten, um fortan besser zu schlafen, meint Schlafforscher Jürgen Zulley:

- Eine schlaflos verbrachte Nacht fügt weder Gesundheit noch Geist Schaden zu.
- Jeder Mensch wacht mehrmals am Ende einiger Schlafzyklen auf, mehr oder weniger leicht oder lange.
- Morgens können wir gut auf einen Schlafzyklus verzichten, ohne danach besonders müde zu sein.
- Es ist immer besser, am Ende eines solchen Schlafzyklus (der etwa neunzig Minuten dauert) aufzustehen, statt zu versuchen, krampfhaft noch ein paar Minuten Schlaf zu

bekommen. Lieber eine Stunde weniger schlafen, als sich mittendrin wecken zu lassen.

- Wer unter Schlafmangel leidet, gleicht das in der Regel durch besonders intensiven Tiefschlaf aus.
- Unser Schlafbedürfnis ist individuell unterschiedlich. Einige brauchen nur fünf Stunden, andere neun Stunden Schlaf. Wir neigen dazu, unser Schlafbedürfnis und auch das unserer Kinder zu überschätzen.
- Meist schlafen wir eher zuviel.
- Wer gut und lange schlafen will, sollte möglichst vor Mitternacht zu Bett gehen und die letzten Minuten eher in einer gewissen Monotonie verbringen. Eine Entspannungsphase vor dem Schlafen ist notwendig. Ein Spaziergang ist besser als Fernsehen.
- Um zum Schlafen auf eine niedrigere Körpertemperatur herunterzuschalten, wird unsere Hautoberfläche paradoxerweise wärmer. Ein kühles Zimmer fördert darum das Einschlafen. So kann die Körperwärme besser abgeleitet werden.
- Wer nachts regelmäßig zuwenig schläft, sollte versuchen, tagsüber ein Nickerchen einzulegen. Eine Siesta, sogar wenn man nur ein paar Minuten döst, steigert erheblich die Leistungsfähigkeit und das Wohlbefinden.
- Wer nachts wach liegt, sollte den Luxus genießen, noch nicht aufstehen zu müssen.
- Wir sind von der Natur nicht darauf eingerichtet, sechzehn Stunden nonstop zu funktionieren.
- Auf keinen Fall die Müdigkeit mit Hyperaktivität oder Kaffee übergehen. Nach dem Koffeinschub ist man erst recht erschöpft.
- Schwere Mahlzeiten verstärken Müdigkeit, sie sind jedoch nicht die Ursache.
- Wichtig ist, den Zeitpunkt zu beachten, an dem man müde wird. Das gilt sowohl für den Nachtschlaf als auch für das Nickerchen.
- Für die Siesta das Telefon abstellen. Hinlegen und den

Raum abdunkeln sind nicht unbedingt erforderlich. Es ist besser, wenn der Kreislauf nicht allzusehr absackt. Nicht zu lange schlafen! Füße hochlegen, Augen schließen.

Für das nächtliche Einschlafen oder Wiedereinschlafen hat jeder seine eigenen Tricks. Manche sind so genial, daß sie einen garantiert wach halten. Meine sind:

- Vor dem Einschlafen niemals Fernsehen, dafür einen harmlosen Krimi lesen. Langweilig genug, um nicht wirklich wach zu halten, aber nicht so langweilig, daß er einen nicht auf andere Gedanken bringt. Nicht nur entspannen, sondern die Themen des Tages durch andere ersetzen.
- Auf keinen Fall die noch verbleibenden Nachtstunden zählen. Das erzeugt Panik.
- Lassen Sie es sich egal sein, ob Sie am nächsten Tag müde sind. Gibt es besonderen Streß oder besondere Anforderungen, werden Sie ohnehin wieder munter – eine Zeitlang. (Diese Regel hilft besonders gut!)
- Wenn ich merke, daß ich in der nächsten Stunde absolut nicht wieder einschlafen werde, stehe ich auf und mache mir eine Tasse leichten Tee mit viel Milch. Dazu esse ich manchmal einen Zwieback. Das hilft fast immer. Zehn Minuten später schlafe ich. Meist ist dann gerade der ausgelassene Schlafzyklus herum, und der neue beginnt. Denn auch während des Wachseins tickt unsere innere Schlafuhr mit ihrem 90-Minuten-Rhythmus weiter. Bei besonders hartnäckiger Schlaflosigkeit, das heißt, wenn man noch einmal aufwacht und wieder keinen Schlaf findet, kann man das ganze Ritual wiederholen.
- Sich mit dem Gedanken aufmuntern: Der nächste Morgen kommt bestimmt! Diese Gewißheit haben wir den Azteken voraus.
- Falls alles andere nicht hilft: Ein – nicht zu leidenschaftlicher – Nachtkuß kann Wunder wirken.
- Aber: Mit dem Schlaf ist es wie mit dem Glück in der Liebe. Er kommt, wenn wir ihn nicht herbeisehnen.

Wenn es in der Seele dunkel wird

Wenn es draußen dunkel wird, verdunkelt sich auch unsere Stimmung. Viele empfinden es so. Sonnenlicht macht fröhlich, heißt es, und kaum jemand wird das bestreiten. Wenn wir im Frühjahr an einem strahlenden Tag die Tiere beobachten, so scheinen sie munterer herumzuspringen und sich wohlig die Sonne auf den Pelz brennen zu lassen, ja manchmal haben wir den Eindruck, sie schmunzelten. Wissenschaftlich ist das alles, wie so vieles, was wir längst zu »wissen« meinen, noch nicht nachgewiesen. Einige Zusammenhänge hat man wohl herausgefunden. Nicht Dunkelheit allein, aber Dunkelheit zum falschen Zeitpunkt oder zu lange anhaltende könnte für die gedrückte Stimmung verantwortlich sein. Wenn es lange dunkel war, im Frühling, steigen die Selbstmordraten steil an. Aber sie erreichen im Juni/Juli, wenn es am längsten hell ist, ihren Höhepunkt.[43] Fast zur gleichen Zeit, im Mai/Juni, werden neben Weihnachten die meisten Kinder gezeugt. Das deutet nicht gerade auf besondere Niedergeschlagenheit hin, oder? Vielleicht war es ja auch in unserer Vorgeschichte, als es noch keine Heizung und kein elektrisches Licht gab, von Bedeutung, daß Babys (wie viele Säugetiere) im Frühjahr zur Welt kamen mit der Chance auf ein paar Sonnenmonate am Lebensanfang.

Die Dinge sind eng miteinander verknüpft, und es ist oft schwer, zwischen Ursache und Wirkung zu unterscheiden. Und überhaupt: Geht es denn nur um Ursache und Wirkung? Wenn da so viele Systeme mit eigenen ultradianen, circadianen, ja circaannualen Rhythmen am Werk sind, wenn sie wie von Geisterhand jeden Morgen neu aufeinander abgestimmt werden, dann handelt es sich vielleicht um so komplexe Regelsysteme, daß unser Kausalitätsdenken einfach die Waffen strecken muß. Damit kommen wir nicht aus. Trotzdem geht es immer wieder darum, irgendein Fädchen in dem Gewebe zu fassen zu kriegen. Das heißt dann meist, ganz unmittelbare Zusammenhänge aufzuklären, um später, wenn man an dem Faden zieht, das Muster im Gewebe deutlicher zu erkennen.

Meistens werden wir müde, wenn es dunkel wird. Das dann freigesetzte Melatonin begünstigt diese Müdigkeit. Wie wir gesehen haben, regulieren sich aber, wenn die Nacht kommt, wenn es draußen kühler wird, noch eine Reihe anderer Funktionen herunter. Darum ist dies für den lichtaktiven Menschen die beste Zeit zu ruhen.

Dazu verspüren wir jedoch auch am Tag mehrmals das Bedürfnis. Tagschlaf, meint Jürgen Zulley, habe durchaus biologische Grundlagen, er sei nur noch nicht gut untersucht worden. Auch nicht im Zusammenhang mit Depressionen, obwohl es da besonders naheliegt. Man hat sich auf die Nachtschlafstörung beschränkt; Tagesmüdigkeit interessierte die Wissenschaftler bisher nur bei gesunden alten Menschen. Sie könnte aber interessante Hinweise im Zusammenhang mit Depressionen geben. Was ist Müdigkeit, und was ist Depression? Psychiater fragen Patienten nie nach ihrer Müdigkeit, und die Arbeitsphysiologen haben umgekehrt nie nach der Stimmung gefragt.

Um herauszufinden, was am Tag nun wirklich »nur« Müdigkeit und was depressive Zustände sind, entwickelte Jürgen Zulley einen Fragebogen, auf dem Versuchspersonen jede Stunde eintragen müssen, wie sie ihre Stimmung und ihre Müdigkeit einschätzen.

Es zeigt sich, daß beides normalerweise meist parallel läuft, was noch einmal erhärtet, wie schwer diese beiden Befindlichkeiten auseinanderzuhalten sind. Müdigkeit am Morgen, ergab sich, kann auch echte Müdigkeit, muß nicht, wie meist bisher angenommen, Depression sein. »Jeder hat nachmittags eine kleine Depression.« Ist das wirklich so? Chronobiologische Beobachtungen erweisen: Um zwei Uhr nachmittags stellt sich als Pendant zur nächtlichen Geisterstunde zwischen drei und vier Uhr früh ein biologisches Tief mit depressiver Stimmung ein. Da laufen Müdigkeit und Stimmung noch parallel. Aber eine Tageszeit gibt es, wo sie auseinanderlaufen: Am Abend nämlich geht die Stimmung hoch, wenn wir bereits müde werden. So einfach ist es also nicht mit dem Zusammenhang zwischen düsterem Licht und düsterer Stimmung.

Und doch gibt es einen Zusammenhang, 1980 wissenschaftlich beschrieben, obwohl schon seit Menschengedenken empfunden: die Winterdepression. In der Fachsprache heißt sie TRAURIG, entsprechend der englischen Abkürzung SAD, was für Saisonal Affective Disorder (saisonal abhängige Depression) steht. In jenem Jahr hatte der amerikanische Psychiater Alfred J. Lewy von der Oregon Health Sciences University herausgefunden, was uns hier schon so oft beschäftigt hat: Helles Licht stoppt die nachts auf Hochtouren laufende Ausschüttung des Hormons Melatonin, und zwar bei Tieren und Menschen. Die Verbindung zu den Depressionen der dunklen Jahreszeit wurde 1982 in einer denkwürdigen Arbeit im *American Journal of Psychiatry* von mehreren Autoren gemeinsam vorgestellt: Norman E. Rosenthal, Alfred J. Lewy, Thomas A. Wehr und Herb Kern.

Schon in den fünfziger Jahren hatte man entdeckt, daß Melatonin von der Zirbeldrüse produziert und freigesetzt wird. Beim Menschen liegt sie hinter dem Zellknäuel im Hypothalamus, suprachiasmatischer Nucleus genannt, weil über der Kreuzung der Sehnerven gelegen. Die Zirbeldrüse wird also von den Lichtimpulsen, die das Auge erhält, informiert. Noch stärker geschieht dies bei Vögeln. Ihre Zirbeldrüse, häufig drittes Auge genannt, liegt ganz dicht neben der Schädeldecke. Das erscheint sinnvoll, weil diese Tiere noch lichtabhängiger sind als wir und darum auch noch lichtempfindlicher sein müssen.

Der Zufall wollte es, daß zu eben jenem Wissenschaftler Lewy, der gerade den Zusammenhang zwischen Licht und Melatoninunterdrückung herausgefunden hatte, ein Patient mit einem merkwürdigen Leiden kam. Der dreiundsechzigjährige Herb Kern hatte in jedem Winter einen schweren depressiven Schub, der im Herbst einsetzte und im Frühjahr verschwand.

Unter dem Eindruck seiner Entdeckung schloß Lewy messerscharf, daß hier Melatonin eine Rolle spielen müsse. Vielleicht würde es in den lichtlosen Wintermonaten nicht ausreichend gebremst. Er schloß weiter, daß dann eine Behandlung mit Licht helfen könnte. Gedacht, getan. Lewy setzte Herb Kern täglich morgens und abends einige Stunden vor eine helle Lampe – und, o Wunder, schon nach wenigen Tagen löste sich Kerns Depression wie Morgennebel bei Sonnenschein auf.

Dieser Erfolg konnte Zufall sein. Die Sache mußte also wissenschaftlich erhärtet werden. Das unternahmen Forscher vom National Institute of Health in Bethesda. Nun wurde an Patientengruppen in Blind- und Doppelblindversuchen untersucht, wie sich helles Licht von mindestens 2500 Lux, zwei Stunden am Tag angewendet, auf die SAD auswirkt. Das Ergebnis war überwältigend: Zwischen 50 und 80 Prozent der häufig schwer SAD-Depressiven tauchten schon nach drei, vier Tagen aus ihrer Depression auf.[44]

Das Ergebnis war um so bedeutender, als SAD ein weitverbreitetes Leiden ist: Etwa 5 Prozent der Bevölkerung, schätzt man, leiden in Amerika darunter. Mit den leichteren Formen sind es zusammen 18 Prozent. Aus der Schweiz, wo eine Forschergruppe um Anna Wirz-Justice an der Universität Basel das Phänomen seit Jahren untersucht und mit Licht behandelt, werden 11 Prozent gemeldet. Im sonnigen Florida leiden nur 4 Prozent daran, in Alaska 28 Prozent. Diese Ergebnisse können jedoch täuschen: Es kommt nicht nur auf die Zeit der Sonneneinstrahlung an, sondern auch darauf, wie lange sich Menschen im Freien aufhalten. Das heißt, auch wer in Florida lebt, aber den ganzen Tag nicht hinausgeht, ist anfällig für SAD. Umgekehrt läuft ein Norddeutscher, der viel Zeit im Freien verbringt, wenig Gefahr, von der Seelenverfinsterung befallen zu werden. Denn auf das Tageslicht im Freien kommt es an, und das sind auch bei bedecktem Frühlingshimmel etwa 10000 Lux am Vormittag.

Licht ist in der Lage, so haben wir bereits am Beispiel des Jetlags und der Schichtarbeit gesehen, unsere inneren Uhren zu verstellen. Es ist der mächtigste Zeitgeber, das am stärksten wirksame Zeitsignal überhaupt. Lichtempfindliche Zellen tasten morgens, während wir noch die Augen geschlossen haben, die Umgebung nach dem kleinsten Anzeichen von Licht ab und geben das Signal weiter.

Licht verschiebt also Phasen – zum Beispiel des Schlaf-Wach-Rhythmus. Hat die Depression auch etwas mit der jeweiligen Phasenlage zu tun? Untersuchungen zeigten, daß viele der Depressiven unter verschobenen Phasen litten: Bei einigen war alles früher, Aufwachen und abendliches Müdewerden, bei anderen passierte das alles relativ spät. Nun verschob man mit Licht die Phasen – und hatte auch damit Erfolg.

Für sich genommen oder kombiniert mit der Lichttherapie hat

eine Behandlung besondere Wirkung: der Schlafentzug – ausgerechnet! – mit darauffolgender Phasenverzögerung. Das heißt, die Patienten dürfen den ganzen Tag – genauer Tag und Nacht – nicht schlafen, und in den folgenden Tagen gehen sie immer später schlafen. Während des Schlafentzugs würde auch nur ein kleines Nickerchen von wenigen Minuten den Erfolg zunichte machen. Die Resultate sind erstaunlich. Sogar ohne Medikamente ist diese Therapie schnell und nachhaltig wirksam. Auch die mit der Depression einhergehenden Schlafstörungen bessern sich. Manchmal muß die Schlafentzugsbehandlung nach einigen Wochen oder Monaten wiederholt werden. Es ist wichtig, daß sie im oder vom Schlaflabor überwacht wird und der Patient auch nach der Therapie weiterhin zur Beobachtung kommt.

Ein bitterer Tropfen fiel durch neueste Untersuchungen in die Euphorie: Für die Ursachen der SAD tun sich neue Fragen auf, vor allem die Vermutung, es könnte sich einfach, wie bei allen Depressionen, um den alten Bekannten Serotonin als Verantwortlichen handeln. Neue Untersuchungen hatten nämlich erwiesen, daß die Lichttherapie nicht darum erfolgreich ist, weil sie etwa regulierend auf das Melatonin einwirkt (sie ändert in Wahrheit nicht viel daran), und auch nicht, weil sie die Phasenlage verstellt. Patienten, die nicht unter Phasenverschiebungen leiden, reagieren genauso gut auf die Lichttherapie. Licht wirke zu jeder Tageszeit antidepressiv, erklärt Anna Wirz-Justice, und zwar sowohl natürliches als auch 2500 bis 10000 Lux helles künstliches Licht. Es ist einfach eines der Signale – auch – für den Neurotransmitter Serotonin, der, wie es scheint, unendlich viele Vorgänge im Gehirn und auch im übrigen Körper beeinflußt.

Ein Hinweis darauf ist, daß SAD-Leidende nachmittags von einer merkwürdigen Gier nach Kohlenhydraten ergriffen werden. Offenbar gibt unser Gehirn, genauer der Hypothalamus, bei einem Mangel an Serotonin – und dieser ist für Depressionen wohl mitverantwortlich – ein besonderes Appetitsignal. Vielleicht fehlt es bei SAD im Winter an Serotonin. Jedenfalls verschwindet bei der Lichttherapie nicht nur die Depression, sondern auch die unmäßige Lust auf Süßes.

Übrigens: Serotonin ist der Stoff, aus dem im Gehirn Melatonin erzeugt wird.

Woran erkennt man die typische Winterdepression?

Der Betroffene hat schon wiederholt im Herbst und Winter unter Depressionen gelitten, nicht dagegen im Sommer. Charakteristisch sind bestimmte Besonderheiten, die jedoch nicht unbedingt alle auftreten müssen:

- Energieverlust.
- Ein größeres Schlafbedürfnis, ohne daß sich der Betreffende nach dem Schlaf wirklich erholt fühlt.
- Morgendliche Müdigkeit.
- Mehr Appetit, vor allem nachmittags auf Kohlenhydrate.
- Gewichtszunahme.

Zudem können mehrere Schlafstörungen auftreten:

- Vorverlagerte oder verspätete Schlafphasen.
- Unregelmäßiges Schlaf-Wach-Muster.
- Besonders häufig sind die SAD-Betroffenen von Schlafstörungen bei der Schichtarbeit und bei Jetlag geplagt.

Die Mehrzahl der Winterdepressiven spricht stark auf die Behandlung mit Kunstlicht zwischen 2500 und 10000 Lux an. Da manche Menschen unter Augenempfindlichkeit auch im Zusammenhang mit einigen Medikamenten leiden, muß ein Augenarzt hinzugezogen werden.

Alle Hypothesen über die Wirkung von Licht bei Winterdepressionen, alle Hypothesen, die sich auf circadiane Rhythmen beziehen, werden heute unter den einschlägigen Wissenschaftlern außerordentlich kontrovers diskutiert. Einige dieser Themen konnten noch nicht ausreichend untersucht werden. In der Basler Psychiatrischen Universitätsklinik versucht man mit der bisher modernsten Methode einer Untersuchung der »biologischen Uhr« Antworten auf diese ungeklärten Zusammenhänge zu finden.[45] Fest steht: Licht ist hochwirksam bei SAD. Zu klären ist: Warum?

Müssen wir jetzt völlig verwirrt sein? Vielleicht nicht, wenn wir uns angewöhnen könnten, von unserem gradlinigen Ursache-Wirkung-Denken abzuweichen. Zwischen Dunkelheit *um* uns und Dunkelheit *in* uns gibt es Verknüpfungen, ebenso zwischen Heiterkeit des Lichts und der Seele. Und all das ist wiederum verknüpft mit den rhythmischen Vorgängen, denen alle Lebewesen unterworfen sind.

Wenn die Luft wegbleibt

Sie bringen die einen zum Lachen, die anderen zur Verzweiflung: die Schnarcher. Viele von ihnen leben gefährlich.

Erstaunlich, daß sie es nicht einmal merken, wenn ihnen der Atem stockt, die Luft wegbleibt – nachts, im Schlaf. Auch morgens beim Aufwachen erinnern sie sich an nichts. Der Hals ist etwas rauh, der Mund trocken, und tagsüber sind sie schlapp und müde. »Kein Wunder, du hast wieder mal geschnarcht, daß die Wände wackelten.« – »Wieso, ich habe fest durchgeschlafen« – auch eine der falschen Schlafwahrnehmungen.

Susanne dagegen erlebte anderes. Sie hat die ganze Nacht damit zugebracht, verschreckt in die unzähligen nächtlichen Schnarchpausen ihres Mannes hineinzuhorchen, voller Angst, er würde überhaupt nicht wieder Luft holen. Bis jedesmal dann doch ein konvulsivisches lautes Aufschnarchen den Fortgang des Lebens anzeigte.

Die Rede ist hier nicht vom einfachen Schnarcher, der friedlich und regelmäßig vor sich hin sägt, sondern von jenem Intervall-Schnarcher, bei dem sich Stille und spektakulär-geräuschvolles Luftholen abwechseln. Spektakulär, denn der erzeugte Lärm erreicht Pegel, die ein durchs Schlafzimmer fahrender Lastwagen nicht besser zustande brächte. Dabei sind nicht nur die Betroffenen selber, sondern auch ihre Bett- oder Zimmergenossen gefährdet, am Herzinfarkt zu sterben.

Die Schnarcher leiden also nicht nur unter den Folgen der Atemstillstände, sondern auch unter der Peinlichkeit der Symptome und der Diskriminierung, manchmal sogar Feindseligkeit, die ihnen entgegenschlägt. Nicht nur Ehefrauen drohen mit Scheidung, auch in Hotels oder beim Bahnfahren gibt es Beschwerden. Einer berichtet: »Im Urlaub habe ich das ganze Hotel verrückt gemacht. Überall hat der Wirt nach dem Schnarcher gesucht, über den sich alle beschwerten. Als er mich schließlich gefunden hatte, konnte ich nur noch die Koffer packen.« Ein junger Mann erzählte, daß seine zwanzig Meter weit entfernt wohnenden Nachbarn über die Belästigung geklagt hätten. Einmal sei sogar die Feuerwehr bei ihm gewesen. Jürgen Zulley berichtet von einem Patienten, den die Bewohner des Nachbarhauses ins Schlaflabor geschickt hatten.

Erstaunlicherweise wurde das Bild dieser umweltstörenden Pathologie, die heute eins der wichtigsten Themen internationaler Schlafforschungs- und Chronobiologenkongresse ist, zum ersten Mal in der Literatur entworfen. Der kleine fette Joe aus Charles Dickens' *Die Pickwickier,* der alle nasenlang auf dem Kutschbock einschläft, ist die erste klassische Beschreibung des Syndroms: Übergewichtig und auch am Tage ständig müde, so begegnen sie uns, die Apnoeiker. Nicht verwunderlich, daß man sie lange nicht mit ihrem wirklichen Leiden erkannte. Sie wurden einfach als »Tagesmüde« eingeordnet. Man glaubte, sie litten an Narkolepsie, einer stark genetisch bedingten Schlafkrankheit. Erst die Schlafforschung in den siebziger Jahren brachte es an den Tag, daß für ihre Schlafattacken in Wahrheit nächtliche Atemstillstände verantwortlich waren: zwischen 500 und 800 pro Nacht, bis zu 150 pro Stunde, manche bis zu anderthalb Minuten andauernd. Ein Apnoeiker überlebte sogar drei Minuten Atempause.

Etwa fünfundachtzig Prozent der tagsüber Müden leiden darunter, vier Prozent der erwachsenen männlichen Bevölkerung. Was nicht heißt, daß nur Männer betroffen sind. Frauen, ja sogar Kinder leiden an der Schnarchkrankheit. Da Müdigkeit das von den Patienten selber wahrgenommene Symptom ist, werden sie häufig falsch – mit Schlafmitteln – behandelt. Womit die Gefahr für sie noch wächst, weil ihre ohnehin schlaffen Atemwege dadurch noch kraftloser werden.

Die Hauptursache für das Schnarchen und später die Atemstillstände ist ein Kollaps der oberen Luftwege. Sie fallen einfach zusammen wie ein Luftballon, aus dem die Luft entweicht. Das Leiden heißt darum obstruktive Apnoe. Der Grund für das Stocken der Atmung und auch für das Schnarchen ist also vor allem ein mechanischer. Es gibt noch eine andere, sehr viel seltenere Form der nächtlichen Atemnot: die zentrale Apnoe. Bei ihr ist die Steuerung der Atmung durch das Zentralnervensystem defekt. Das Gehirn erhält oder sendet nicht zum richtigen Zeitpunkt die Informationen über Sauerstoff- und Kohlendioxydwerte im Blut. Sie halten normalerweise die Zwerchfellbewegungen in Gang. Darum sind Babys mit ihrem noch unreifen Nervensystem von dieser Störung häufiger betroffen. Wahrscheinlich ist sie eine der Ursachen für den plötzlichen Kindstod. Eine zentrale Regulationsstörung spielt auch bei der mehr mechanischen Form der Apnoe eine Rolle.

Was passiert, damit dem scheinbar friedlich Schnarchenden plötzlich die Luft wegbleibt? Meistens gibt es Faktoren, die den Schläfer prädisponieren: Zum Beispiel neigen viele der Gefährdeten zu Übergewicht, manche leiden auch unter einer ungünstigen Form des Kiefers und Rachenraums. Sie alle haben einen zu engen Rachen. Und weil sie viel schnarchen, erschlafft nach und nach die allnächtlich vibrierende Muskulatur. Das heißt auch, daß sich aus einem harmlosen Schnarchen irgendwann die obstruktive Apnoe entwickeln kann. Das geschieht vor allem, wenn einer meint, ein Gläschen Bier oder Wein am Abend könne den Schlaf nur fördern. Alkoholgenuß macht seine Rachenmuskulatur jedoch noch schlapper. Wenn er dann im Schlaf entspannt auf dem Rücken liegt, fällt das alles mitsamt dem Zäpfchen in sich zusammen. Da der Kanal für die Atemluft so immer enger wird, ist die Folge ein erhöhter Atemwiderstand. Es kommt zu einem Unterdruck im Brustraum. Die Lungen müssen also kräftiger die Luft einziehen, die nun schneller strömt. Dann passiert es: Unter dem heftigen, fast panischen Einatmen kollabieren die oberen Atemwege, der Luftkanal ist zu, verschlossen. Das ist die Obstruktion. Der Schlafpartner erstarrt, denn jetzt hört er gar nichts mehr, nicht den leichtesten Atemzug.

Die Folge ist, daß die lebenswichtige Sauerstoffkonzentration im Blut dramatisch abnimmt. Sie geht auf zwölf Prozent zurück. Das Herz schlägt langsamer, sozusagen im Spargang. Nun endlich – und das dauert manchmal lange, minutenlang! – wird das Gehirn über die Atemnot informiert, und es setzt das Notprogramm in Gang: Adrenalin wird ausgeschüttet. Damit bekommt das Herz den Befehl, schneller zu schlagen, und die Rachenmuskulatur spannt sich wieder an. Damit kann sich schließlich der Luftweg öffnen und die Luft nun kräftig einströmen. Das ist der Moment des lauten Aufschnarchens, der die Wände wackeln und den verstörten Mitschläfer erleichtert zusammenzucken läßt. Die Gefahr ist noch einmal gebannt. Jedoch nur für Augenblicke. Dann wieder herrscht jene beängstigende Stille...

Eins jedoch muß ebenso paradox wie beruhigend erscheinen: Niemals stirbt ein Apnoeiker an Ersticken. Denn es gibt überhaupt kein System, das von der Natur so gut gesichert ist wie das Atmen. Im Ernstfall kommt es immer zu dem rettenden Reflex, bei dem der Patient meist aufwacht – in Schweiß gebadet und mit Herzrasen. Die Folgen sind es, die ihm in Wahrheit gefährlich werden. Denn im Laufe eines langen Schnarcherdaseins bilden sich alle möglichen anderen Leiden heraus wie Schlafstörungen, Depressionen, Impotenz, Stimmungsschwankungen und – besonders bedrohlich – Herz-Kreislauf-Störungen. Wenn ein Apnoekranker eines Nachts an seinem Leiden stirbt, wird der Arzt wahrscheinlich Tod durch Schlaganfall oder Herzinsuffizienz feststellen. Von der Apnoe, die letztlich dahin geführt hat, keine Spur.

Auch völlig Gesunde haben hin und wieder im Schlaf kurze Atemstillstände. Wenn wir alpträumen, daß uns die Luft abgedrückt wird, wenn wir aus schrecklich bedrängenden Traumsituationen mit rasendem Puls erwachen, müssen wir oft wirklich nach Luft ringen. Wir können beruhigt sein, denn die erwähnte Reflexbremse schützt uns vorm Ersticken.

Da im REM-Schlaf die Atmung bei uns allen unregelmäßiger wird, sind diese Schlafphasen Zeiten besonderer Gefährdung für Menschen, die am Apnoesyndrom leiden. Sie werden jedoch auch im Tiefschlaf nicht verschont. Viele kommen gar nicht mehr in diesen erholsamen Schlaf, sie erreichen nur gerade noch einige unruhige Stadien I, die normalerweise den Übergang vom Wachen zum Schlafen kennzeichnen.

Um mehr der Umweltbelästigung als dem Leiden zu begegnen, haben sich Ärzte und Ehefrauen in den vergangenen Jahrhunderten die abenteuerlichsten Hilfsmittel einfallen lassen. Viele scheinen echte Folterinstrumente gewesen zu sein.

Die erste wirkliche Therapie der Apnoe führte Ende der siebziger Jahre der Australier Sullivan ein: Er erfand ein Gerät, das sich bis heute als wirksamste Hilfe für Apnoeiker erwiesen hat und ihnen meist auch Operationen erspart. Die Sache sieht aus wie eine Gasmaske – ein bißchen erschreckend auf den ersten Blick. Für die Patienten ist sie eine reine Wohltat. Es handelt sich um eine Atemmaske, die kontinuierlich Raumluft mit leichtem Überdruck in Nase und Lunge bläst. Das Gerät heißt darum nasale Continuierliche Positive Atemwegs Pressure, abgekürzt nCPAP. Der Luftüberdruck zwingt den Schlafenden, gegen den Druck anzuatmen. So bleiben seine Atemwege immer in der notwendigen Muskelspannung.

Die über die Nase gezogene Maske wird im Schlaflabor genau eingestellt, damit der Druck nicht höher als erforderlich ist. Für manche Patienten ist ein sogenanntes bi-level CPAP erforderlich: Sie treffen dann beim Ausatmen nicht auf einen so starken Druck.

Den meisten Behandelten geht es schnell erstaunlich besser. Aus passiven, mißmutigen Schlafmützen werden plötzlich – manchmal schon nach einer Nacht – aktive, unternehmungslustige, fröhliche Zeitgenossen. Viele nehmen dabei auch als Sekundäreffekt überflüssige Pfunde ab. Die Kopfschmerzen, von denen sie vorher nach dem Aufwachen geplagt wurden, verschwinden ebenso wie die häufigen Alpträume. Das Selbstwertgefühl steigt. Herz und Kreislauf normalisieren sich.

Ein Haufen Mißverständnisse und Fragen

Viel schlafen ist gut.
Was für den einen gilt, mag für den anderen nicht zutreffen. Schlafbedürfnisse sind sehr unterschiedlich. Am Wochenende vormittags lange bei zugezogenen Vorhängen im Bett zu bleiben ist meist keine gute Idee. Unsere inneren Uhren brauchen morgens ein kräftiges Lichtsignal. Das heißt, wir sollten uns gleich nach dem Aufstehen möglichst viel Tageslicht verschaffen. Das bringt nicht nur unsere Stimmung und unser körperliches Wohlbefinden für den Tag in Gang, es bewirkt merkwürdigerweise auch, daß wir in der nächsten Nacht gut schlafen. Falls der Schlaf in der letzten Nacht ein wenig zu kurz gekommen ist, können wir mit einem Nickerchen am Nachmittag genug davon nachholen. Unser chronobiologischer Rhythmus gibt uns dafür mehrere Tiefpunkte am Tag vor, wir müssen sie nur nutzen. Öfter schlafen ist besser als zu lange, sagen uns die Chronobiologen.

In der Freizeit vor allem ruhen, liegen und schlafen macht uns fit, stärkt unser Immunsystem.
Es stimmt nicht, daß besonders viel Müßiggang und allzu ausgedehntes Schlafen uns stärken. Einige Untersuchungen zeigen sogar, daß das Immunsystem dabei leidet. Prinzipiell gilt also: Richtig bemessener Schlaf stärkt das Immunsystem, zuviel Schlaf hat den gegenteiligen Effekt. Am besten ist offenbar der richtige Wechsel von Aktivität und Ruhe. Körperlicher, mentaler und emotionaler Streß allerdings ist schädlich, nicht dagegen eine Aktivität, die Spaß macht. Das führt uns zur nächsten Frage.

Schlafen wir nachts besser, wenn wir den Tag möglichst ruhig verbracht haben?

Nein. Es kommt allerdings auf die Art unserer Tagestätigkeit an. Der Tiefschlaf wird sogar besser, wenn unser Gehirn tagsüber kräftig in Anspruch genommen wird – am besten mit Aktivitäten, bei denen wir motiviert sind. Monotonie der Arbeit oder des Lebensstils sowie Mangel an sozialen Kontakten beeinträchtigen nicht nur unsere Stimmung, sondern auch die Qualität unseres Schlafs. Wir fühlen uns dann vielleicht den ganzen Tag über müde und schläfrig und stehen nachts kerzengerade im Bett.

Es ist leicht zu verstehen, daß alte Leute, die keinerlei motivierende Aktivitäten mehr ausfüllt, die viel allein oder in monotoner Umgebung leben und die zusätzlich oft noch mit Tranquilizern »ruhiggestellt« werden, nach solchen trostlosen Tagen schlechte Nächte haben. Viele würden besser schlafen, wenn man ihnen wirklich etwas abverlangte, wenn sie ihren Tag befriedigender gestalten könnten, in einem Umfeld, das ihnen gelegentlich auch Anerkennung einbringt.

Nur wenn wir in einem Stück durchschlafen, ist unser Schlaf gut.

Falsch. Es ist völlig normal, wenn wir im Auf und Ab unseres Schlafrhythmus gelegentlich kurz auftauchen. Der Mensch ist ein »Fluchttier«. Er ist von Natur aus auf häufiges und schnelles Wachsein eingerichtet. Dieser »eingebaute Aufwachmechanismus« läßt sich noch bei Völkern, die annähernd im Urzustand leben, beobachten. In Papua-Neuguinea zum Beispiel schlafen die Männer nachts um die Feuerstelle. Einer ist immer wach und läuft herum. Die Männer wechseln sich in der Gruppe ab. Alle zehn Minuten etwa wacht einer spontan auf. Dieser Wachrhythmus ist weder vorher abgemacht, noch sich selbst als Zwang auferlegt. Er ist natürlich. Durchschlafen ist eine Erfindung der Neuzeit.

Ist es nur eine Frage des Willens, wie lange wir wach und konzentriert bei einer Arbeit oder Aufgabe bleiben?

Der Wille kann zwar Berge versetzen, nicht aber unsere inneren Uhren nachhaltig beeinflussen. Wir haben am Beispiel der Flugzeugpiloten gezeigt, daß auch beim besten Willen gewisse Grenzen unserer Fähigkeit akzeptiert werden müssen. Außerdem: Wenn wir dauernd den Schlafrhythmus ändern, machen das die inneren Uhren nicht mit. Wir empfinden dann nicht mehr nur Müdigkeit wie nach einer durchwachten Nacht, sondern tiefe Erschöpfung.

Kann eine Tasse Kaffee gelegentlich Wunder wirken?

Nur in der subjektiven Wahrnehmung. Wer sehr müde ist, wird durch Kaffee nur kurzfristig aufgeputscht, dabei aber nicht leistungsfähiger. Sogenannte Vigilanz- (Aufmerksamkeits-)Tests haben ganz klar bewiesen, daß Aufgaben nach Kaffeegenuß weder besser noch schneller gelöst werden. Eine kurze Siesta dagegen kann für viele Stunden munter machen. Wer abends lange arbeiten muß, sollte nachmittags ein Nickerchen einlegen.

Kaffee hat außerdem eine negative Wirkung auf den folgenden Nachtschlaf. Sogar eine Tasse Kaffee am Morgen hat noch nach sechzehn Stunden eine Auswirkung! Kaffee wirkt ebenso wie sehr helles Licht auf Körpertemperatur (die er erhöht) und Melatonin (das er unterdrückt).

Macht Nikotin munter?

Die Wirkung ist ähnlich täuschend wie bei Kaffee. Rauchen macht nur subjektiv aufmerksamer. Objektiv läßt sich eine solche Wirkung nicht nachweisen. Dagegen gibt es ebenso wie nach Kaffeegenuß später einen Erschöpfungseffekt. Die Chronobiologen sagen uns zudem, daß Nikotin wahrscheinlich einen Einfluß auf die biologischen Uhren hat. Es scheint sie um eine bis anderthalb Stunden schneller laufen zu lassen. Wir nutzen uns schneller ab.

Schläft man nach einem Glas Wein besser?

Mancher schläft tatsächlich danach besser ein. Sein Schlaf wird jedoch in Qualität und Struktur je nach der Alkoholmenge erheblich beeinträchtigt (vom morgendlichen Kater ganz zu schweigen). Auch die Atmung kann leiden. Für Menschen mit nächtlichen Atemstillständen (Schnarcher) ist das gefährlich.

Richtet Schlafmangel schwere Schäden an?

Ja, wenn er chronisch ist oder häufig wiederholt wird. Bei kürzerem Schlafentzug über ein oder zwei Nächte überschätzen wir jedoch meist die Auswirkungen.

Der längste bisher bekannte Schlafentzugsversuch dauerte 260 Stunden. Ein siebzehnjähriger amerikanischer Collegestudent aus San Diego schlief freiwillig während fast elf Tagen überhaupt nicht. Er zeigte dabei wenige Verhaltensauffälligkeiten und kaum physiologische Veränderungen. Nachdem er sein Ziel erreicht hatte, legte er sich ins Bett und schlief. Nach gut vierzehn Stunden wachte er auf, fühlte sich wohl, aber noch ein bißchen schläfrig. In den nächsten zwei Nächten holte er noch mal insgesamt sechseinhalb Stunden Schlaf nach. Der Schlafmangel hatte keine gravierenden negativen Auswirkungen. Das merkwürdig positive Ergebnis kam sicher aufgrund der starken Motivation des Jungen zustande. Ein weiteres taten seine außergewöhnlich gute Gesundheit und die streßfreien Bedingungen des Versuchs.

In der Realität sehen die Dinge anders aus. Wer durch bestimmte Lebensumstände am Schlafen gehindert wird, hat entweder meist extremen Streß (Distreß) zu bewältigen, ist wenig motiviert und keineswegs immer bei bester Gesundheit. Ausgedehnter oder häufiger Schlafmangel schadet vor allem den Hirnfunktionen sowie dem Immunsystem und damit dem gesamten Organismus.

Wie schädlich sind Schlafstörungen?

Schlafstörungen, die nachhaltig auftreten, müssen immer ernst genommen werden. Sie können ihren Grund in behandlungsbedürftigen Krankheiten haben oder sie hervorrufen. Der Betroffene sollte einen Spezialisten aufsuchen, am besten in einem der zahlreichen Schlaflabors (siehe die Liste am Ende des Buches). Den Ursachen der Störungen muß immer auf den Grund gegangen werden. Kreislauf-, Herz- und andere Störungen oder Schädigungen können die Folge sein.

Schlafmittel sind nur als Krisenintervention, also über wenige Tage eingenommen, hilfreich. Fast alle schaffen Abhängigkeit und beeinträchtigen nachhaltig die Schlafstruktur. Der REM-Schlaf wird zum Beispiel von Tranquilizern fast ganz unterdrückt.

Schlafstörungen treten nicht nur im Zusammenhang mit körperlichen Erkrankungen auf, sondern sind oft Begleiterscheinungen von seelischen Störungen, vor allem Depressionen. Einige dieser Depressionen lassen sich mit Schlafentzug oder Lichttherapie gut behandeln.

Wann schlafen wir am längsten und besten?

Wenn wir möglichst lange vor unserem Temperaturminimum (das in den frühen Morgenstunden zwischen zwei und vier Uhr liegt) schlafen gehen, das heißt *zwischen 22.30 und 24 Uhr.* Denn wenn die Körpertemperatur ansteigt, wird unser Schlaf leichter, das heißt auch leichter störbar. Der alte Spruch mit dem Schlaf vor Mitternacht hat also seine guten Gründe. Allerdings hat die Regel nur Gültigkeit, wenn wir vor dem Schlafbeginn auch lange – und intensiv – wach waren.

All das gilt übrigens auch für Kinder. Sie schlafen morgens nicht etwa besonders lange, wenn wir sie abends spät hinlegen. (Siehe Graphik S. 135.)

Wann fällt das Einschlafen am schwersten?

Kurz vor dem Beginn der Nacht, also vor neun Uhr abends können wir überhaupt nicht schlafen, es sei denn, es hat sich bereits ein besonderer »Schlafdruck« angestaut.

Warum fallen einem beim Fernsehen oder Lesen abends die Augen zu, und wenn man dann zu schlafen versucht, ist man plötzlich hellwach?

Fernsehen oder Lesen sind relativ monotone Stimulierungen. Wir bekommen dabei nur sehr einseitige Wahrnehmungsanregungen. Entspannt und reglos sitzen oder liegen wir und blicken unablässig in eine Richtung – eine Situation, ähnlich wie die normalerweise vorm Einschlafen. Wenn sie in eine Zeit fällt, in der unser innerer Rhythmus ein Tief anzeigt, ist Schlaf angesagt. Da wir aber beträchtliche Anstrengungen unternehmen, um doch noch wach zu bleiben – und sei es nur zehn Minuten lang –, ist der Tiefpunkt schon überschritten, wenn wir das Licht ausmachen. Jetzt ist vielleicht das »Schlaftor« zu. Außerdem ist der »Schlafdruck« nun erst einmal weg. Wir müssen den nächsten Schlafzyklus abwarten. Da ein Zyklus immer etwa neunzig Minuten dauert, können wir also nach Überschreiten des Schläfrigkeitspunkts mit noch einmal knapp anderthalb Stunden bis zur nächsten Einschlafmöglichkeit rechnen. Die Regel mit den neunzig Minuten gilt übrigens auch bei schlaflosen Phasen mitten in der Nacht. Entweder schläft man gleich wieder ein oder liegt so lange wach.

Ist Melatonin ein Schlafmittel?

Das Hirnanhangsdrüsen-Hormon ist an vielen Funktionen beteiligt, auch und besonders am Schlaf. Es wird nur während der Dunkelheit ausgeschüttet und von Licht unterdrückt. Da seine Wirkungsweise und sein Wirkungsfeld noch weithin unerforscht sind, gilt es irreführenderweise als Wunderdroge.[46] Es wird nach neuesten Erkenntnissen[47] auch von einzelnen Zellen in circadianen Rhythmen ausgeschieden und scheint im Zusammenhang mit Licht einer der wichtigsten Schrittmacher unserer inneren Uhren zu sein. Es wirkt auch auf die Sekretion des Wachstumshormons. Es senkt die Körpertemperatur, verringert bei Mäusen Alterserscheinungen und verlängert ihr Leben. Es muß von Licht gehemmt werden, damit wir wach sein können. Schlafforscher weisen immer wieder darauf hin, daß es nicht als Schlafmittel, wohl aber bei Schlafstörungen und bei oder nach Zeitzonenflügen schlafregulierend wirkt. Der Schweizer Alex Borbely hat dies auf der Tagung der Chronobiologen und Schlafforscher im Oktober 1995 in Lugano noch einmal bekräftigt. Unmißverständlich erklärte er: »Melatonin ist keine Wunderdroge.«

Was ist wichtiger: REM- oder Tiefschlaf?

Tiefschlaf ist offensichtlich wichtiger. Er macht den Hauptanteil des sogenannten Kernschlafs aus und ist auch der Schlaf, der als erster nachgeholt wird.

Beide Schlafphasen haben unterschiedliche, jedoch unabdingbare Funktionen. Die Schlafqualität wird im wesentlichen von einer guten Struktur des Schlafs während der Nacht bestimmt, das heißt von der Verteilung der verschiedenen Schlafstadien.

Warum träumen manche Menschen so viel und andere scheinbar gar nicht?

Alle Menschen träumen, sie erinnern sich jedoch nicht in gleicher Weise daran. Wer besonders fest schläft und morgens nicht gerade aus einem Traum aufwacht, kann den Eindruck bekommen, er habe überhaupt nicht geträumt. Wir alle träumen über die ganze Nacht verteilt. Die meisten Träume werden vom Schlaf ausgelöscht. Wir können uns nur an Dinge erinnern, die mit einem Mindestabstand von zehn Minuten oder einer Viertelstunde vor dem Ein- oder Weiterschlafen gedacht, gelesen oder geträumt wurden. Manchmal hilft es, einen Traum nachts bewußt ins Gedächtnis zurückzuholen. Auch Träume, die wir morgens vor dem Aufwachen haben, vergessen wir meist schnell wieder. Man kann jedoch eine bessere Aufmerksamkeit für seine Träume trainieren.

Warum wachen wir nachts oft zwischen zwei und vier Uhr auf? Sind unsere Ängste daran schuld?

Es ist eher umgekehrt: Die Ängste und Sorgen bekommen eine Chance, uns zu überfallen, weil wir in dieser Zeit aufwachen. Das passiert besonders leicht, weil dies eine wichtige Umschaltphase in unserem Organismus ist. Das vegetative oder autonome Nervensystem schaltet von Ruhe (dafür ist das parasympathische System zuständig) auf Aktivität (sympathisches System) um. Die Körpertemperatur hat ihr Minimum erreicht und steigt nun langsam wieder an. Das alles ist auch mit einem Stimmungstief verbunden; wir sind also eine leichte Beute für depressive Anwandlungen. Lieber sollten wir versuchen, darüber hinwegzuschlummern. Meist schlafen wir nach kurzem oder auch ein ganze Schlafphase andauerndem Wachsein wieder ein. Der Schlaf ist dann aber nicht mehr so tief.

Schlafen Kinder besser, wenn alles total abgedunkelt und still ist?

Nein. Sie schlafen sogar besser bei den gewohnten Geräuschen und ein wenig Licht. Sie fühlen sich geborgener und besser in die Familie eingebettet. Außerdem sind Dunkelheit und Stille, verbunden mit Alleinsein für Kinder beängstigender als für Erwachsene, weil sie noch stärker die Orientierung verlieren. Dunkelangst ist wie Fremdenangst bei den meisten Kindern auf einer bestimmten Entwicklungsstufe offenbar von der Natur vorgesehen, also von der Erziehung weitgehend unabhängig.

Haben Kinder im Mutterleib schon ihren eigenen Rhythmus?

Ja, sie sind dabei, ihn zu entwickeln. Da der Fötus ohnehin fast den ganzen Tag schläft, können diese Zeiten nicht einfach mit den Schlafzeiten der Mutter übereinstimmen. Der Fötus hat jedoch schon eine eigene Homöostase (Gleichgewicht der Körperfunktionen), und seine eigenen chronobiologischen Rhythmen bilden sich bis zur Geburt aus. Er reguliert bereits seine Körpertemperatur unabhängig von der Mutter, was bisher noch nicht bekannt war. Das Kind hat zum Beispiel eine normale Temperatur, wenn die Mutter an Fieber leidet. Manchmal ist es ihr jedoch auch in seiner Temperatur angepaßt. Der Fötus hat zudem schon vor dem fünften Monat eigene Zwerchfellrhythmen, also schon Atemphasen. Sie stehen in Beziehung zu den REM-Schlafphasen.[48]

Träumen ungeborene Kinder schon?
Kaum ein Schlafwissenschaftler zweifelt daran. Jedoch dürfen wir uns die Träume eines Fötus nicht so vorstellen wie die eines Kindes, das bereits über Sprache und eine viel höhere sensorische Integration verfügt. Da der REM-Schlaf fast die ganze Schlafzeit des Fötus einnimmt, träumt er vielleicht sogar besonders viel.

Müssen wir auf die Uhrzeit achten, wenn wir Medikamente einnehmen?
Unbedingt. Bei einigen Substanzen ist das sogar ganz besonders wichtig. Sie können zu bestimmten Zeiten geradezu gefährlich werden, während sie zu anderen besonders helfen. Die Uhrzeit bestimmt auch die Dosierung. Von manchen Medikamenten wird morgens viel mehr gebraucht als nachmittags oder abends und umgekehrt. Am Nachmittag eingenommene Betäubungsmittel zum Beispiel wirken dreimal so lange wie am Vormittag verabreichte. Das heißt, am Nachmittag würde ein Drittel der Dosis genügen.
Cortisonpräparate wirken dagegen in den Morgenstunden sehr viel stärker. Man braucht dann auch eine viel geringere Dosis als am Nachmittag. Am Ende der Nacht eingenommenes Cortison kann die eigene morgendliche Cortisonausschüttung stark hemmen. Es ist also nicht sinnvoll, es zu diesem Zeitpunkt zu nehmen. Viele Patienten werden vom Arzt nicht genug über diese Einnahmezeiten aufgeklärt. Jede Tageszeit beeinflußt die Wirkung eines Medikaments. Die Erkenntnisse der Chronomedizin und -pharmakologie sind leider noch nicht in alle Arztpraxen vorgedrungen. Besonders bei alten Leuten, die sehr viel empfindlicher auf viele Medikamente reagieren, wären genaue Hinweise zu den Einnahmezeiten wichtig.

Schlaf, Kindchen, schlaf

Eingefleischte Vorurteile

Sind sie nicht kleine Engel – wenn sie schlafen? Aber wenn sie wach sind, ähneln sie durchaus kleinen Teufeln. Manche Eltern scheinen das voller Stolz zu betonen, so als wollten sie sagen: »Seht her, welch kräftiges Kind!« Oder voller Resignation: »Mein Gott, wenn er (oder sie) doch mal Ruhe geben würde!« Alles eine Sache der Perspektive und der jeweiligen Interpretation.

Wenn es um den Schlaf von Kindern geht, kommen vor allem eingewurzelte Vorurteile zutage. Viele gute Ratschläge entspringen den Bedürfnissen der Erwachsenen und mißachten die Erfordernisse der kindlichen Entwicklung.

Die meisten Eltern überschätzen zum Beispiel das Schlafbedürfnis ihrer Kinder, weil sie letztlich selber oft von den Anforderungen der Familie und des Berufs erschöpft sind. Ähnlich war es mit dem inzwischen aus der Mode gekommenen Vorurteil, daß Babys möglichst in Ruhe gelassen werden sollten. Wenn sich die Kleinen dann verzweifelt die Lunge aus dem Hals schrien, bekräftigte es manche Erwachsene noch in ihrer Vorstellung. Heute herrscht die »moderne« entgegengesetzte Meinung vor, es sei am besten, die Kinder ständig zu »stimulieren«. So nehmen wir sie überall mit hin, ins Café, ins Restaurant, zu Freunden auf die Party oder abends in die Kneipe. Und noch ein drittes Vorurteil, das wir schon erwähnt haben, taucht in diesem Zusammenhang wieder auf: Babys müssen so früh wie möglich nach der Geburt zu einem vernünftigen Schlaf- und Eßrhythmus erzogen werden. Dazu kommt dann noch die Vorstellung: Je eher sie lernen, allein zu schlafen, desto besser.

Wenn auch viele dieser vorgefaßten Meinungen mittlerweile ausgeräumt wurden, so erstaunt doch, mit welcher Überzeugung einige immer wieder vorgebracht werden. Die gleichen Erwachsenen, die es angeblich so genau wissen, haben kaum eine Ahnung von ihren eigenen Bedürfnissen. Sie lassen die Störungen ihres nächtlichen Wohlbefindens – Wachliegen, Ängste und Depressionen – entweder passiv über sich ergehen oder schlucken rasch ein paar Pillen. Sie dürfen sicher sein: Wenn sie schon wenig über den eigenen Schlaf wissen, dann oft noch weniger über den ihrer Kinder.

Daß trotzdem meist alles gutgeht, spricht für die ungeheure Adaptionsfähigkeit von Kindern und auch Eltern. Aber welche Antwort haben wir auf die beunruhigende Tatsache, daß dreißig bis vierzig Prozent der Kinder in unserer westlichen Welt an Schlafstörungen leiden? Gerade in all den Ländern, wo man sich so bemüht, Kinder »richtig« zu erziehen, wo so viele wissenschaftliche Untersuchungen zur Verfügung stehen, um sich über alles zu informieren, was dem Kind nutzt. Wo die hygienischen Voraussetzungen besser sind als im größten Teil der Welt. Und wo wir so viel mehr materielle Mittel haben, um Kindern gute Ernährung und ein komfortables Zuhause zu bieten.

Und warum sind in westlichen Industrieländern Babys stärker vom plötzlichen Kindstod (SIDS – Sudden Infant Death Syndrome) bedroht als in asiatischen Ländern? Während in einer Großstadt wie Tokio nur 0,15 Fälle auf 1000 und in Hongkong 0,04 auf 1000 gemeldet wurden, gaben die USA 1,5 und Großbritannien 2,7 pro 1000 an. In Deutschland meldet die Statistik als neueste Zahl 1,3 pro 1000. Interessant ist die Beobachtung einiger amerikanischer Forscher, daß in asiatischen Bevölkerungsgruppen, die in die USA eingewandert sind, diese Zahlen so lange extrem niedrig blieben, wie die Familien ihren traditionellen Lebensstil beibehielten, Babys auf den Rücken gelegt wurden und nachts bei den Müttern schliefen. Die SIDS-Statistik verschlechterte sich für sie, dem Gastland angepaßt, als sie diese Gewohnheiten aufgaben und Babys wie die Amerikaner allein in ein Bettchen und ein Kinderzimmer schlafen legten. Übrigens gingen bei uns die Zahlen stark herunter, nachdem man wieder davon abkam, Babys nachts auf den Bauch zu legen.

In den USA ergab sich, daß die SIDS-Zahlen besonders hoch sind, wenn die Mütter indianischer oder afrikanischer Herkunft, jünger als zwanzig Jahre alt sowie unverheiratet waren, keinen Zugang zu einer regelmäßigen Schwangerschaftsvorsorge hatten und vor der Geburt des Kindes stark rauchten. Daß die Säuglingstodraten bei der asiatischen, schwedischen, finnischen und israelischen Bevölkerung in den USA so niedrig sind, wird darauf zurückgeführt, daß die Mütter ein wenig älter sind, während der Schwangerschaft weniger oder gar nicht rauchten und während des ersten Lebensjahrs entweder in enger Nähe oder in Körperkontakt mit ihrem Baby schlafen. Eine Reihe von Wissenschaftlern versucht, diesen Fakten – den hohen Zahlen der Schlafstörungen und der Gefährdung durch plötzlichen Kindstod – weiter auf den Grund zu gehen. Die Forscher vermuteten, daß beide Probleme etwas mit der Art und Weise, wie wir mit dem Schlaf der Kleinsten umgehen, zu tun haben. Dabei kamen sie zu Resultaten, die uns vielleicht anregen, mit einer Menge von Gedankenlosigkeiten Schluß zu machen.

James McKenna vom Pomona College in Claremont, Kalifornien, präsentierte zusammen mit etlichen Kollegen anderer Universitäten auf einem der letzten Fachkongresse in Boston die Ergebnisse verschiedener Studien, in denen Mutter-Kind-Paare in zwei Schlafsituationen verglichen wurden: einmal, wenn sie in getrennten Räumen schliefen, zum zweiten, wenn sie »Co-sleeping« praktizierten, das heißt, wenn sich beide in Hör- und Tastnähe befanden. Er kam anhand der vorgelegten Untersuchungen zu der Überzeugung, daß die Schlafumgebung, die wir heute einem Baby bieten, alles andere als »normal« ist. In einer jahrmillionenlangen Evolution sei ein Baby mit seinen physischen und psychischen Bedürfnissen nicht auf eine so abrupte Isolierung vorbereitet, wie wir sie ihm üblicherweise aufzwingen. Wir haben schon darauf hingewiesen, daß die Psychoanalytikerin Françoise Dolto meint, man schneide das Kind auf diese Weise nicht nur von der sozialen Gemeinschaft, sondern auch vom Leben ab. Vielleicht müssen wir diesen Satz sehr viel buchstäblicher verstehen, als wir ahnten. Babys allein schlafen zu lassen ist eine relativ junge Erfindung der westlichen Kultur. Erst seit ungefähr zweihundert Jahren ist man dazu übergegangen, ein Zeitraum, der in evolutionären Entwicklungen ein Nichts ist.

Sehen wir uns zunächst an, wie und für welche Umwelt die Entwicklungsgeschichte das Baby vorbereitet und »ausgerüstet« hat. Vor etwa 3,7 bis 4 Millionen Jahren gingen unsere Vorfahren bereits aufrecht, die natürliche Auslese hatte diese Form der Fortbewegung als einen Überlebensvorteil für die Art begünstigt. Die vorderen Extremitäten wurden zu geschickten Händen, die Werkzeuge formen und mit ihnen umgehen konnten. Das Großhirn entwickelte sich schnell, indem es sich in seinem Volumen gegenüber den ersten Hominiden verdreifachte. Gleichzeitig mit der Hand- und Hirnentwicklung entfaltete sich das Bedürfnis nach einer verfeinerten Kommunikation: Sprache wurde geboren. Sprache und der Gebrauch der Hände wiederum trieben die Strukturierung des Gehirns weiter voran.

Das bedeutete, daß der Kopf des Menschen größer wurde, auch der des menschlichen Babys. Auf der anderen Seite veränderte sich mit der aufrechten Haltung das Becken, es wurde zunehmend enger, womit der Gang an Geschmeidigkeit und Leichtigkeit gewann. Das Becken unserer Vorfahrin Lucy war viel breiter als das der heutigen Frau, seine Öffnung nach unten oval, so daß der Kopf des Babys sie seitlich passieren mußte. Bei der heutigen Frau ist das Becken schmal und die Öffnung eher rund. Der Kopf des Kindes tritt zunächst seitlich in den engen Geburtskanal ein, kommt dann aber nach einer Drehung meist mit dem Hinterhaupt nach vorn ans Tageslicht. Danach macht das Kind eine weitere Drehung, so daß nun eine Schulter vorn, die andere hinten liegt.

Ich denke, die Kompliziertheit des Vorgangs zeigt deutlich, in welchem Dilemma sich die Natur befand: Einerseits waren die Babyköpfe dicker, andererseits die Becken schmaler. Damit wurde es zu einer wahren Akrobatik, den Geburtskanal zu passieren. Die Natur half sich, indem sie die Babys einfach in einem früheren Entwicklungsstadium zur Welt kommen ließ, mit einem Gehirn, dessen Volumen nur ein Viertel eines ausgereiften erreicht.

Vor Jahrmillionen wurden darum im Vergleich mit anderen Säugetieren extrem unreife Menschenbabys geboren. Sie waren, wie es Verhaltensbiologen formuliert haben, auf den »sozialen Uterus« Familie angewiesen. Daran hat sich bis heute nicht viel geändert. Die Evolution vollzieht sich nicht im gleichen Tempo wie die Veränderungen unserer Lebensgewohnheiten innerhalb einer rasanten technologischen Entwicklung. Babys müssen heute immer noch einen großen Teil ihrer biologischen und sozialen Reifung nach der Geburt nachholen.

184

Das Bindungsverhalten des Babys

Um herauszufinden, wie das, unserem evolutionären Entwicklungsstand angemessen, vor sich gehen sollte, sehen Wissenschaftler sich gern in Gegenden und Populationen der Erde um, die uns wie durch ein Fenster in die Vergangenheit einen Blick auf annähernd »natürliche« Lebensbedingungen erlauben.

Vor einigen Jahren arbeitete eine Gruppe von Anthropologen, Verhaltensforschern und Psychologen vom Max-Planck-Institut für Humanethologie in Tauwema, einem Dorf auf einer der Trobriandinseln nordöstlich von Papua-Neuguinea. Diese Inseln sind schon seit dem Beginn des Jahrhunderts Ziel anthropologischer Neugier, weil die Bewohner noch in einem fast urmenschlichen, von westlichen Zivilisationen unberührten Zustand leben.

Diesmal wollten die Forscher beobachten, wie Babys, Kleinkinder und ihre Bezugspersonen miteinander leben und umgehen. Ihre Aufmerksamkeit galt insbesondere dem sogenannten Bindungsverhalten und den chronobiologischen, das heißt im Tagesverlauf regelmäßig oder unregelmäßig wiederkehrenden Verhaltensmustern im Zusammenspiel zwischen Müttern und Kindern.

Für die Frage nach dem Schlaf unserer Kleinsten und wie wir damit am besten umgehen, sind Untersuchungen wie diese von größter Bedeutung. Denn bei allen Verhaltensweisen zwischen Mutter (Eltern) und Kind, die sich um den Schlaf gruppieren, bei allen damit verbundenen Ritualen spielt Bindungsverhalten eine besonders bedeutsame Rolle.

Die Psychologen Karin und Klaus Grossmann von der Universität Regensburg wollten bei ihrem Aufenthalt in Tauwema im Kulturvergleich herausfinden, wie stark das Bindungsverhalten biologisch in uns verankert ist – in Kindern und Eltern –, wie weit es von einer jeweiligen Kultur, beispielsweise unserer westlichen Industriegesellschaft, erzeugt oder verändert werden kann und bis zu welcher Grenze solche Veränderungen ohne Schäden verkraftet werden.

Es zeigte sich, daß es sich bei Bindung um ein wirkliches Basisverhalten des Menschen handelt, das nicht nur in allen Kulturen fast identisch, sondern von der Natur offenbar als ein Grundprogramm in uns angelegt ist. Es ist also wirklich biologisch in uns verwurzelt. Trotzdem braucht es einen angemessenen Rahmen, um sich entfalten zu können.

Ein Kind zeigt seine Bindung in ganz bestimmten Verhaltensweisen: Anklammern, Weinen, Rufen, Nachfolgen und Protest beim Verlassenwerden. Das bedeutet, es protestiert und weint auch, wenn die Mutter es abends allein in sein Bettchen legt, das Licht löscht und die Tür zumacht.

Diese Verhaltensweisen entwickeln sich im Laufe des ersten Lebensjahrs unabhängig davon, wie die Bezugsperson mit dem Kind umgeht, und zwar in allen Kulturen auf der ganzen Welt. Die Qualität dieser frühen Bindung erweist sich als weichenstellend für die weitere Entwicklung des Kindes, nicht nur – wie man annehmen könnte – für seine Gefühlsentwicklung, sondern auch für seine »sensorielle Integration« und für seine Fähigkeit, die Welt zu erkunden und später selbständig und autonom zu werden.

Dabei kommt es am meisten darauf an, so zeigten die Untersuchungen der Grossmanns, als wie sicher die frühe Bindung vom Kind erlebt wird. Auf den Trobriandinseln werden fast alle Wünsche der Kleinsten nach Geborgenheit und Geselligkeit erfüllt. Sie krabbeln und laufen nackt herum zwischen Mutter, Vater, Geschwistern, Großeltern. Alle Erwachsenen gehen dabei ihren gewohnten Tätigkeiten nach. Jedoch ist für die Kinder immer eine helfende Hand da, die sie auf die Hüfte hebt, immer ein Arm, der sich schützend und tröstend um sie schlingt, immer ein Körper, an den sie sich schmiegen können, und immer finden sie die Nahrung und Zärtlichkeit spendende Brust der Mutter. Das gilt auch für die Nacht.

Die Kinder übernehmen dabei von Anfang an die Initiative. Schon Neugeborene bestimmen selber, wann sie gestillt werden wollen. Da die Mütter zusammen mit ihren Babys in einem Bett schlafen, geht das in der Nacht ebenso problemlos wie am Tag. Renate Siegmund, eine Anthropologin von der Berliner Humboldt-Universität beobachtete ebenfalls in Tauwema die über Tag und Nacht verteilten Aktivitäten von Baby und Mutter: Am Arm befestigte Meßgeräte zeichneten vierundzwanzig Stunden lang die Bewegungsaktivität von beiden auf. Das Ergebnis war erstaunlich. Die Kurven von Mutter und Kind waren fast identisch. Legt man diese graphischen Darstellungen transparent übereinander, so dekken sie sich. Das heißt, jede auch nur winzigste Bewegung eines Babys in der Nacht oder am Tag wird von der Mutter fast im gleichen Augenblick beantwortet. Sie tut das völlig unbewußt und teilweise ohne dabei aus dem Schlaf zu erwachen.

Das für unser westliches Denken Erstaunliche ist, daß die Kinder dabei nicht etwa besonders abhängig, »klammerig« werden. Das Gegenteil ist der Fall. Die reichlich befriedigten Bedürfnisse nach Geborgenheit und Sicherheit am Lebensanfang erleichtern es dem Kind, in seiner weiteren Entwicklung schneller autonom zu werden.

Die Regensburger Psychologen dokumentierten anhand ihrer Beobachtungen, daß Bindungs- und Erkundungsverhalten (erkunden heißt, unabhängig werden) in unauflöslichem Zusammenhang stehen: Geht es einem Kind schlecht, ist es hungrig, müde, verängstigt oder krank, dann zeigt es die eben beschriebenen Bindungsverhaltensweisen. Es hat dann kein Interesse, irgend etwas zu erkunden. Geht es ihm dagegen gut, sind seine Bindungsbedürfnisse zum Beispiel durch die Nähe einer jederzeit erreichbaren Mutter oder eines älteren Geschwisterkindes voll befriedigt, dann will es erkunden, seine Umwelt erforschen, ist es neugierig auf alles. Beide Verhaltensweisen funktionieren wie eine Wippe: Geht die eine Seite nach unten, bewegt sich die andere nach oben und umgekehrt.

Allein aus den Fakten dieser Untersuchung ergibt sich, daß ein Baby nicht schneller unabhängig wird, wenn man es allzu früh zwingt, fern der Mutter zu schlafen. Gerade der Schlaf, der für ein Kind und sogar für manchen Erwachsenen etwas von Verlassen, Abschiednehmen oder gar Sterben hat, braucht als Begleitung die Nähe eines liebevollen, vertrauten Menschen. Die Regensburger Psychologen kamen zu dem Schluß: Optimale Bindungsbedingungen haben nichts mit Verwöhnen zu tun. Dagegen wird ein Kind unselbständig und unsicher, wenn wir es zu früh in die Unabhängigkeit drängen. In die Schlafsituation übersetzt, heißt das, daß es vielleicht besonders lange dagegen protestieren wird, allein zu schlafen. Es wird immer wieder ins Bett der Eltern krabbeln, abends weinen, nicht einschlafen wollen und vielleicht später anhaltende Schlafstörungen entwickeln. Unmißverständlich erklären Karin und Klaus Grossmann: Je zuverlässiger wir frühe Bindungsbedürfnisse erfüllen, desto schneller werden Kinder autonom.

Alle diese Beobachtungen haben Parallelen im physiologischen Bereich. Schon bei Beobachtungen mit Frühgeborenen hat sich häufig gezeigt, daß ein enger Kontakt, möglichst Körperkontakt mit der Mutter, sich positiv auf die Entwicklung sogar dieser gefährdeten Kinder auswirkt. In Kolumbien und später auch in Großbritannien und anderen Ländern ließ man Mütter ihre »Frühchen« unter der Kleidung an der nackten Brust tragen. Was kolumbianische Perinatalmediziner sich in Ermangelung von Brutkästen mehr aus Not hatten einfallen lassen, erwies sich als so erfolgreich für das Überleben der Kinder, daß es häufig imitiert wurde. Besonders fiel auf, daß viele der Babys, die sonst hätten künstlich beatmet werden müssen, im Hautkontakt mit der Mutter selbständig atmen konnten.

Das Atmen ist ein am Lebensbeginn lange – schon im Uterus – eingeübter Reflex. Trotzdem ist der gesamte Atemvorgang wegen der Unreife des Nervensystems, von dem er gesteuert wird, noch in Gefahr. Unmittelbar nach der Geburt reguliert das Stammhirn diesen Mechanismus. Nach und nach kann jedoch das Großhirn zunehmend Einfluß nehmen. Ein Beispiel: Wir können willentlich, das heißt mit Hilfe des Großhirns, die Luft anhalten. Außerdem ist das Ganze vielfältigen Rückkoppelungsmechanismen unterworfen, in denen auch ganz andere Faktoren wie REM-Schlaf, Schmerz, Erregung und Berührungen eine Rolle spielen. Während dieses Reifungsprozesses kann es leicht zu Fehlsteuerungen kommen. Reguliert werden muß vor allem die rechtzeitige Reaktion auf einen Sauerstoffabfall und einen Kohlendioxydanstieg im Blut. Nur wenn diese rechtzeitig signalisiert werden, wenn alle Abläufe wie am Schnürchen reguliert sind, reagiert das Kind schnell genug, das heißt, noch bevor die eben genannten Gaswerte bedrohlich werden. Dieser Vorgang läuft beim Erwachsenen nach dem gleichen Prinzip ab. Bei den Apnoeikern ist er eines der Probleme im Gesamtgeschehen, das zu den Atemstillständen führt.

Hinzu kommt noch: Atmen ist aufs engste mit der Körpertemperatur gekoppelt, die circadianen Rhythmen unterworfen ist. Bei Babys sind auch diese noch nicht so stabil, daß sie nicht gelegentlich einer gewissen Regulierung bedürfen. Sogar bei Erwachsenen gerät im REM-Schlaf die Körpertemperatur leicht außer Kontrolle. Babys aber haben die meiste Zeit REM-Schlaf, und sie sind zudem noch unreif in diesen Regulationsmechanismen. Wenn ihre Tempe-

ratur zu sehr absinkt oder wenn sie, was häufiger geschieht, über-
hitzt sind, ist ihre Atmung gefährdet. Atmung und Körpertemperatur spielen unter anderem wiederum eine fatale Rolle beim plötzlichen Säuglingstod. Auch wenn dessen Ursachen bis heute nicht
eindeutig geklärt sind und sicher viele sehr unterschiedliche Faktoren eine Rolle spielen, darüber sind sich die Ärzte einig.

Co-sleeping

James McKenna kam aufgrund seiner Untersuchungen zu dem
Schluß: »Eine mögliche Folge des Alleinschlafens ist, daß diese
Babys zuviel schlafen – zu lange und zu tief. Ohne kleine und
kontinuierliche sensorisch anregende Unterbrechungen (*arousals*)
durch einen Schlafpartner entwickeln manche vielleicht vorzeitig
Schlafmuster wie Erwachsene (das heißt, sie verharren zum Beispiel
in tieferen Schlafstadien), ohne die notwendigen damit einhergehenden Fähigkeiten entwickelt zu haben, die zur Erregung (zum
Auftauchen aus einem zu tiefen Schlaf) während einer Atempause
nötig sind. Meistens fehlt den Babys vielleicht einfach die Möglichkeit, ausreichend zu üben, wie man in kritischen Schlafphasen
aufwacht. Kurz: Die sensorischen Anregungen durch Schlafpartner
(durch gelegentliches Anschubsen, Geräusche, Berührung oder Bewegungen im Schlaf) verschaffen dem Kind Übung in ›Erregung‹
(Aktivierung des Nervensystems) innerhalb ihrer natürlichen Ökologie. Sie können dem Kind helfen, wenn irgendeine innere Störung
des Atemvorgangs eintritt und das Baby sehr schnell und vollkommen aufwachen muß.«

Eine andere Wissenschaftlerin bestätigte mit ihren Untersuchungen McKennas und Renate Siegmunds Beobachtungen in Tauwema. Sarah Mosko, Psychobiologin und Schlafforscherin am University of California Sleep Disorders Laboratory, untersuchte gemeinsam mit McKenna in zwei Pilotstudien die physiologischen
Einflüsse von »Co-sleeping« (Zusammenschlafen) auf Mutter und
Baby. Sie zeichneten Atemrhythmus, Herzfrequenz, Luftflußrhyth-
mus, Hirnströme ebenso wie Kinn- und Augenbewegungen auf.

Es zeigte sich, daß bei den Mutter-Kind-Paaren, die zusam-
menschliefen, einiges anders war, als bei denen, die getrennt schliefen. Die »Co-sleeper« verbrachten auffällig viel Zeit in einem ver-

gleichbaren Schlafstadium, sie hatten häufiger gleichzeitig Erregungsphasen, ohne sich gegenseitig aufzuwecken, und sie verbrachten insgesamt weniger Zeit in tiefen Schlafstadien, aus denen ein »Auftauchen« schwieriger ist. Viele der Babys lagen nach den Videobeobachtungen nachts mit dem Gesicht dicht an dem der Mutter. Offensichtlich ruhten die Kinder so am liebsten. Dabei, erklären die Forscher, »atmeten die Babys etwas vom ausgeatmeten Kohlendioxyd der Mutter ein – ein Gas, das, zusammen mit frischem Sauerstoff eingeatmet, bei anderen Säugetieren die Atmung stabil hält.«[49] Wahrscheinlich ist es ein Signal für das Atemzentrum des Kindes und hält stetig die Atemregulation in Gang.

Als Gesamtresultat ergab sich für die Wissenschaftler, daß »Cosleeping« dem Baby eine größere Vielfalt an physiologischen Erfahrungen vermittelt als Alleinschlafen. Sie meinen, daß diese größere Vielfalt zu einer besseren Synchronisierung der Reifung aller Systeme führt. Diese Systeme müssen »lernen« oder üben, mit dem Atemvorgang zusammenzugehen.

McKenna hält es für »unfair«, Eltern zu sagen, Co-sleeping sei gefährlich und schade dem Kind in seiner Entwicklung, wo es so viele Beweise für das Gegenteil gibt. Von einigen Ausnahmen abgesehen, sei die Wirklichkeit doch, daß Zusammenschlafen eine universale Form des Babyschlafs darstelle, die sich in mindestens vier Millionen Jahren Evolution als eine spezifische Antwort auf die biologischen und sozialen Bedürfnisse des menschlichen Babys entwickelt habe.

Die Schlußfolgerung aus all diesen Beobachtungen und Überlegungen kann sicher nicht sein: Zurück in die Südsee, zurück nach Eden. Unsere Lebensverhältnisse lassen sich nicht mit denen der Bewohner der Trobriandinseln vergleichen. Es geht auch nicht darum, irgend etwas zu übernehmen, für das wir wiederum in unserer Welt nicht vorbereitet und bereit sind. Mütter, die eine negative Einstellung zum Zusammenschlafen mit ihren Kindern haben, würden sicher keinen Erfolg erzielen, wenn sie sich etwas aufzwingen. Aber was wir tun können, ist, aus den Beobachtungen der Wissenschaftler zu lernen, wie wir es besser machen können.

Das von den Anthropologen und Psychologen auf den Trobriandinseln untersuchte Bindungsverhalten hat einen Sinn. Es ist darauf angelegt, die Mutter in der Nähe des noch hilflosen und weitgehend auf sie angewiesenen Babys zu halten. Wenn wir das Kind dauernd ignorieren, stören wir seine Entwicklung nachhaltig. Wundern wir uns nicht, wenn wir Schlafstörungen, unter denen mancher vielleicht ein Leben lang leidet, buchstäblich anerziehen.

Die Schlaferziehung ist in den meisten Familien die erste ernsthafte Konfrontation zwischen Eltern und Kind. Ist sie wirklich notwendig? Muß es wirklich sein, das ganze Theater um das Schlafengehen, mit dem Eltern sich und ihrem Kind die ersten Jahre vergällen? Warum darf ein Baby nicht im Arm der Mutter einschlafen? Warum dürfen Kinder und Eltern nicht gemeinsam müde werden und sich zu Bett legen? Warum gehen wir nicht einfach lockerer, den jeweiligen Bedürfnissen der Kinder entsprechend, mit dem Schlaf um? Die familiären Beziehungen könnten viel entspannter, streßfreier sein, die Kinder sich geborgener und sicherer entwickeln, und die Eltern würden ihr Nerven schonen und wahrscheinlich selber mehr ruhigen Schlaf bekommen.

Gewiß sind Kinder schon von Anfang an unterschiedlich stabil, belastungs- und adaptionsfähig oder schwach, gefährdet, labil, leichter störbar – in allem. Gerade der Schlaf in der Geborgenheit der Familie kann jedoch bei einem Baby die Gefährdungen der Schwächeren auffangen und ausgleichen helfen. Und sicher ist das auch in unserem evolutionären »Programm« so vorgesehen. Es kommt nur auf uns an, wie flexibel wir damit umgehen. Mütter müssen ja nicht unbedingt mit ihrem Baby in einem Bett schlafen. Vielleicht ist das bei vielen Mutter-Kind-Paaren gar nicht wünschenswert. Aber warum kann das Babybettchen nicht so nah neben dem Bett der Eltern stehen, daß diese ihr Kind jederzeit mit der Hand erreichen können? Warum muß ein größeres Kind jeden Abend zu einer bestimmten Zeit in Isolation und vollkommene Dunkelheit verbannt werden, wenn es das nicht mag? Warum schneiden wir unsere Kinder nach der Geburt, um mit Françoise Dolto zu sprechen, nicht nur von der Nabelschnur, sondern auch gleich vom Leben ab, wenn es ums Schlafen geht?

Ich denke, es wäre auch wichtig, all den Einschlaf- und Aufwachritualen mehr Bedeutung beizumessen. Es ist für ein Kind – und für uns selber! – außerordentlich wichtig, wie der Tag beginnt und aufhört und wie und von wem die Reise in die Nacht begleitet wird.

Empfehlungen für einen sicheren Säuglingsschlaf

- Viele Untersuchungen zeigen, daß gesunde Babys sicherer schlafen, wenn man sie auf den Rücken legt. Eltern sollten darauf achten, daß sich das Kind aus der Seitenlage nicht auf den Bauch drehen kann.
- Zu weiche Matratzen und Kopfkissen können gefährlich werden.
- Babys können sich über Nacht leicht überhitzen oder zu stark abkühlen.
- Ein Baby und Kleinkind, das weinend protestiert, weil es nicht allein gelassen werden will, gibt uns ein wichtiges Signal. Wir sollten es nicht einfach ignorieren.
- Noch eins zu den Geräten, die die Geräusche des Kindes ins Zimmer der Eltern übertragen: Sinnvoll wäre es, wenn nicht nur die Eltern das Kind, sondern auch das Baby die Eltern hören könnte!

Der Schriftsteller Montaigne hat schon um 1580 in seinen *Essais* über die Fragilität des kindlichen Schlafs nachgedacht. Sein Vater habe ihn, berichtet er, als Kind jeden Morgen mit Musik geweckt, um den Übergang vom Schlaf ins Wachsein sanft zu gestalten. Denn er meinte, das zarte Gehirn der Kinder werde sonst gestört. Er hatte dazu eigens eine kleine Gruppe von Musikern engagiert. Montaigne war von diesem täglich wiederholten Erlebnis so geprägt, daß er sein Leben lang nicht darauf verzichten wollte und sich auch als Erwachsener noch jeden Morgen von seinen Kammermusikanten wecken ließ. Was auch immer Montaignes Vater über den Schlaf eines Kindes gewußt haben mag, er ist jedenfalls liebe- und respektvoll damit umgegangen.

Die Nacht – eine ökologische Nische

Unser Ausflug in die Nacht hat uns weit über sie hinausgeführt.

Schlafen, ruhen, Temperatur regeln, müde oder munter, fröhlich oder depressiv sein, träumen, reglos liegen, sich bewegen, Tief- oder REM-Schlaf, Hormonanstieg oder -abstieg, Neuronen »an« oder »aus« – alles folgt, wie wir gesehen haben, Rhythmen, und zwar keineswegs willkürlichen, sondern sinnvollen. Nicht nur beim Menschen, bei Säugetieren, Vögeln, Reptilien, Fischen, Algen, Pflanzen. Alles, nicht nur was kreucht und fleucht, sondern was nur die einfachste – einzellige – Form von Leben ist, folgt dem Rhythmus unseres Planeten, der sich im 24-Stunden-Takt einmal um seine Achse dreht. Alles lebt in Oszillationen, die sich in ihrer Periodik nicht nur leicht dehnen lassen und damit sozusagen über eine bestimmte Spannbreite der Anpassung verfügen, sondern die auch unter bestimmten konstanten Bedingungen »freilaufen« können. Und sie können sich entkoppeln. Wenn äußere (oder auch innere) Signale zu anderen Zeiten kommen, laufen sie zeitweise auseinander. Wir haben das am Beispiel Schlaf und Körpertemperatur gezeigt.

Diese Rhythmen, die, wie Schlaf und Körpertemperatur oder Schlaf und Essen, zusammengehen oder sich trennen können, sind für verschiedene Funktionen da. Wir können sie häufig auch als Verhaltensweisen bezeichnen. Diese haben sozusagen Ziele, das sind die Ressourcen. Nahrung ist eine Ressource, die Nacht ist eine Ressource – zum Schlafen und Ausruhen. Ressourcen sind im menschlichen Leben vielfältig und oft komplex, zum Beispiel wie Arbeit oder Sozialleben. Sie geben uns Auskunft über die Zeit. Wenn die Sonne aufgeht, ist es sieben Uhr. Wenn die Arbeit anfängt, wissen wir, daß es neun Uhr ist. Wenn die Post ausgetragen wird, ist es elf Uhr. Wenn die Mittagszeitung kommt, ist es zwölf Uhr. Wenn es dunkel wird, ist es neun Uhr abends. Wenn wir müde werden, ist es zwölf Uhr nachts. All das sind für uns Zeitsignale. Wir sehen jedoch auf einen Blick, daß diese Signale nicht die gleiche Qualität haben. Manche sind natürlich – wie das Licht. Manche künstlich – wie die in den Briefkasten geschobene Zeitung. Manche sind außen – wie der Arbeitsplatz. Und manche sind innen – wie unsere Müdigkeit.

Der Biologe Till Roenneberg von der Universität München erklärt mir in einem faszinierenden Gedankenentwurf zum Thema Natur in der Zeit, wie Organismen dieses Planeten mit Rhythmen und Perioden wiederkehrender Signale umgehen.

Um überleben zu können, erläutert er, müsse ein Organismus sich seinen Ressourcen anpassen und sich ihnen gemäß regulieren können. Die einzelnen Rhythmen haben also flexibel zu sein. Ein komplexer Organismus wie der Mensch muß ungeheuer viele verschiedene Funktionen beziehungsweise Verhaltensweisen im Hinblick auf die Ressourcen miteinander in Einklang bringen. Und er muß dabei sogar antizipieren können, was wann zur Verfügung steht, um die jeweiligen Funktionen darauf abzustimmen.

Das heißt, es gibt irgendwo in diesem Uhrensystem eingebaut so etwas wie »Fühler«, die ihre Umwelt abtasten. Sie sammeln Informationen darüber, ob ein bestimmtes Signal da ist oder nicht. Sie sind in allen Lebewesen so beschaffen, daß sie immer dann »ausgefahren« werden, wenn das jeweilige Signal nicht vorhanden ist. Wenn sie also das Lichtsignal ertasten wollen, sind sie im Dunkeln auf Wachtposten. Sie werden wieder eingezogen, sobald das Signal kommt. In diesem Fall, wenn es hell wird. Tagsüber bleiben sie »drin«, nachts sind sie »draußen«. Noch genauer ausgedrückt: Die entsprechenden Rezeptoren im Sehnerv nehmen Lichtsignale auf, *wenn die innere und die äußere Zeit nicht mehr übereinstimmen*. Das kann passieren und geschieht tatsächlich dauernd, weil es offenbar in allen Organismen eine innere »Repräsentation« der Nacht gibt. Sie stimmt nicht immer ganz mit der realen Nacht überein. Die Repräsentation ist oft etwas langsamer als die Wirklichkeit, wie wir bereits anhand der »freilaufenden« Rhythmen erklärt haben (bei denen sich die subjektive Tageslänge bis zu fünfundzwanzig Stunden und mehr ausdehnt). Die Rezeptoren haben die Aufgabe, diese Diskrepanz auszugleichen. »Aha«, stellen sie zu irgendeinem Zeitpunkt fest, »da hat sich unsere innere Uhr offenbar geirrt. Wir müssen sie neu stellen.« Mit diesem Ziel geben sie daraufhin ihr Signal an die Zirbeldrüse: »Melatoninausschüttung einstellen.« Damit ist die Uhr wieder korrekt eingestellt. Am Abend läuft das Ganze dann umgekehrt ab.

Bei Tieren, erklärt Roenneberg, seien häufig zwei Verhaltensweisen in ihren Rhythmen besonders wichtig: erstens Fressen und zweitens den Feind vermeiden. Es ist also günstig, zum Fressen aus seinem Versteck zu kommen, wenn der Feind normalerweise nicht da ist. Die entsprechenden Rezeptoren tasten das Umfeld danach ab und vermitteln daraufhin eine Information. Sie wird in den 24-Stunden-Rhyhtmus eingebaut.

Wir können so etwas willentlich steuern, darum erscheint es uns ganz einfach. Der Münchner Chronobiologe veranschaulicht das an einem Beispiel. Auf den Menschen übertragen wäre die Situation vielleicht so: Wir müssen, erstens, jeden Tag einkaufen gehen. Und wir wollen, zweitens, dabei unbedingt vermeiden, jemandem zu begegnen, den wir nicht ausstehen können. Der Laden ist jeden Tag zwischen 9 und 14 Uhr geöffnet. Unser »Feind« sitzt jeden Tag von 13 bis 16 Uhr im Café gegenüber. Wir haben uns darum angewöhnt, immer zwischen 11 und 12.30 Uhr einkaufen zu gehen. Beide Gegebenheiten – Laden offen, »Feind« da – scheinen in unserem Tagesrhythmus miteinander verknüpft zu sein. Eines Morgens jedoch finden wir den Laden verschlossen. Er öffnet ab sofort von 12 bis 17 Uhr. Wir müssen also unseren Einkaufsrhythmus ändern. Der »Feind« ändert seine Gewohnheiten jedoch nicht. Unsere Chance: Wir trennen die Rhythmen »Einkaufen« und »Feind vermeiden« voneinander. Könnten wir das nicht, stünde uns nur *ein* Zeitmechanismus zur Verfügung. Wir würden dann beispielsweise beschließen, einfach zwei Stunden später, um 14 Uhr, einkaufen zu gehen, in der Annahme, daß der »Feind« seinen Rhythmus, ins Café zu gehen, auch um zwei Stunden verschoben hat. Wir würden ihm also prompt in die Arme laufen. Aber wir haben ja die Möglichkeit der Entkoppelung. Unsere erste Information sagt: »Ladenöffnungszeiten geändert.« Die zweite: »Feind kommt weiter wie bisher.« Wir gehen in Zukunft also gegen 17 Uhr einkaufen. Dann ist der »Feind« schon weg.

Hier haben wir Verstand und Willen eingesetzt. Solche Rhythmusänderungen mit Entkoppelungen finden jedoch ständig völlig ungeplant und ungewollt statt. Wir haben das am Vergleich Schichtarbeit und Jetlag gezeigt. Bei der Schichtarbeit ist es günstig, nur *eine* »innere Uhr«, nämlich die Schlafzeiten, kurzfristig umzustellen, die übrigen biologischen Rhythmen jedoch beizubehalten. Genau das geschieht in der Regel bei denen, die zu unterschiedlichen Tages- und Nachtzeiten arbeiten. Auch noch nach Monaten laufen ihre biologischen Rhythmen im alten Schema weiter. Langfristig gesehen ist allerdings auch das beste Rotationssystem nicht in der Lage, gesundheitlichen und psychischen Schäden vorzubeugen. Jahrelanges Anrennen gegen die natürlichen biologischen Rhythmen kommt dem Organismus teuer zu stehen.

Anders beim Jetlag: Hier ist es sinnvoll, beide Funktionen – Schlaf und biologische Rhythmen – gleichzeitig umzustellen. Und genau das gelingt auch, vorausgesetzt, man hat einige Tage Zeit. Die Zeitgeber haben sich nach unserer Reise ja auch allesamt verschoben. Uns steht nun offen, alles komplett oder auch nur einzelne Rhythmen zu verschieben.

Erstaunlich. Noch erstaunlicher, wenn wir uns ansehen, wie andere Lebewesen in der Lage sind, solche Funktionen den Umweltgegebenheiten anzupassen und ihren Lebenstakt in verschiedenen Rhythmusänderungen Umwelterfordernissen entsprechend zu regulieren. Nehmen wir die Zikade. Sie bringt es fertig, sich vor ihrem Jäger zu verstecken – nicht etwa an einem bestimmten Ort, sondern in einer bestimmten Zeit, in einem Zeit-Raum! Viele Zikadenarten leben etliche Jahre als Larven, bevor sie sich verpuppen. Sie kommen nur für kurze Zeit als »erwachsene« Tiere zum Vorschein. Im Laufe der Evolution haben sich nun bei ihnen Lebenszyklen von dreizehn oder siebzehn Jahren herausgebildet. Die primzahligen Entwicklungszeiten haben sich als günstig erwiesen, um den natürlichen Feinden auszuweichen.

Die Evolution mit ihrer Selektionsarbeit vollzieht sich, so müssen wir zudem aus dem Beispiel schließen, nicht nur durch die Erreichbarkeit von Ressourcen, sondern auch durch den Druck, den Feinde ausüben. Die Jäger der Zikade haben eine kürzere Entwicklung und können sich auch in vielfachen ihrer Generationszeiten nicht so mit ihrer Beute synchronisieren, daß sie genau dann zur

Stelle wären, wenn die Zikaden schlüpfen. Woher wissen die Zikaden das? Wie funktioniert der innere Mechanismus?

Seit Jahren versuchen Chronobiologen, diese Mechanismen des tagesperiodischen Uhrwerks der Nacht-Tag-, Tag-Nacht-Wechsel und der größeren Rhythmen zu entschlüsseln. Das Geheimnis ist bis heute noch nicht gelüftet.

Till Roenneberg ist einer der Wissenschaftler, die mit ihren Untersuchungen »nahe dran« zu sein scheinen. Dabei arbeitet er an einem auf den ersten Blick harmlosen Thema: Algen. Genauer geht es um eine ganz bestimmte Gruppe unter ihnen, die Gonyaulax. Dieses einzellige freischwimmende Meereslebewesen ist einer der am besten erforschten Organismen, was seine circadianen Rhythmen betrifft. Die Algen eignen sich besonders gut für chronobiologische Beobachtungen, weil sie in einem 24-Stunden-Rhythmus zwei bestimmte Verhaltensweisen zeigen: Tagsüber tanzen sie in wunderschönen geometrischen Mustern an der Wasseroberfläche und betreiben ihre Photosynthese. Nachts sinken sie in tiefere nährstoffreiche Schichten ab und glühen, erzeugen also Licht.

Das Merkwürdige ist nun, daß diese Lebewesen mit ihren beiden Verhaltensweisen auf verschiedene Arten von Licht reagieren. Mit der einen Funktion reagieren sie mehr auf blaues Licht und sind für rotes blind. Mit der anderen Funktion beantworten sie rotblaues Licht. Normalerweise laufen beide Verhaltensweisen in circadianen Rhythmen abwechselnd ab. »Der Trick ist nun, mit Licht herumzuspielen«, erklärt Roenneberg. Lassen wir mal das eine, dann mal das andere auf sie einwirken, und zerhacken wir beide Rhythmen mit zeitweisen Dunkelphasen, ergeben sich überraschende Veränderungen. Die beiden Funktionen beginnen auseinanderzulaufen, das heißt, eine – das Tanzen in geometrischen Mustern an der Oberfläche – läuft beispielsweise schneller als die andere. Sie wird etwa auf einen 21-Stunden-Rhythmus beschleunigt, die andere – das Leuchten auf dem Meeresgrund – auf einen 26-Stunden-Rhythmus gedehnt.

Das Interessante an dieser Beobachtung ist, daß dieses primitive einzellige Wesen also bereits zumindest über zwei innere Regelmechanismen verfügen muß, zwei innere Uhren, die unabhängig voneinander reagieren und laufen können. Das heißt, hier sind auch verschiedene Rezeptoren am Werk beziehungsweise in die Uhren eingebaut, die die Umwelt abtasten – nach einer bestimmten Ressource, hier das blaue Licht (als Signal) oder das rotblaue (als Energiequelle).

Damit wird unser Bild von der Uhr ungenau. Eine Uhr ist ja etwas, was unveränderlich, starr, abgeschirmt von allen Einflüssen funktioniert. Hier aber ist eine andere Art Zeitfühler und Zeitregler am Werk, der nicht abgeschirmt ist, sondern aktiv die Umwelt abtastet. Das Überraschende: Die Uhr macht sich nur dann für einen Reiz empfindlich, wenn er nicht da ist. Die Zeitsignale kommen also von außen *und* von innen. Eine neue Erkenntnis.

Damit entdeckte man auch die Tatsache, daß sogar einzelne Zellen über eigene Zeitregler verfügen. Wenn wir beim unrichtigen, aber plastischen Bild der Uhr bleiben wollen, heißt das, daß Zellen, nicht nur Individuen, *mehrere* eigene Uhren besitzen.

Bisher hatte man angenommen, daß beim Menschen und etlichen Säugetieren biologische Rhythmen im Zellhaufen über der Kreuzung der Sehnerven, im suprachiasmatischen Nucleus, geregelt und synchronisiert werden. Nun ist alles viel komplizierter geworden, weil dieses Zellknäuel im Gehirn offenbar nur die übergeordnete Kontroll- oder Koordinationsfunktion hat. Auf einer Ebene weiter unten, in den einzelnen Zellen scheinen jedoch bereits jene geheimnisvollen Uhren zu ticken – gleichzeitig aktiv und reagierend in erstaunlichen Rückkoppelungsmechanismen. Wie diese Mechanismen auf zellulärer und molekularer Ebene ablaufen, ist bis heute noch nicht bekannt. »Das innere Uhrwerk ist also immer noch eine *black box*«, sagt Roenneberg.

Till Roenneberg ist nicht nur Biologe. Er betrachtet die Wissenschaft auch als Philosoph, und das ist seit Aristoteles' Zeiten immer seltener geworden. Kaum noch ein Wissenschaftler könne Fragen stellen, meint er, Fragen, die größere Zusammenhänge als ein enges Forschungsgebiet betreffen. »Antworten geben kann jeder.«

Die Algen (und nicht nur sie) haben Roenneberg auf interessante Fragen gebracht: über die Zeit. Die Zeit als Raum. Eine Ökologie der Zeit. Im Beispiel mit der Zikade erscheint die Zeit als Raum, als Nische. Die natürliche Möglichkeit, mit biologischen Rhythmen zu »spielen«, sie verändern zu können, hat nur einen Sinn, wenn da ein *Chronotop* ist, das genutzt werden kann. Mit diesem Gedanken

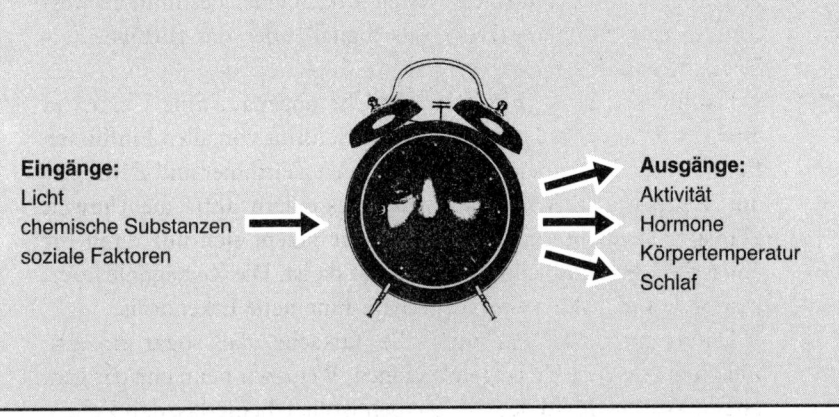

Das innere Uhrwerk – eigentlich mehrere Uhren – aller Lebewesen ist mit seinen Mechanismen, die den 24-Stunden-Rhythmus erzeugen, noch immer ein Geheimnis – eine black box. (Nach T. Roenneberg, 1993.)

öffnet Roenneberg ein ganz neues Verständnis der Natur. Es läßt uns nicht nur die Evolution und die chronobiologischen Rhythmen mit anderen Augen betrachten, sondern bringt uns auch auf ungewöhnliche Ideen, was die Zukunft und vor allem die Rolle, die wir in diesem Gesamtzusammenhang spielen, betrifft.

Bisher hätten wir die Welt, erklärt er, vor allem als einen Raum mit Biotopen gesehen. Das ist der Raum »Raum«. Wir können sie aber darüber hinaus auch als einen Raum mit Chronotopen sehen. Das ist der Raum »Zeit«. Dieser Raum »Zeit« habe in der Naturkunde der letzten hundertfünfzig Jahre zuwenig Beachtung gefunden, meint Roenneberg. Alle Lebewesen auf unserem Planeten, erläutert er, hätten sich die Räume aufgeteilt, um ihre Lebenschancen zu erhalten und zu erhöhen. Zu Beginn des Lebens gaben sich die ersten Organismen mit dem Wasser als Lebensraum zufrieden. Einigen wurde es dann zu »eng«, um gut zu überleben. Sie wechselten das Biotop und zogen aufs Land – die Amphibien und Reptilien beispielsweise. Im Laufe der Evolution entwickelten sich manche zu reinen Landtieren, andere gingen, wie die Delphine, ins Wasser zurück.

Die Landtiere machten sich nun jedoch gegenseitig den Raum

streitig. So flüchteten einige in die Luft. Nach der *horizontalen* Biotop-Eroberung also die *vertikale*. Oben ist auch Raum.

Alle diese Räume reichten jedoch nicht aus. So hatte die Natur einen anderen Einfall: Eine Nische schien noch ziemlich leer. Das war die Nacht. Sie ließ also manche Tiere nachts, andere am Tag aktiv werden, manche sowohl tags als auch nachts. Unter den Säugetieren gibt es sowohl tagaktive wie die Menschen, Affen, Huftiere, als auch nachtaktive wie Mäuse, Ratten und die meisten Raubtiere. Die Vögel haben nur einige Arten, die nachts aktiv sind, Fische dagegen sind in allen Zeit-Räumen zu finden, ebenso Insekten. Diese evolutionären Entwicklungen laufen nicht nur nacheinander, sondern teilweise auch gleichzeitig ab.

Die Zeit wurde also zur ökologischen Nische ebenso wie bestimmte Biotope. Mit dem Überwechseln in neue Biotope oder Chronotope gingen neue Fähigkeiten einher. Der Wechsel vom Boden in die Luft machte das Fliegen notwendig, der Wechsel vom Tag in die Nacht eine andere Temperaturregelung.

Reptilien beispielsweise haben keine gute Kälteabwehr; sie erstarren nachts, darum sind sie tagaktiv. Säugetiere können Temperatur regulieren, sie können ihre eigene Wärme aufrechterhalten, auch wenn es draußen kalt wird. Darum ist es ihnen möglich, sowohl tag- als auch nachtaktiv zu sein. Der Wechsel von Tag- zu Nachtaktivität konnte sowohl für Jagdtiere als auch für die Beute von Nutzen sein. Zum Beispiel waren die Vorteile für die ersten nachtaktiven Warmblüter immens, weil ihre Feinde genauso wie ihre Beute langsamer waren als sie.

Diese Wechsel von Zeit-Räumen erforderten eine Anpassung der Sinnesorgane. So entwickelten nachtaktive Tiere einen verfeinerten Geruchssinn, bei den tagaktiven dominiert der Gesichtssinn.

Auch die einzelnen Funktionen und Verhaltensweisen paßten sich diesen Zeit-Räumen an. Sie werden innerhalb eines Organismus streng geordnet. »Durch diese funktionelle Ordnung innerhalb sich wiederholender Zeit-Räume«, erklärt Roenneberg, »entstanden die biologischen Rhythmen. Für den Menschen wurden an die hundert verschiedene Rhythmen im Tagesablauf beschrieben: Temperatur, Hormone, Elektrolyte, psychische Variablen, allergische Reaktionen, statistische Geburts- und Sterbehäufigkeit...« Manche haben am Tag ihre Höhepunkte, manche nachts. Einige sind mehr an Aktivität, andere mehr an Ruhe und Schlaf gebunden. Offenbar war es im Laufe der evolutionären Selektion ein Vorteil, daß Wachstums- und Reparaturprozesse in die Schlafphase gelegt wurden.

All dies zeigt uns, daß bei der ökologischen Verbreitung der Arten, aber auch bei der Verteilung von einzelnen Funktionen nicht nur der Lebensraum, sondern auch der Raum »Zeit« eine Rolle spielt. Er ist ebenso wie das Biotop, ein See zum Beispiel, eine klar definierbare Einheit, eine echte ökologische Nische.

Die einzelnen Funktionen, von denen hier die Rede ist, waren nicht immer so, wie wir sie heute erleben. Sie sind im Laufe der Evolution immer wieder optimiert worden. Heute können wir dieses Resultat eines unendlichen Fleißes und einer unendlichen Intelligenz der Natur nur bestaunen. Wir könnten auch versuchen, es besser zu begreifen.

Allerdings geschieht eher das Gegenteil. Sind wir nicht gerade dabei, dieses Optimum, das Ergebnis einer millionenjahrelangen Entwicklung zu zerstören? Der Raum »Zeit« ist seit einigen Jahrzehnten ebenso Opfer folgenreicher Zerstörung wie der Raum »Raum«, die Biotope. Die Ökologen haben ihre Aufmerksamkeit noch nicht dieser zeitlichen Nische gewidmet, die es ebenso zu schützen gilt wie die Biotope. Unsere Gesellschaft fordert von uns ein Nonstopfunktionieren – Tag-und-Nacht-Arbeiten, Wachsein, Auto fahren, gefährliche technische Einrichtungen in Gang halten und überwachen. Wir haben am Beispiel der Schichtarbeiter, der Piloten und Techniker in Kernkraftwerken gezeigt, welche Konsequenzen dabei in Kauf genommen werden. Neuerdings gibt es Kindergärten, die Kinder rund um die Uhr betreuen, je nach den Arbeitszeiten ihrer Eltern.

Die Kenntnisse über unsere biologischen Rhythmen, über die Mechanismen unserer inneren Uhren, aller der Uhrwerke, die auf unserem Planeten ticken, könnten uns jedoch einen besseren Umgang mit den Anforderungen unserer hochtechnisierten Umwelt beibringen. Die Folgen wären in vielen Bereichen von hohem Nutzen, für den einzelnen ebenso wie für die Gemeinschaft. Nicht nur Schichtarbeit, das gesamte Arbeitsleben mit seinen teilweise absurden Zeiteinteilungen, aber auch unser häusliches Leben, unsere Freizeitgestaltung, unser Schlaf, der Schlaf und die Gesundheit unserer Kinder könnten bereits heute von den Erkenntnissen der Wissenschaft profitieren, die unsere natürlichen Rhythmen im Raum »Zeit« studiert.

Die Nacht ist ein Raum, den wir uns unbedingt als Nacht erhalten sollten. Sie ist keine tote Zeit, der Schlaf kein todähnlicher Zustand, wie wissenschaftliche Unkenntnis uns noch vor wenigen Jahrzehnten suggerierte. Der Traum ist die höchste Aktivität unseres Gehirns. Das sind die Stunden, in denen sich sogar für den Gefangenen die Gitter und die Mauern auftun und in denen wir das Joch und die Fesseln des Tages abwerfen, in denen wir alle zu Künstlern, zu »frei Schaffenden« werden, in der wir Gefühle anders leben. Was wäre die Liebe ohne Nacht? Und wann, wenn nicht in gewissen Nächten, draußen unter dem Sternenhimmel in freier Natur, hätten wir jenes bald beruhigende, bald beunruhigende Gefühl, das uns über uns hinaus trägt: eins zu sein mit dem Universum, mitzuschwingen im Rhythmus dieses Raums, in dem die Trennung von Zeit und Raum ihren Sinn verliert, beides verschwimmt. »Und die Seele unbewacht / will in freien Flügen schweben, / nun im Zauberkreis der Nacht / tief und tausendfach zu leben« – von Hermann Hesse *Beim Schlafengehen* niedergeschrieben. Nicht zufällig hat sich das Wort »frei« so häufig eingeschlichen.

Die Nacht ist vielleicht unser letzter natürlicher *Frei*-Raum – für Geselligkeit, Liebe, Kreativität, zum Träumen, zum Umgang und Dialog mit uns selber, zum Ausruhen und Schlafen, zum Reparieren und In-Gang-Halten aller möglichen biologischen Vorgänge. »Sie verdient Schutz wie jeder andere ökologische Raum«, fordert Till Roenneberg mit Vehemenz. Wir sollten es uns zweimal überlegen, bevor wir ihn so antasten wie die Biotope – die Flüsse, die Wälder, die Seen und die Luft –, bevor wir ihn mit unsinnigen Zwängen und Aktivitäten »verschmutzen«. In der Natur ist (ähnlich wie bei unserem Körper) jeder Eingriff ins einzelne, auch in kleine Gebiete, ein Angriff aufs Ganze. Immer werden Ungleichgewichte geschaffen, die künstlich ausgeglichen, wieder neue Entgleisungen nach sich ziehen. Und alles, was uns in diesem Raum »Nacht« umtreibt oder befriedet, strebt, wie die Wissenschaft von den biologischen Oszillationen uns lehrt, nach einer uns nicht immer begreiflichen Homöostase, hat offensichtlich seinen Sinn – auch für den Tag.

In einer meiner mit Schlaf beschäftigten unruhigen Nächte, hatte ich zwischen Traum und Wachsein plötzlich die merkwürdige Vorstellung, wir, die Erde mit allem, was darauf haust, mit allen großen und kleinen Bewegungen, seien vielleicht *ein* Wesen, ein einziges riesiges Lebewesen, das atmet und pulsiert. Da geht nichts verloren, alles ist aufeinander angewiesen, eins hängt mit dem anderen zusammen – in Rhythmen wie Ebbe und Flut, Vollmond und Neumond, Zeugung, Geburt und Tod, Tag und Nacht, Wachen und Schlafen, Erinnern und Vergessen, Denken und Traum. Wenn wir etwas im Kleinen antasten, ändern wir das Ganze. Wer die Nachtigall stört, stört die Nacht.

Danksagung

Ich danke allen, die mir ihr Nachterleben geschildert und Literatur-hinweise gegeben haben. Dank auch den Wissenschaftlern und Ärzten, die mir in Gesprächen zu Verfügung gestanden haben und Teile des Manuskripts gegengelesen haben, insbesondere Dr. Ute Brode und Dr. Till Roenneberg. Mein ganz besonderer Dank gilt Dr. Jürgen Zulley, der nicht nur mit zahllosen Anregungen und Erklärungen geholfen hat, sondern der überdies so freundlich war, das gesamte Manuskript durchzusehen.

Anmerkungen

1 Arthur Zajonc: *Die gemeinsame Geschichte von Licht und Bewußtsein*. Rowohlt, Reinbek 1994, S. 18.
2 Doris Heyden/Luis Francisco Villa Senor: *The Great Temple and the Aztec Gods*. Minutiae Mexicana, Mexico, D. F., 2. Aufl. 1992, S. 43. Und: Nigel Davis: *Die Azteken – Meister der Staatskunst – Schöpfer hoher Kultur*. Rowohlt, Reinbek 1976, S. 126.
3 Fernando Horcasitas: *The Aztecs Then and Now*. Minutiae Mexicana, Mexico, D. F., 3. Aufl. 1988, S. 56.
4 Heyden: *ebenda*.
5 Horcasitas: *ebenda*; Davis: *a. a. O.*, S. 127.
6 Louise M. Burkhart: *The Slippery Earth – Nahua Christian Dialogue in 16th Century Mexico*. The University of Arizona Press, Tucson 1989, S. 51 u. 82 f.
7 Claude Gauvard: *De grâce especial – crime, état et societé en France à la fin du Moyen Age*. Publications de la Sorbonne, Paris 1991.
8 Giovanni Boccaccio: *Das Decameron*. Winkler, München 1979, S. 720–725.
9 Jean Delumeau: *Angst im Abendland. Die Geschichte kollektiver Ängste im Europa des 14. bis 18. Jahrhunderts*. Rowohlt, Reinbek 1989, S. 10, 138.
10 Delumeau: *a. a. O.*, S. 40.
11 Geneviève Carbone: *La peur du loup*. Gallimard, Paris 1991, S. 23.
12 Bruno Bettelheim: *Kinder brauchen Märchen*. 18. Aufl. Deutscher Taschenbuch Verlag, München 1995, S. 194.
13 Guy de Maupassant: Contes de peur et de l'angoisse. France Loisirs, Paris, S. 134 f. (Übersetzung von der Autorin).
14 Aus einem Interview der Zeitschrift *Playboy*, zitiert nach Joachim Körber (Hrsg.): *Das Stephen-King-Buch*. Heyne, München 1989, S. 262 f.
15 Pierre Passouant/A. Rechniewski: *Le sommeil – un tiers de notre vie*. Stock, Paris 1976, S. 220.
16 J. Allan Hobson: *Schlaf. Gehirnaktivität im Ruhezustand*. Spektrum Akademischer Verlag, Heidelberg 1990, S. 17.
17 Eine dieser Merkwürdigkeiten bei den Schwarzmeer-Delphinen, die normal sehen können, ist zudem, daß sie im Schlaf ein Auge offen und das andere geschlossen haben. Und noch verwirrender ist, so fanden russische Forscher heraus, daß das offene Auge nicht mit der wachen Gehirnhälfte in Verbindung steht! Einäuglein schläfst du, Zweiäuglein wachst du? Wer ist wirklich wach?
18 James Horne: *Why we sleep – The functions of sleep in humans and other mammals*. Oxford University Press, Oxford 1988, S. 218–222.

19 Hobson: *a. a. O.*, S. 62 ff.
20 Horne: *a. a. O.*, S. 170–174.
21 Hobson: *a. a. O.*, S. 138 f.
22 Horne: *a. a. O.*, S. 175.
23 Michel Jouvet: *Die Nachtseite des Bewußtseins. Warum wir träumen.* Rowohlt, Reinbek 1994, S. 182.
24 Hobson: *a. a. O.*, S. 91.
25 Hobson: *a. a. O.*, S. 201.
26 Hobson: *a. a. O.*, S. 202.
27 Hobson: *a. a. O.*, S. 204.
28 Hobson: *a. a. O.*, S. 59 ff. und S. 151 ff.
29 Sigmund Freud: *Neue Folge der Vorlesungen zur Einführung in die Psychoanalyse.* Fischer, Frankfurt am Main 1991, S. 14–21.
30 Horne: *a. a. O.*, S. 261.
31 Freud: *a. a. O.*, S. 12.
32 Guy de Maupassant: *a. a. O.* (Übersetzung von der Autorin)
33 Ekkehard Haen/Jürgen Zulley (Hrsg.): *Chronomedizin.* Roderer, Regensburg 1994, S. 1 f.
34 Martin Moore-Ede: *Die Nonstop-Gesellschaft – Grenzen menschlicher Leistungsfähigkeit. Ein Report.* Heyne, München 1993, S. 17 f.
35 Jürgen Zulley: *Jet Lag/Schichtarbeit: Wie dem Patienten wieder Erholung verschaffen?*, in: *Schlaf und Schlafstörungen aus chronobiologischer Sicht.* Der Allgemeinarzt 13, 1994, S. 1028–1040.
36 Moore-Ede: *a. a. O.*, S. 116.
37 Zulley: *ebenda.*
38 Peter Knauth: *Schichtsysteme aus chronobiologischer Sicht.* WMW 17/18, Chronobiologische Grundlagen der Schlafmedizin. 1995, S. 406–410.
39 Zulley: *ebenda.*
40 Emmanuel Lévinas: *Die Zeit und der Andere.* 2. Aufl. Felix Meiner, Hamburg 1989, S. 22 ff.
41 Rainer Maria Rilke: *Die Aufzeichnungen des Malte Laurids Brigge,* in: *Werke,* Band III, 1. Insel, Frankfurt am Main 1980, S. 197 f., 177 f.
42 Marcel Proust: *In Swanns Welt. Auf der Suche nach der verlorenen Zeit,* Teil 1. Suhrkamp, Frankfurt am Main, 1981, S. 47.
43 Till Roenneberg in: Martin Held/Karlheinz A. Geissler (Hrsg.): *Ökologie der Zeit. Vom Frieden der rechten Zeitmaße.* Hirzel, Wissenschaftliche Verlagsgesellschaft, Stuttgart 1993, S. 41–52.
44 Siehe auch den Beitrag von Dieter E. Zimmer: *Es werde Licht,* in: Jürgen Zulley/Anna Wirz-Justice (Hrsg.): *Lichttherapie.* Roderer, Regensburg 1995.
45 Siehe auch die Beiträge von Anna Wirz-Justice u. a. in: Zulley/Wirz-Justice (Hrsg.): *Lichttherapie.* A. a. O.
46 *Der Spiegel* vom 21. 8. 1995, S. 153–156.
47 Till Roenneberg: *Zelluläre Mechanismen circadianer Uhren.* WMW 17/18, 1995, S. 385–389.
48 Marianne E. Schläfke in einem Referat auf dem Symposium »Chronobiologische Grundlagen der Schlafmedizin« 1994 in Regensburg.
49 James McKenna: *SIDS Research Mothering.* Winter 1992, S. 45–49.

Literaturempfehlung

Bettelheim, Bruno: *Kinder brauchen Märchen*. 18. Aufl. Deutscher Taschenbuch Verlag, München 1995.

Delumeau, Jean: *Angst im Abendland. Die Geschichte kollektiver Ängste im Europa des 14. bis 18. Jahrhunderts*. Rowohlt, Reinbek 1989.

Freud, Sigmund: *Neue Folge der Vorlesungen zur Einführung in die Psychoanalyse*. Fischer, Frankfurt am Main 1991.

Fröbe-Kaptega (Hrsg.): *Eranos-Jahrbuch 1955*, Band 24: Der Mensch und die Sympathie aller Dinge. Rhein, Zürich 1956.

Haen, Ekkehard/Zulley, Jürgen (Hrsg.): *Chronomedizin*. Roderer, Regensburg 1994.

Held, Martin/Geissler, Karlheinz A. (Hrsg.): *Ökologie der Zeit. Vom Frieden der rechten Zeitmaße*. Hirzel, Wissenschaftliche Verlagsgesellschaft, Stuttgart 1993.

Hobson, J. Allan: *Schlaf. Gehirnaktivität im Ruhezustand*. Spektrum Akademischer Verlag, Heidelberg 1990.

Jouvet, Michel: *Die Nachtseite des Bewußtseins. Warum wir träumen*. Rowohlt, Reinbek 1994.

Knauth, Peter: *Schichtsysteme aus chronobiologischer Sicht*. In: WMW 17/18, 1995, S. 405–410.

Lévinas, Emmanuel: *Die Zeit und der Andere*. 2. Aufl. Felix Meiner, Hamburg 1989.

Lund, Reimer/Clarenbach, Peter: *Schlafstörungen. Klassifikation und Behandlung*. Arcis, München 1992.

Moore-Ede, Martin: *Die Nonstop-Gesellschaft – Grenzen menschlicher Leistungsfähigkeit. Ein Report*. Heyne, München 1993.

Peter, J. H. u. a. (Hrsg.): *Weißbuch Schlafmedizin*. Roderer, Regensburg 1995.

Pirsig, Wolfgang/Schäfer, Jürgen: *Schnarchen – lästige Störung oder Krankheit?* Thieme, Stuttgart 1991.

Rilke, Reiner Maria: *Die Aufzeichnungen des Malte Laurids Brigge*, in: Werke, Band III, 1. Insel, Frankfurt am Main 1980.

Rühle, K. H./Rühle, B.: *Schnarchen, Atemstillstände, Schlafapnoesyndrom – ein Leitfaden für Patienten*. Schnetztor, Konstanz 1993.

Stevenson, Robert Louis: *Dr. Jekyll und Mr. Hyde.* Reclam, Stuttgart.

Stiftung Warentest: *Fit durch gesunden Schlaf.* In Zusammenarbeit mit Ingrid Füller. Stiftung Warentest. Berlin 1994.

Wegschneider Hyman, Jane: *Licht und Gesundheit. Wie natürliches und künstliches Licht den Menschen beeinflussen.* Rowohlt, Reinbek 1993.

Winnicott, D. W.: *The Piggle.* International Universities Press, London 1977. (Faszinierende Geschichte des traumatischen Nachterlebnisses eines Kindes.)

Zajonc, Arthur: *Die gemeinsame Geschichte von Licht und Bewußtsein.* Rowohlt, Reinbek 1994.

Zulley, Jürgen/Anna Wirz-Justice (Hrsg.): *Lichttherapie.* Roderer, Regensburg 1995.

Zulley, Jürgen: *Schlafen und Wachen als biologischer Rhythmus.* Roderer, Regensburg 1993.

Verzeichnis schlafmedizinischer Zentren

(Stand 11. 8. 1995)

Anerkennungsliste der von der Deutschen Gesellschaft für Schlafforschung und Schlafmedizin im Visitationsverfahren anerkannten schlafmedizinischen Zentren in der Bundesrepublik. Bei jedem Zentrum wird zuerst der Leiter der Klinik oder des Instituts und dann der Leiter des Schlaflabors genannt.

Prof. Dr. Baumann, Dr. Fietze
Medizinische Fakult. (Charité)
Humboldt Univ.
Innere Klinik/Schlafmed. Zentrum
Luisenstr. 13a
D-10117 Berlin
Tel. (030) 2802-5286/-4855
Fax (030) 2802-5905

Prof. Dr. Kohl, Dr. Pankow
Krankenhaus Neukölln
III. Innere Abteilung
Rudower Str. 48
D-12351 Berlin
Tel. (030) 6004-1
Fax (030) 6004-3278

Prof. Nickel, Dr. Kurella
Wilhelm-Griesinger-Krankenhaus
Schlafpolygraphisches Labor
Brebacher Weg 15
D-12683 Berlin
Tel. (030) 5680283
Fax (030) 5680241

Prof. Dr. Dorow, Dr. Thalhofer
DRK Krankenhaus Mark Brandenburg
Pneumologie
Drontheimer Str. 39
D-13359 Berlin
Tel. (030) 4907-344/345/346
Fax (030) 4907-213

Prof. Hermann, Dipl.Psych. E. Bes
Interdisziplinäre Schlafambulanz
der FU
Abtl. Psychiatrie
Eschenallee 3
D-14050 Berlin
Tel. (030) 3003-624
Fax (030) 3003-393

Dr. H. Evers
Fachklinik f. Lungenkrankheiten u.
Tuberkulose
Straße nach Fichtenwalde 16
D-14547 Beelitz-Heilstätten
Tel. (033204) 38270
Fax (033204) 38309

Dr. Willroth, Dr. Karwath
Lungenklinik des Klinikums Schwerin
Lankower Straße 11–15
D-19049 Schwerin
Tel. (0385) 520-5632

Dr. Bomplitz, Dr. Benes
Neurologische Klinik des Klinikums
Schwerin
Wismarsche Straße 393
D-19055 Schwerin
Tel. (0385) 520-3113 oder -3114

Prof. Magnussen, Dr. Hein
Krankenhaus Großhansdorf
Wöhrendamm 80
D-22927 Großhansdorf
Tel. (04102) 601-0
Fax (04102) 601-245

Prof. Dr. Fischer, PD. Dr. Raschke
Klinik Norderney/Klinik für
Erkrankung der Atmungsorgane und
Allergien
Kaiserstraße 26
D-26548 Norderney
Tel. (04932) 892-200
Fax (04932) 892-211

Dr. med. Böhning, Dr. Hütting
Karl-Hansen-Klinik für Atemwegs-
erkrankungen und Allergie/Schlaflabor
Antoniusstr. 19
D-33175 Bad Lippspringe
Tel. (05252) 954050
Fax (05252) 954006

Prof. Dr. Clarenbach
Neurologische Klinik
am Ev. Johannes Krankenhaus
Schildescher Str. 99
D-33611 Bielefeld
Tel. (0521) 801-4550
Fax (0521) 801-4552

Prof. Dr. Meier-Ewert, Dr. Mayer
Neurolog. Klinik Hephata
Schimmelpfengstraße
D-34613 Schwalmstadt
Tel. (06691) 18-260-206
Fax (06691) 18-189

Prof. Dr. von Wichert,
Prof. Dr. H. Peter
Schlafmedizinisches Labor
Zentrum für Innere Medizin
Abteilung Poliklinik
Baldingerstraße
D-35043 Marburg
Tel. (06421) 28-2717
Fax (06421) 28-4958

Prof. Dr. Rüther, Dr. Hajak
Psychiatrische Klinik der Universität
Von-Siebold-Str. 5
D-37075 Göttingen
Tel. (0551) 39-6761-8493-8484
Fax (0551) 39-6761

Dr. Stumpner, Dr. Müller
Fachklinik Balzerborn der
LVA Hannover
Schlaflabor
Balzerbornweg 27
D-37242 Bad Sooden-Allendorf
Tel. (05652) 52750
Fax (05652) 52600

Prof. Dr. G. Liebetrau, Dr. Preden
Krankenhaus Lostau
Schlaflabor
Lindenstraße 2
D-39291 Lostau
Tel. (039222) 80
Fax (039222) 2698

Prof. Dr. Haan
Schlaflabor der Neurologischen Klinik
Maria Hilf GmbH
Südwall 27
D-41179 Mönchengladbach
Tel. (02161) 587-157
Fax (02161) 587-154

Prof. Dr. Jörg, Dr. S. Schwalen
Schlaflabor
Neurologische Klinik Univ. Witten/
Herdecke
Klinikum Wuppertal
Heusnerstr. 40
D-42283 Wuppertal
Tel. (0202) 896-2647
Fax (0202) 896-2103

Prof. Dr. Sturm, PD Dr. Konermann
Marienhospital Kathol. Krankenhaus
Herne
Univ. Klinik der Ruhr-Universität
Bochum
Hölkeskampring 40
D-44625 Herne
Tel. (02323) 4990
Fax (02323) 499360

Prof. Dr. Schultze-Werninghaus,
Dr. Rasche
BG Krankenanstalten Klinik der
Ruhruniv.
Bergmannsheil/Med. Klinik
Pneumologie
Gilsingstr. 314
D-44789 Bochum
Tel. (0234) 3026800
Fax (0234) 3026420

Prof. Dr. M. Schläfke, Dr. Schäfer
Ruhr-Universität Bochum
Abt. f. Angewandte Physiologie
Universitätsstr. 150
D-44801 Bochum
Tel. (0234) 700-4884
Fax (0234) 709-4250

Prof. Dr. N. Konietzko,
PD Dr. H. Teschler
Schlaflabor
Abt. Pneumologie-Universitätsklinik
Ruhrlandklinik
Tüschener Weg 40
D-45239 Essen-Haidhausen
Tel. (0201) 4309-1
Fax (0201) 4309-498

Prof. Dr. Trowitzsch
Vestische Kinderklinik
Lloydstr. 5
D-45704 Datteln
Tel. (02363) 975272
Fax (02363) 64211

Prof. Dr. Becker-Carus,
Dipl.Psych B. Paterok
Psychologisches Institut II
Lab. f. experiment. Schlafunter-
suchungen
Fliednerstr. 21
D-48149 Münster
Tel. (0251) 83-4141 -4115
Fax (0251) 83-8387

Prof. Dr. H. Simon, Dr. W. Winkels
Schlaflabor Krankenhaus Düren
Roonstraße 30
D-52351 Düren
Tel. (02421) 301423
Fax (02421) 37827

Prof. Dr. Jerusalem, PD Dr. F. Ries
Neurologische Universitätsklinik
Sigmund-Freud-Str. 25
D-53127 Bonn
Tel. (0228) 287-6942, 5085
Fax (0228) 287-5024

Prof. Dr. Laux, T. Sobanski
Psychiatrische Universitätsklinik
Sigmund-Freud-Str. 25
D-53127 Bonn
Tel. (0228) 287-6946
Fax (0228) 287-6097

Prof. Dr. Köhler, Dr. Schönhofer
Fachkrankenhaus Kloster Grafschaft
Abt. Innere Medizin u. Pneumologie
D-57392 Schmallenberg
Tel. (02972) 791-1/-2501
Fax (02972) 791-202

Prof. Dr. Rühle
Klinik Ambrock
Ambrocker Weg 60
D-58091 Hagen
Tel. (02331) 974-0-201-200
Fax (02331) 974-209

Prof. Dr. Pflug, Dr. Volk
Klinikum der J. W. Goethe-Universität
Zentrum der Psychiatrie,
Schlafambulanz
Heinrich-Hoffmann-Str. 10
D-60528 Frankfurt
Tel. (069) 6301-5004
Fax (069) 6301-5290

PD Dr. J. F. Desaga, Dr. C. Lämmer
Desaga Klinik
Nibelungenstraße 101
D-64678 Lindenfels
Tel. (06255) 3040
Fax (06255) 30490

Prof. Dr. Häfner, Frau Kammerer
Zentralinst. f. Seelische Gesundheit J 5
D-68159 Mannheim
Tel. (0621) 1703-1-601
Fax (0621) 23429

Dr. K. Ederle
Schlaflabor
Abt. Pneumologie
Klinik Löwenstein
D-74245 Löwenstein
Tel. (07130) 15205
Fax (07130) 15555

Prof. Dr. Schulz, Dr. Jackowski
Thoraxklinik der LVA Baden
Amalienstr. 5
D-69126 Heidelberg
Tel. (06221) 396-231
Fax (06221) 396-476

Prof. Dr. Linden, Dr. Gündel
Landesklinik Nordschwarzwald
D-75365 Calw
Tel. (07051) 586-1
Fax (07051) 586-2268

Prof. Dr. R. Steinberg,
Dipl. Psych. Weeß
Pfalzklinik Landeck
Weinstraße 100
D-76889 Klingenmünster
Tel. (06349) 79-1000, 1118, 1119
Fax (06349) 79-1099

Prof. Kendel, Dr. Weber
Neurologische Klinik
Kreiskrankenhaus Lahr
Klostenstraße 19
D-77933 Lahr
Tel. (07821) 93-2700
Fax (07821) 93-2062

Prof. Dr. Berger, Dr. Hohagen
Psychiatr. Klinik der Universität
Hauptstr. 5
D-79104 Freiburg
Tel. (0761) 270-1270-6506
Fax (0761) 270-6523

Prof. Dr. Matthys, Dr. Hamm
Medizinische Klinik der Universität
Pneumologie
Hugstetter Str. 66
D-79106 Freiburg
Tel. (0761) 270-3705
Fax (0761) 270-3704

Dr. Trötschler
Reha-Klinik
Muchenländer Str. 4a
D-79837 St. Blasien
Tel. (07672) 487-0
Fax (07672) 487-232

Prof. Dr. Holsboer, Dr. Pollmächer
Max-Planck-Institut für Psychiatrie
Kraepelinstr. 10
D-80804 München
Tel. (089) 30622-571
Fax (089) 30622-483 od. 2200

Prof. Dr. Lauter, Dr. Wiegand
Klinik Rechts der Isar
Psychiatrische Klinik der TU
Ismaninger Str. 22
D-81675 München
Tel. (089) 41402280
Fax (089) 41804888

Prof. Dr. Häußinger, Dr. Lund
Zentralkrankenhaus Gauting
Pneumolog. Abt./Schlaflabor
Unterbrunnerstr. 85
D-82131 Gauting
Tel. (089) 85791-367
Fax (089) 8502390

Dr. Nowak, Dr. Knape
Fachkliniken Wangen
Med. Pneumol. Abteilung
Am Vogelherd 4
D-88239 Wangen im Allgäu
Tel. (07522) 797-0
Fax (07522) 797-120

Prof. Dr. Hombach, Dr. Hetzel
Universität Ulm
Abteilung Innere Med. II, Schlaflabor
Robert-Koch-Str. 8
D-89081 Ulm
Tel. (0731) 502-1908-4445
Fax (0731) 502-4442

Dr. Bölcskei, Dr. Wellhöfer
Medizinische Klinik 3
Klinikum Nord der Stadt Nürnberg
Flurstr. 17
D-90340 Nürnberg
Tel. (0911) 398-2050
Fax (0911) 398-2441

Prof. Dr. Worth, Dr. W. Anderer
Schlaflabor
Klinikum Fürth
Jakob-Henle-Str. 1
D-90766 Fürth
Tel. (0911) 7580 249
Fax (0911) 7580 141

Prof. Dr. Hahn, Dr. Ficker
Medizinische Klinik I mit Poliklinik
Krankenhausstr. 12
D-91054 Erlangen
Tel. (09131) 85-3434
Fax (09131) 85-6909

Prof. Dr. Klein, PD Dr. Zulley
Bezirkskrankenhaus
Universitätsstr. 84
D-93042 Regensburg
Tel. (0941) 941-131
Fax (0941) 941-120

Prof. Dr. Siemon, Dr. Zimmermann
Fachklinik für Atemwegserkrankungen
Donaustauf
Ludwigstr. 68
D-93093 Donaustauf
Tel. (09403) 80-215
Fax (09403) 80-211

Prof. Dr. G. Habich, Dr. C. Steppert
Klinik für Atmungsorgane
Bezirksklinikum Kutzenberg
D-96250 Ebensfeld
Tel. (09547) 812543
Fax (09547) 812488

Dr. Schilling, PD Dr. Hartmut Schulz
Klinik für Neurologie
MH Erfurt
Nordhäuser Str. 74
D-99089 Erfurt
Tel. (0361) 781-2140
Fax (0361) 781-2132

PD Dr. B. Wiesner, Dr. I. Mäder
Zentralklinik Bad Berka
Schlaflabor
Robert-Koch-Allee 9
D-99437 Bad Berka
Tel. (036458) 51556
Fax (033204) 22180

215

Dr. Liebetrau, Dr. Biedermann
Kreiskrankenhaus Blankenhain
Wirthstraße 5
D-99444 Blankenhain
Tel. (036459) 52310
Fax (036459) 52200

Prof. Dr. Zwacka, PD Dr. Scholle
Robert Koch Krankenhaus Apolda
R.-Koch-Str. 6–8
D-99510 Apolda
Tel. (03644) 611284
Fax (03644) 2705

Dieses Verzeichnis schlafmedizinischer Zentren wurde erstmals im *Rundbrief der Deutschen Gesellschaft für Schlafforschung und Schlafmedizin (DGSM)* vom September 1995 veröffentlicht.

Mit freundlicher Genehmigung des Verlags abgedruckt aus: J.H. Peter u.a. (Hrsg.): *Weißbuch Schlafmedizin.* Roderer Verlag, Regensburg 1995.

BILDNACHWEIS

Abbildungen im Text

J. Allan Hobson: Seite 86/87, 103, 132. James Horne: Seite 89. Dieter Krahl: Seite 122 (nach Fröbe-Kaptega), 126 (nach R. Wilhelm), 131, 135, 141 (nach P. Knauth), 146 (nach P. Knauth), 147 (nach P. Knauth), 199 (nach T. Roenneberg).

Abbildungen im Bildteil

Bibliothèque des Arts décoratifs, Paris: Abb. 2. Château de Blois: Abb. 3. J. Allan Hobson: Abb. 6, Abb. 7, Abb. 8, Abb. 10, Abb. 11. Museo de Arte de Ponce, Puerto Rico, Luis A. Ferre Foundation: Abb. 1. Howard Roffwarg: Abb 9. (aus Science, vol. 152, 1966). Ted Spagna: Abb. 5.

Stichwortverzeichnis

219

220